アウシュヴィッツの手紙

内藤陽介

えにし書房

はじめに　郵便学で〝アウシュヴィッツ〟を語るということ

西洋の諸言語には〝フィラテリー（英語の表記ではphilately）〟という言葉がある。

日本語では〝郵趣〟と訳されることが多いので、〝（趣味の）切手収集〟と同義語とされがちだが、本来は、ただ単に切手を集めるだけではなく、切手を中心とした郵便資料の集積から得られた知見などを、著述・講演・展示など、あらゆる手法を用いて表現することをも含む、非常に幅広い営為を意味する語である。

わが国では、昭和三十～四十年代の切手ブームを通じて〝郵趣〟の大衆化が進展し、切手収集は（少なくとも一定以上の年齢層にとっては）ポピュラーな趣味として社会的にも定着した。たとえば、毎年、わが国ではカラー印刷の日本切手カタログ（しばしば、切手の〝値段表〟と誤解されがちだが、本来は、個々の切手の名称や発行日、図案の説明や印刷方式などの基礎データをまとめた〝事典〟に相当する文献である）が複数の版元から刊行されているが、これは世界的に見ると例外的な現象である。

しかし、その反面、フィラテリーの〝（趣味の）切手収集〟という面が極端に強調されてきた結果、フィラテリーが本来持っていた知的生産活動としての側面については、なかなか一般には認知されてこなかったのが実情である。

そこで、従来の〝郵趣〟では必ずしも吸収しきれなかったフィラテリーの知的側面を強調する訳語として、筆者は〝郵便学〟という用語を用いている。

〝メディア〟という語は、現代の日本語では主に

〝報道（機関）〟の意味で用いられることが多いが、本来の意味は〝（情報伝達などの）媒体〟である。その意味では、郵便はきわめて興味深いメディアと考えることができる。

そもそも、通信手段としての郵便は、それ自体がメディアであるわけだが、郵便に使用される切手や消印なども、本来の郵政業務とは別の次元においてメディアとして機能しているからである。

日本の郵便事業は株式会社化（現時点ではその全株式は政府が保有しているが、一般には〝民営化〟といわれることが多い）されてしまったが、歴史的に見ると（現在でも多くの国では）切手は国家の名において発行されてきた。政府というものは、ありとあらゆるチャンネルを使って自分たちの主義主張や政策、イデオロギーなどを宣伝しようとするのが本来の姿であるから、政府が切手を通じて、自己の政治的正当性や政策、イデオロギーなどを表現しようとするのはきわめて自然なことである。

たとえば、多くの国は、戦時には国民に対して戦争への協力を求め、戦意を昂揚させるための切手を発行するし、領土紛争を抱えている国であれば、切手に取り上げられる地図は自国の主張に沿ったものとなるのが当然である。もちろん、オリンピックなどの国家的行事に際しては記念切手が発行される。日本では明治の元勲・伊藤博文を暗殺した犯罪者として認識されている安重根が韓国では〝義士〟として切手に取り上げられているように、歴史上の事件や人物が切手に取り上げられる場合、そこには発行国の歴史観が投影される。

また、特段に政治プロパガンダ臭の感じられない切手であっても、その国を代表する風景や文化遺産、動植物を描く切手は盛んに発行されており、そうした切手が郵便物に貼られて全世界を流通することによって、全世界の人々はその国の片鱗に触れることができる。

一方、郵便料金前納の証紙として郵便に使用されるという面にも着目すれば、消印の地名から切手の使用地域を特定し、発行国のじっさいの勢力範囲を特定することが可能となる。郵便局という〝役所〟を設置し、官営事業としての郵便サービスを独占的に提供するということは、そのまま、権力の行使にほかならないからである。

『新約聖書』の「マタイ福音書」二十二章には、ナザレのイエスがローマ皇帝の肖像が刻まれたコインを手に「カエサルのものはカエサルに、神のものは神に」と応えたという一節がある。これは、通貨（貨幣・紙幣）の発行と流通が国家権力の行使と密接に結び付いてきたことを示す言葉として知られているが、通貨の場合には、一部の特殊な例外を除き、いつ・どこで使用されたかという、その痕跡が残ることはまずない。

これに対して、切手の場合には、原則として再使用を防ぐために消印が押されるから（地名・日時などの情報が明瞭に判別できる状態であれば、という条件はあるものの）、資料として搭載している情報量は、通貨に比べて飛躍的に拡大する。

また、外国郵便では、相手国の切手の有効性は相手国そのものの正統性を承認することと密接に絡んでおり、非合法とみなされた政府の切手の貼られた郵便物は、受取を拒絶されたり、料金未納の扱いをされたりする。さらに、郵便物の運ばれたルートやその所要日数、検閲の有無などからは、当時の状況についてのより深い知識を得ることもできる。このような場合、郵便活動の痕跡そのものが、その地域における支配の正統性を誇示するためのメディアとして機能していると考えてよい。

切手・郵便物の読み解き方は他にもある。

すなわち、印刷物としての切手の品質は発行国の技術的・経済的水準をはかる指標となるし、郵便料金の推移は物価の変遷と密接にリンクしている。そして、こうした切手上に現れた経済状況や技術水準についての情報もまた、その国の実情を、切手の発行国が望むと望まざるとに関わらず我々に伝えるメディアとなっている。

このように、切手を中心とする郵便資料は、さまざまな情報を、具体的な手触りを伴って我々に提示してくれる。しかも、切手を用いる郵便制度は、十九世紀半ば以降、世界中のほぼすべての地域で行われているから、各時代の各国・各地域の切手や郵便物を横断的に比較すれば、各国の国力や政治姿勢などを相対化して理解することができる。

したがって、資（史）料としての切手や郵便物は、歴史学・社会学・政治学・国際関係論・経済史・メディア研究など、あらゆる分野の関心に応えうるものであり、そうした郵便資料を活用することで、複合的かつ多面的なメディアとしての〝郵便〟、すなわち、ポスタル・メディアという視点から国家や社会、時代や地域のあり方を再構成することが可能なのである。

さて、そうした郵便学の視点からすると、本書の主題である〝アウシュヴィッツ〟は実に興味深い対象といえる。

周知のように、〝アウシュヴィッツ〟はナチス・ドイツによる強制収容所・絶滅収容所の所在地であり、彼らの人種差別的な抑圧政策により、多くの人々が命を落とした惨劇の場として〝負の世界遺産〟ともいわれている。

しかし、当然のことながら、ドイツ語でアウシュヴィッツ、現在の主権者であるポーランドの呼称ではオシフィエンチムと呼ばれている都市は、一九三三年にアドルフ・ヒトラーが政権を獲得するよりもはるか以前から存在しており、都市としての長い歴史があったということは意外と見落とされがちである。

そこで、本書ではまず、「〝アウシュヴィッツ〟以前」と題した第Ⅰ部を設け、第二次大戦以前のアウシュヴィッツ／オシフィエンチムの歴史を、当時の郵便物などを使って概観している。第一次大戦以前、オーストリア切手を貼ってオシフィエンチムの消印が押された郵便物はこの都市がハプスブルク帝国の支配下にあったことを示すものだし、郵便物の逓送ルートからはオシフィエンチムが郵便を含む物流の拠点の一つであったことがうかがえる。

ついで、第Ⅱ部では、アウシュヴィッツ収容所とそれを生み出した歴史的経緯について、十九世紀以来の各国の〝強制収容所〟の歴史も踏まえつつ概観した。その際、アウシュヴィッツの先例となったダッハウ収容所のみならず、ボーア戦争時に英国が設けた収容所やスターリン時代のソ連の収容所、第二次大戦中の米国の日系人収容所などについても関連する郵便物を紹介しながら、〝アウシュヴィッツ〟の歴史的な位置を相対化して考えるように努めたつもりである。

筆者は、〝アウシュヴィッツ〟をはじめとするナチス・ドイツの蛮行を擁護するつもりは毛頭ないが、〝アウシュヴィッツ〟とナチス・ドイツの特殊性を強調し、彼らだけを〝絶対悪〟として糾弾すれば事足れりとしようとする姿勢には賛同できない。

たとえば、「過去に目を閉ざす者は結局のところ現在にも盲目となる」との文言で有名な一九八五年のワイツゼッカー（当時のドイツ大統領）演説では「歴史の中で戦いと暴力に巻き込まれる」こと（＝戦争）はどの国にも起こりうるが、「ユダヤ人という人種をことごとく抹殺する」ことは〝無比〟の犯罪だとして、ナチスの犯罪をまったく別の次元のものとして語っている。しかし、現実には、現在なお、中国共産党の一党独裁体制（言葉の本来の意味でのファシズム体制）下にある中華人民共和国において、労働改造所なる名称の強制労働所が存在しており、チベットや東トルキスタンでは非道な民族浄化政策が容赦なく続けられているわけで、〝アウシュヴィッツ〟が決して〝無比〟の存在ではないことは明らかである。

そうだとすれば、〝アウシュヴィッツ〟についても、他の時代・国の収容所との比較の視点から再考してみることは十分に意義のあることではないかと筆者は考えている。

上記のような前提を踏まえて、第Ⅲ部では、じっさいにドイツ占領下の〝アウシュヴィッツ〟から差し出された郵便物を分析した。

フィラテリーの伝統では、一般に、国家の名において作られ、使われた切手や消印、郵便制度（の実例としての郵便物）を資料として分析し、そこから社会的・政治的背景との関連を考えるのが基本的な姿勢であり、個人が書いた私信の分析は、あくまでも例外的かつ補助的な手段にしかならない。

したがって、郵便学者（＝フィラテリスト）としての筆者の立場も、まずは、〝アウシュヴィッツ〟からの発信に使われた用紙類にどのような種類のモノがあったか、消印の種類や検閲の有無などが状況の変化によってどのように変化していったかという点に着目して分析することを優先している。

ただし、本書の主題である〝アウシュヴィッツ〟の場合には、私信の内容にも、収容所という特殊な環境下におかれていた人々の実態を知るうえで重要な情報が含まれているので、適宜、それらについては紹介するようにした。なお、手紙の文面については全て図版として掲載できればそれが理想だが、本書では紙幅の関係から、文面については一部分のみを図版として掲載せざるを得なかった箇所もある。あらかじめご了承いただきたい。

そして、最後の第Ⅳ部においては、第二次大戦後のポーランド政府が、切手という国家のメディアを通じて、〝アウシュヴィッツ〟をどのように語ってきたのか、また、彼らが発行した〝アウシュヴィッツ〟関連切手はそれぞれの時代背景の中でどのような意味を付与されていたのか、という点について考えてみたいと思っている。

ナチス・ドイツと〝アウシュヴィッツ〟に関しては、すでに汗牛充棟ともいうべき先行業績があるが、〝郵便学〟の手法によるアプローチは珍しいのではないかと思う。

最後になるが、〝時代の証言者〟としての切手、郵便物の魅力と面白さを少しでも感じ取っていただければ、筆者としては望外の幸である。

アウシュヴィッツの手紙　目次

はじめに　郵便学で〝アウシュヴィッツ〟を語るということ　3

Ⅰ　〝アウシュヴィッツ〟以前

シロンスクの小邦　13
ハプスブルク帝国の国境　19
ユダヤ系住民の葉書　29
第一次大戦中の検閲印　33
ハプスブルク帝国の崩壊とポーランドの独立　35

Ⅱ　強制収容所

オシフィエンチム占領　39
強制収容所のルーツ　43
ダッハウ・モデル　51

水晶の夜とユダヤ系ポーランド人 55
アウシュヴィッツ強制収容所の創設 62
アウシュヴィッツ第一収容所 66
アウシュヴィッツ第二収容所（ビルケナウ） 71
アウシュヴィッツ第三収容所（モノヴィッツ） 90
アウシュヴィッツ収容所の終焉 93

Ⅲ　アウシュヴィッツの手紙

〝アウシュヴィッツ〟初期の葉書 97
アウシュヴィッツかオシフィエンチムか 101
クリスマスと小包 106
収容者の差し出した葉書 110
差出地を偽装した葉書 117
女性収容所からの葉書 122
一九四三年のレターシート 125
一九四四年のレターシート 141
アウシュヴィッツに動員されたフランス人 146

Ⅳ　戦後ポーランドとアウシュヴィッツの切手

ベルゲン・ベルゼンとアウシュヴィッツ　151
ポーランドの共産化　155
戦後ポーランドのポグロムとヘス裁判　159
ゴムウカ政権下のアウシュヴィッツ切手　163
アウシュヴィッツの聖者　170
ピレツキの名誉回復　180

あとがき　183
注意書対照表　188
主要参考文献　190

アウシュヴィッツの位置を示す地図

I “アウシュヴィッツ”以前

シロンスクの小邦

ポーランド南部の古都でユネスコの世界遺産にも登録されているクラクフから、ヴィスワ川（現在のポーランド＝チェコ国境近くのバラニャ山を水源とする、ポーランド一の大河）を南西に約六〇キロ遡上していくと、ソワ川との合流地点に到達する。船舶の航行が可能なのはこのあたりまでとなるが、この一帯には、古くから人々が集まって住んでいたことがわかっており、それが、現在、ドイツ語名のアウシュヴィッツ（Auschwitz）という名で知られている町の元になったと考えられている。

クラクフは、黒海からバルト海へ向かうルートの途中、ヴィスワ川の沿岸に位置する中欧の要衝で、

図１　ソワ川の河畔に建つオシフィエンチム城。ただし、この絵葉書に取り上げられているのは、20世紀初頭1914年に改修後の建物で、当初の姿をとどめてはいない。

西暦一〇〇〇年には司教座が設置されたという歴史を持つが、アウシュヴィッツの元になった町は、西暦十二世紀頃までに建設され、ソワ川を見下ろす丘の上には城砦（以下、オシフィエンチム城）もあったことが確認されている（図1）。

もっとも、この都市がドイツ語名でアウシュヴィッツと呼ばれるようになったのは十五世紀以降のことで、多くの商人が行き交っていたという土地柄、この都市は歴史的にポーランド語、チェコ語、ドイツ語、ラテン語など、さまざまな言語で呼ばれており、そのスペルにもさまざまなヴァラエティがある。

現在、この都市はポーランドの統治下にあるが、ポーランド語の地名“Oświęcim”は、日本語では〝オシフェンチム〟と表記されることが多い。これを中世ヨーロッパの知識人の共通語だったラテン語で表記すると、スペルは“Osswencimen”もしくは“Osviecimensis”となる。このほかにも、この都市の地名については、Ospenchin（一二一七年）、Osvencin（一二八〇年）、Hospencin（一二八三年）、Ossvetem（一二九三年）、Uspencin（一二九七年）、Osswentim（一三〇二年）、Wswencim（一三〇四年）、Auswintzen（一三一二年）、Oswiecim（一三一四年）、Oswencin（一三二七年）、Auswieczin（一三七二年）、Awswiczin（一三七二年）、Uswiczin（一四〇〇年）といった具合に、多種多様なスペルが史料に登場する（図2）。

ドイツ語の地名が多く使われるようになったのは、十四世紀にドイツ語を話す商人たちが町とその周辺で活動するようになってからのことだ。ただし、当初は、この町の名前は、アウシュヴィッツではなく、アウスヴィンツ（Auswintz）と呼ばれていたことが記録に残っている。

さて、オシフィエンチムを含むシロンスク（現在のポーランド南西部からチェコ北東部の地域。日本語ではシレジアと呼ばれることが多い）の地域は、もともと、ポーランド大公を世襲したピャスト家の支配下にあった。しかし、一一三八年、ボレスワフ三世の死後、大公の領土は四分割されて息子たちが相続。

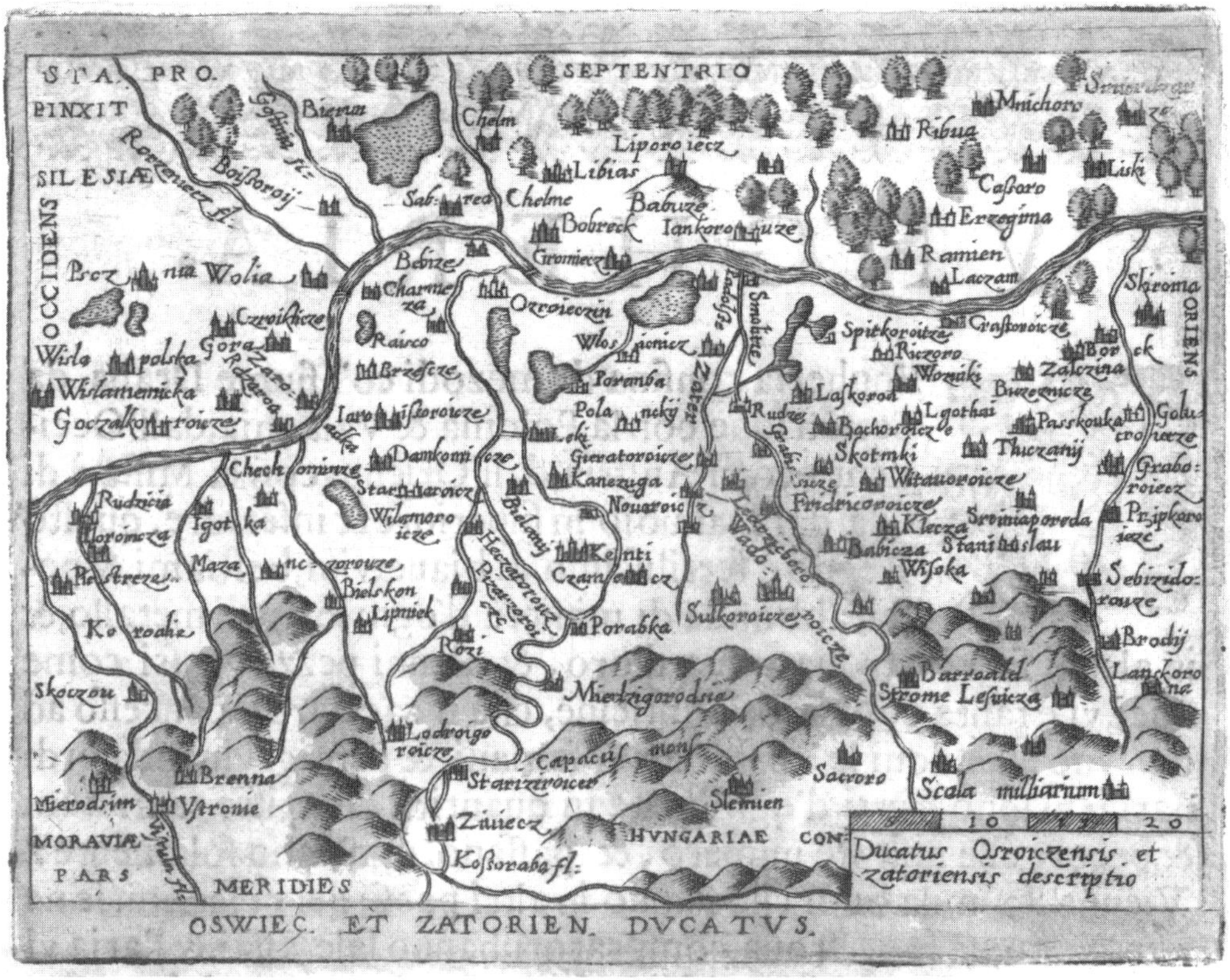

図２　1598 年にイタリアのピエトロ・マリア・マルチェッティが出版した『世界の舞台（Theatrum Orbis Terrarum）』所収のオシフィエンチム（ここでの表記は Ozroieczim）とその周辺の地図。オシフィエンチムが川の合流地点の近くにあることがよくわかる。『世界の舞台』は、フランドル出身のアブラハム・オルテリウス（1527-98）が制作した世界最初の近代的地図で、1570 年にアントワープで初版が刊行された。オルテリウスの地図は、1563 年にポーランドの人文学者スタニスラウ・ポロブスキーが 1563 年に刊行した地図をもとに作られたと考えられている。

以後、シロンスクとポーランドは約二〇〇年の分裂時代を迎えることになる。

こうした中で、一一七七年、ボレスワフ三世の末子、カジミェシュ二世は、兄のミェシュコ三世からクラクフを奪取してポーランド大公を称した。これに伴い、ミェシュコ三世はラチブシュ公国のミェシュコ一世の許に亡命したため、クラクフとラチブシュの関係は緊張したが、カジミェシュ二世はミェシュコ一世にビトムとオシフィエンチム、およびその要塞群を与えることで戦争を回避した。その後、ミェシュコ一世はオポーレを統合して、一二〇二年、オポーレ=ラチブシュ公国を形成する。

一二三六年、バトゥ率いるモンゴル軍は中央アジアを出て西方への遠征を開始。現在のウクライナを征服した後、一二四〇年後半からポーランド侵攻を開始し、まずはルブリンを略奪。ついで、一二四一年二月十三日、凍ったヴィスワ川を渡河してクラクフ公ウラディーミル率いるポーランド軍の守るサンドミェシュを攻略し、四月までに、シロンスク全域を蹂躙した。一連の戦闘の過程で、オシフィエンチムの市街地はオシフィエンチム城を含めて完全に破壊されたが、一二七二年までに再建される。その際、再建されたオシフィエンチム城は、死刑判決を下すような重要な裁判を行う法廷としても用いられたという。

モンゴルの撤退後も、シロンスクでは群小首長たちによる分裂状態が続いたが、一二八一年、シロンスク南東部のチェシンを拠点にチェシン公国が分立。オシフィエンチムも同公国の支配下に移ったが、一三一五年、チェシン公ミェシュコ一世が亡くなると、分割相続により、ミェシュコ一世の長男ヴワディスワフ一世がオシフィエンチム公国を建てて自立した。

一三二四年、ヴワディスワフ一世が亡くなると、オシフィエンチム公として跡を継いだヤン一世は、一三二七年、他のシロンスク諸公と同様にボヘミア王ヨハン・フォン・ルクセンブルク（図3）に臣従。公国はボヘミア王冠領（ボヘミア王の主権の下に周辺

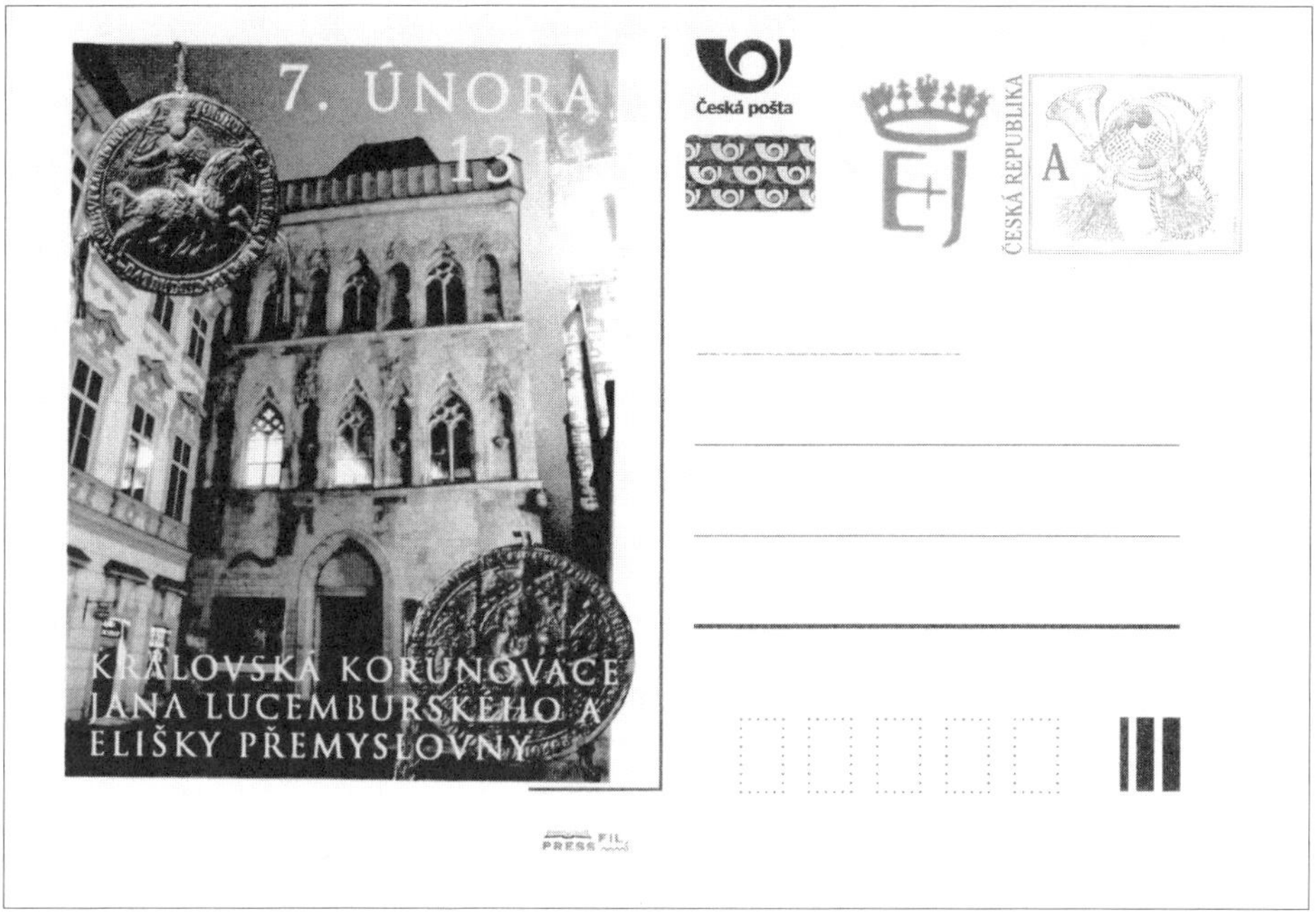

図３　ヨハン・フォン・ルクセンブルクのボヘミア王としての即位 700 年記念の葉書（チェコ、2011 年発行）。

の群小諸邦が統合されている形態の国家連合）に属することになった。

一四四五年、オシフィエンチム公国からはザトル公国とトシェク公国が分立し、オシフィエンチム公の地位はヤン四世が継承したが、ヤン四世は一四五四年にポーランド王カジミェシュ四世に臣従。これにより、オシフィエンチム公国は、ボヘミア王冠領から、ポーランド王国の領域に復帰したが、嗣子に恵まれなかったヤン四世は、一四五六年には公国そのものを三〇〇万プラハ・グロシュで主君のカジミェシュ四世に売却する。

オシフィエンチム公国の支配権を手に入れたカジミェシュ四世は、オシフィエンチム城を強化・拡張し、外国の賓客を迎えるための施設として活用した。一五〇三年、オシフィエンチムは大火に見舞われ、オシフィエンチム城も激しく損傷した。このため、城の再建費用を捻出すべく、住民には各種の税が課されたほか、市内を流れるソワ川の橋には通行料が課せられた。

その後、一五六四年、ポーランド王ジグムント二世は、オシフィエンチム公国をクラクフ県シロンスク郡に併合し、オシフィエンチム公国は名実ともに消滅した。これに先立ち、ジグムント二世はクラクフからウィーンを経てヴェネツィアにいたる郵便ルートを開いており（図4）、このルートを通じて、オシフィエンチムと各都市の郵便交換が行われるようになった。

ただし、称号としてのオシフィエンチム公は、公国の消滅後もポーランド王が名乗り続けることで存続し、都市としてのオシフィエンチムはシロンスクにおけるポーランド文化の中心地として繁栄した。

しかし、一六五五―六〇年、ポーランド・リトアニア共和国（一五六九―一七九五年、ポーランド王とリトアニア大公を兼

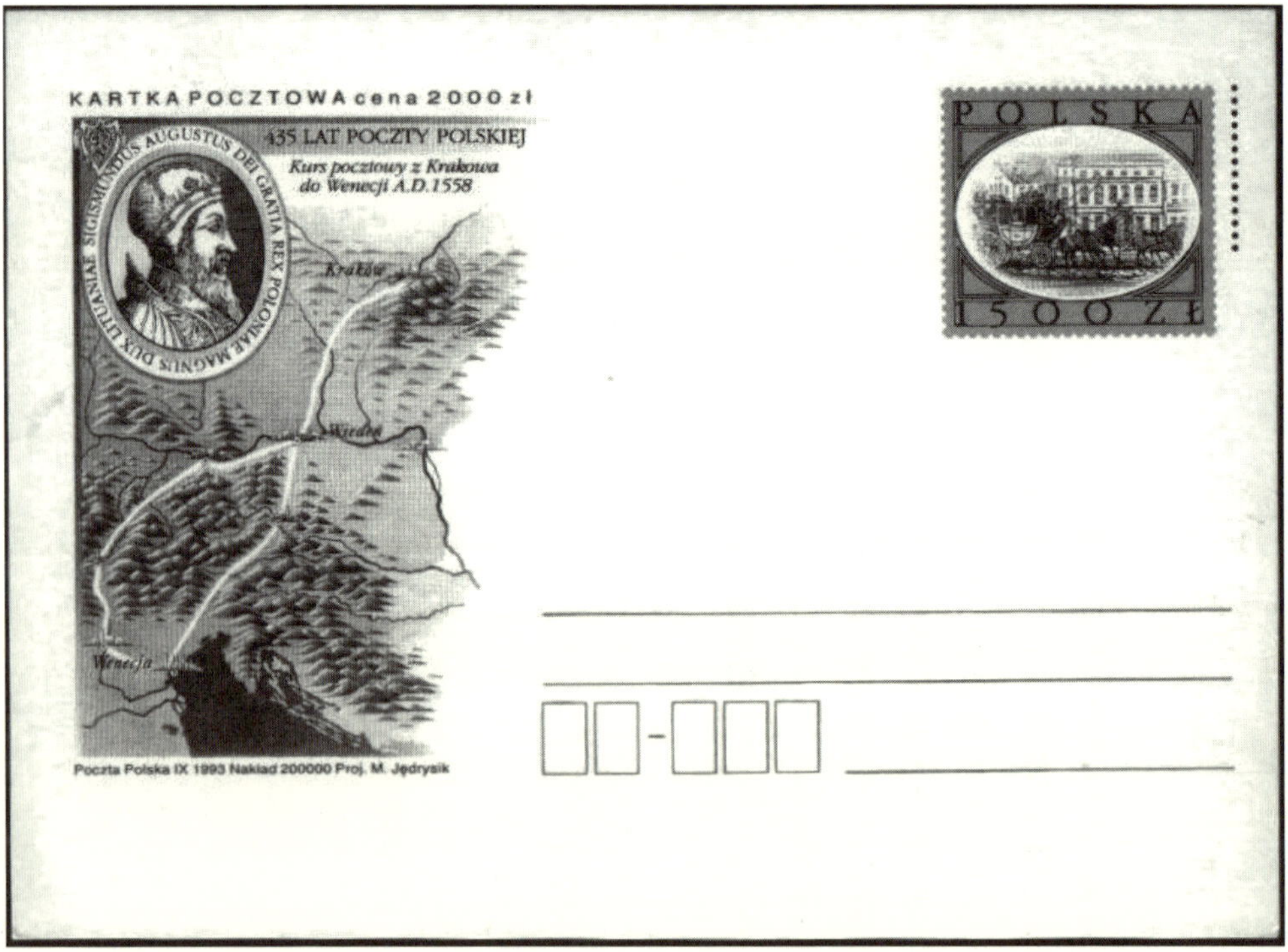

図4　ジグムント2世が開いたクラクフ＝ウィーン＝ヴェネツィアの郵便ルートを取り上げた葉書（ポーランド、1993年発行）。

ねる一人の元首の下、現在のポーランド、ウクライナ、モルドヴァ＝トランスニストリア、ベラルーシ、ロシア、リトアニア、ラトヴィア、エストニア、スロヴァキアにまたがる一大国家を形成していた）にスウェーデンが侵入・占領する〝大洪水時代〟、オシフィエンチムも灰燼に帰した。この結果、一六六〇年には大半の住民がオシフィエンチムを離れ、町には六人の職人が残るのみとなってしまった。戦闘が終結した一六六二年には、若干、人口は戻ったものの、それでも三五〇〜四四〇人程度である。

図５　ヤン３世ソビェスキ（ポーランド、1983年発行）。

その後、一六七六年にポーランド王となったヤン三世ソビェスキ（図５）は戦争で荒廃したポーランド・リトアニア共和国の立て直しに力を注ぎ、オシフィエンチムも再建された。このため、オシフィエンチム市内のメインストリートも、彼にちなんで〝ソビェスキ通り〟と命名されている（図６）。

ハプスブルク帝国の国境

一七六三年、ポーランド王アウグスト三世（図７）が亡くなると、ロシアのエカチェリーナ二世（図８）は、親露派のポーランド貴族で彼女と愛人関係にあったスタニスワフ二世を王位につけるなど、ポーランドに対する内政干渉を強めるようになった。

これに対して、プロイセン王フリードリヒ二世はポーランドがロシアに奪われることを警戒し、オーストリアの神聖ローマ皇帝ヨーゼフ二世（図９）を誘ってポーランド分割を提唱。エカチェリーナ二世

図６　1916 年のソビェスキ通りを取り上げた絵葉書。正面に見えるのがカトリックの教区教会にあたる聖母聖天教会。

上：図８　エカチェリーナ２世（ロシア、2009年発行）。

左：図９　ヨーゼフ２世（オーストリア、1981年発行の宗教寛容令200年の記念切手）。

図７　アウグスト３世（ポーランド、2000年発行）。

もこの提案に応じたことで、一七七二年、プロイセン・オーストリア・ロシアの三国によって第一回ポーランド分割が行われ、三国はそれぞれ国境に隣接する地域を獲得した。

　これにより、旧オシフィエンチム公国の領域は、ハプスブルク家の支配下に組み込まれ、〝ガリツィア・ロドメリア王国（ウクライナ語でハリーツィヤ・ヴォロディームィリヤ王国）およびクラカウ大公国・アウシュヴィッツ公国・ザトル公国（ポーランド語でクラクフ大公国・オシフィエンチム公国・ザトル公国）〟の一部となった。以後、オシフィエンチムはハプスブルク体制の支配下に置かれ、一八〇四年までは神聖ローマ皇帝が、一八〇六年から第一次大戦が終結した一九一八年まではオーストリア皇帝がアウシュヴィッツ公（オシフィエンチム公のドイツ語読み）の称号を継承した。

　ちなみに、ポーランド国家は、上記三国による第二次分割（一七九三年）と第三次分割（一七九五年）を経て、地上から消滅する。

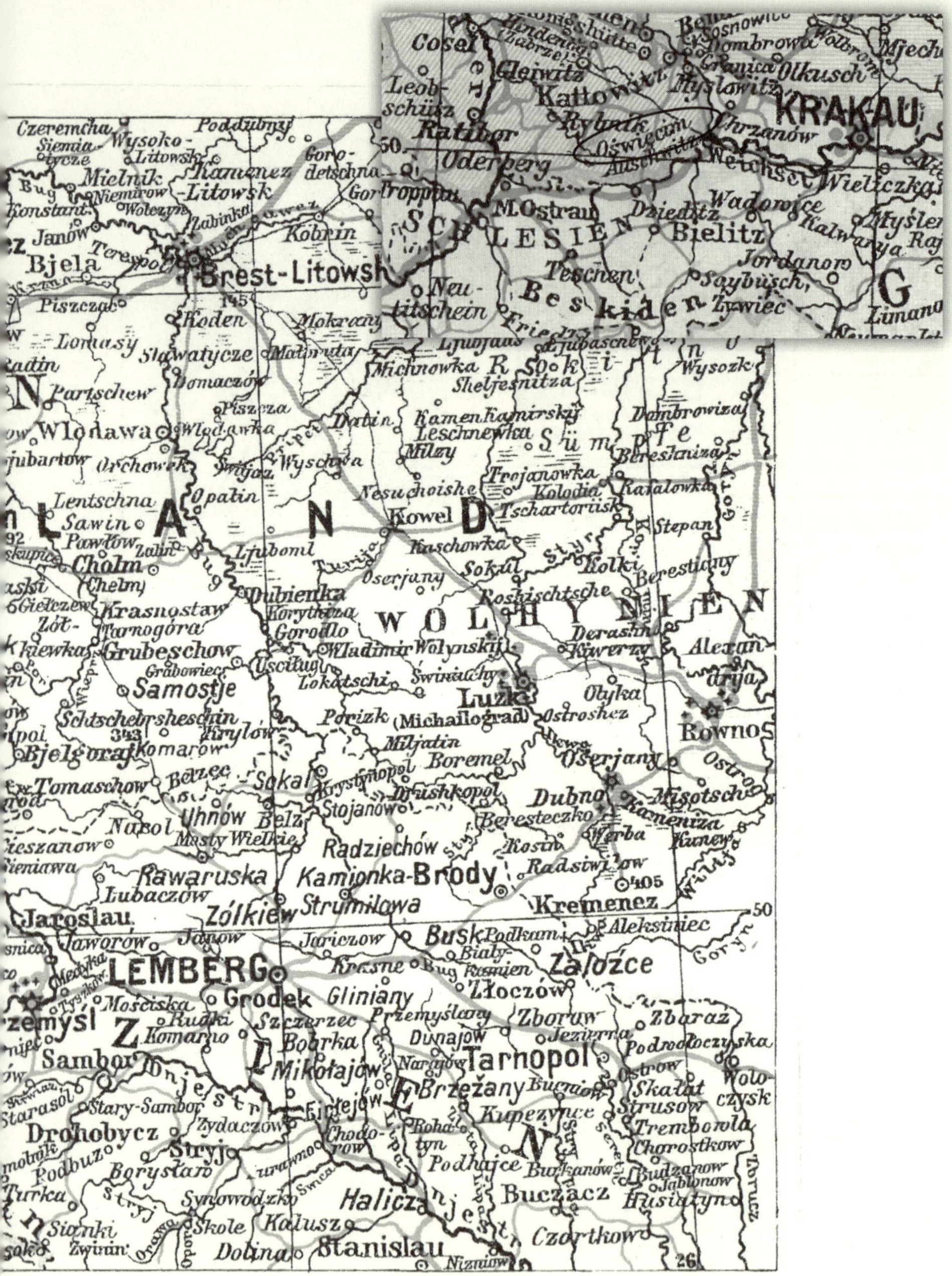

図 10　第一次大戦中の 1916 年に差し出されたガリツィア=ルブリン=ワルシャワ地区の地図の絵葉書。アウシュヴィッツ／オシフィエンチムが、プロイセン=オーストリア国境のオーストリア側にあることがわかる。

Östl. Kriegsschauplatz.
3. Galizien-Lublin-Warschau
Maßst. 1:4.500000
0 25 50 km
Festungen, Forts.
Eisenbahnen
R U S S. P O L E N
D E U T S C H E S
SCHLESIEN
G A L I Z I E N
U N G A R N
Karpathen
Beskiden
WARSCHAU
KRAKAU
LODZ
Kalisch
Czenstochau
Kielce
Radom
Iwangorod
Sandomir
Tarnow
Rzeszow
Petrikau (Piotrkow)
Lowitsch
Plozk
Oppeln
Kattowitz
Beuthen
Gleiwitz
Ratibor
Oderberg
Troppau
M.Ostrau
Bielitz
Teschen
Oświęcim
Auschwitz
Chrzanów
Wieliczka
Bochnia
Neu Sandec
Nowy Targ
Eperies
Tatra
Wadowice
Myslowitz
Bendin
Olkusch
Sosnowice
Dombrowa
Jaslo
Krosno
Sanok
Dukla
Mielec
Dębica
Lezajsk
Nisko
Rudnik
Garwolin
Kasimiersh
Josefow
Annopol
Opatów
Staschow
Stopnica
Pintschow
Mjechow
Konsk
Kempen
Kreuzburg
Lublinitz
Tarnowitz
Cosel
Rybnik
Skierniewizy
Grojez
Nowo Georgijewsk
Nowo Radomsk
Sjeradz
Lenczyza

図11　1845年末、イズデブニクからオシフィエンチム経由でアーレンスブルク宛に届けられた郵便物。裏面には、12月30日、オシフィエンチムを経由したことを示す印が押されている（裏面拡大図）。

さて、ポーランド国家消滅後、ハプスブルク支配下のオシフィエンチムは事実上、プロイセンとの国境の町となり（図10）、人口は多くなかったものの（一七九二年の時点で二一一八人）、域内における物流の中継地点として定期市も開かれ、ここを経由して運ばれた郵便物も少なくなかった。

たとえば、図11は、一八四五年十二月二十九日、ハプスブルク支配下のイズデブニク（クラクフから南西に二五キロの村。現在の行政区分ではポーランド南部、スロヴァキアと接するマウォポルスカ県に属する）からホルシュタイン公国支配下のアーレンスブルク宛に差し出された郵便物で、裏面には、翌三十日にオシフィエンチムを経由したことを示す印が押されている。差出地のイズデブニクから宛先のアーレンスブルクまでは、ほぼ直線ルートで北西に八八五キロ。その線上には、オシフィエンチムのほか、ベルリンもある。

アーレンスブルクのあるホルシュタイン公国は、旧神聖ローマ帝国の最北端、ユトラント半島の付け根部分（アイダー川とエルベ川の間の地域）にあった領邦国家で、この郵便物が届けられた時点ではデンマーク王家の支配下にあったが、二度にわたるシュレスヴィヒ・ホルシュタイン戦争を経て、一八六六年、プロイセン領に編入。現在はドイツのシュレスヴィヒ・ホルシュタイン州になっている。

一方、図11の郵便物のルートを逆に南東方向に伸ばしていくと、その行く先は黒海第二の港湾都市（黒海沿岸で最大の都市はイスタンブル）オデッサになる。このことを実感させるのが、図12の郵便物である。オデッサは、露土戦争後の一七九二年以後、ロシア革命によりロマノフ朝が滅亡するまではロシア帝国の領土だったため、この郵便物に貼られているのもロシア帝国の切手である。ちなみに、ソ連の成立後は、連邦構成共和国としてのウクライナ領とな

図12　オデッサからオシフィエンチム経由の鉄道でブラウンシュヴァイク宛に送られた郵便物。

り、一九九一年のソ連崩壊後もそれを継承してウクライナ領となっている。

さて、この郵便物は、一八八〇年四月、オデッサからブラウンシュヴァイク宛に差し出された書留便だが、オデッサからオシフィエンチムまで運ばれた後、オシフィエンチム＝ブレスラウ間は鉄道で運ばれ、その後、宛先地のブラウンシュヴァイクまで運ばれるというルートをたどっている。

ここで、ハプスブルク帝国時代のオシフィエンチムと鉄道の関係について簡単にまとめておこう。

一八三五年、皇帝フェルディナントが即位すると、宰相メッテルニヒとも関係の深かったザーロモン・マイアー・フォン・ロートシルト（ロスチャイルド財閥の祖であるマイアー・アムシェル・ロートシルトの次男）は、岩塩鉱のあるボフニャ（クラクフの東三七キロ）から、ボヘミア方面の工業地帯を経てウィーンに至る鉄道建設の請願を皇帝に提出した。その際、ザーロモンは建設の認可を得るため、建設予定の鉄道を〝フェルディナント皇帝北部鉄道〟と命名し、皇帝の歓心を買った。これが、現在のオーストリア北部鉄道のルーツとなる。

フェルディナンド皇帝北部鉄道は、一八三七年、ウィーン近郊のフローリッツドルフ＝ドイチュ・ヴァグラム間の一三キロが最初に開通。その後、鉄道は順次路線を延伸し、一八四八年にオーデル河畔のボフミンを越えてポーランドの領域に入り、一八五五年にはボフミン＝カルヴィネ＝オシフィエンチム間が開通し、翌一八五六年にはクラクフまで路線が延伸された（図13）。

一方、プロイセンでは、一八三九年に認可を得た上シレジア鉄道会社が、一八四二年五月二十二日、最初の区間として、図11の郵便物の経由地でもあるブレスラウ（ポーランド語：ヴロツワフ）＝オーラウ（同オワパ）間で開業している。ちなみに、現在のポーランド国家の領域内では、これが最初の鉄道となった。

ブレスラウは、もともとはシロンスク地方の中心都市で、ポーランドの諸都市の中では最も古い都市

図 13　鉄道のオシフィエンチム駅を取り上げた 1917 年の絵葉書。

の一つとされている。しかし、一六七五年、この地の君主家からポーランド王国との男系の血縁が途絶えると、ハプスブルク家の支配下に置かれるようになった。その後、一七四〇―四八年のオーストリア継承戦争の結果、プロイセン領となり、第二次大戦までドイツ領であったが、現在はポーランド領となっている。

さて、上シレジア鉄道は、その後、路線を延伸し、一八四六年には工業都市のカトヴィツ（ポーランド語：カトヴィツェ）に、さらに、翌一八四七年にはオーストリアとの国境に位置するムィスウォヴィツェを経てクラクフまで到達していた。

その後、一八五〇年にムィスウォヴィツェ＝クラクフ間の路線はハプスブルク帝国に売却されてオーストリア帝国東部鉄道となり、一八五六年、トシェビニャ＝オシフィエンチム間が開通することによって、ウィーン＝クラクフ間が鉄道で結ばれる。

図11の郵便物に表示されているオシフィエンチム＝ブレスラウ間の鉄道路線は、前述のような経緯を

図14　オシフィエンチム＝ブレスラウ間を鉄道で運ばれたことを示す印の押されたベルリン宛の郵便物。

経て構築された鉄道網によって運ばれたというわけだ。

なお、ブレスラウからベルリンまでは、一八四六年、下シレジア＝マルク鉄道（一八四三年開業。一八五二年までにプロイセン政府により国有化）が開通しており、オシフィエンチムからブレスラウを経由してベルリンまで鉄道で郵便を運ぶことが可能になった。図14は、そうしたルートでベルリンまで運ばれた郵便物で、ドイツ帝国（プロイセン）内に入ってからの投函であったため、ドイツ切手が貼られ、ドイツ式の鉄道郵便の印が押されている。

さて、図11の宛先地のブラウンシュヴァイクは、ドイツ北部、ハノーファーの南東五五キロの地点にある都市で、十七世紀以来、ブラウンシュヴァイク公国の首都であったが、第一次大戦後、ワイマール共和国にブラウンシュヴァイク州として編入され、現在はドイツのニーダーザクセン州に属している。

ベルリンからのアクセスは容易な場所なので、この郵便物も、ブレスラウから先はベルリンを経由して、ブラウンシュヴァイクの名宛人に届けられたと考えるのが自然だろう。

ユダヤ系住民の葉書

一八六六年六月七日、ドイツ統一の方式をめぐってプロイセンとオーストリアの間で普墺戦争が勃発。戦争は七週間後の八月二十三日にプロイセンの勝利によって終結し、以後、プロイセン主導の下、オーストリアを排除したドイツ統一が進められていくことになる。

普墺戦争が勃発すると、プロイセン側は国境を越えてオシフィエンチムの鉄道駅を制圧したが、オーストリア側はオシフィエンチム城に据えた四門の大砲で反撃。プロイセンを撃退し、オシフィエンチムを防衛している。

むしろ、十九世紀後半のオシフィエンチムにとって脅威となったのは、戦争ではなく度重なる火災であった。すなわち、一八六三年八月二十三日の火災

図 15　19 世紀の大火後、再建された市役所とその周辺を取り上げた 1913 年の絵葉書。

では市街地の三分の二が焼失し、市役所とふたつのシナゴーグが全焼している。その後、市役所は一八七二年から七五年にかけて再建されたが、一八八一年の火災では教区教会（地区の拠点となる教会）と学校、病院も全焼した（図15）。ただし、大火による破壊と再建が繰り返される中で、オシフィエンチムの人口も次第に増加し、一八五一年に二四五三人だった人口は、一八六三年の大火後には二七九二人になり、一八九〇年には五四一四人に、さらに、一九一〇年には一万一二七人へと拡大している。

ところで、オシフィエンチムのシナゴーグが火災によって焼失したと書いたが、歴史的に見て、ポーランドの地域には多くのユダヤ系住民（以下、便宜的にユダヤ人と総称する）が住んでいた。

いわゆるユダヤ人のうち、アシュケナジムと呼ばれる人々は一般に東欧系ユダヤ人とされることが多いが、もともと、アシュケナジとはライン地方（現在のドイツ）を指す言葉で、フランク王国のカール大帝やルートヴィヒ一世の時代、イタリア半島のユダヤ人商工業者をライン地方に移住させたのがルーツとなっている。

その後、中世キリスト教社会では、地域の教会が執拗に〝キリスト殺し〟としてユダヤ人差別を煽ったこともあって、十字軍やペストの流行等の機会をとらえて、たとえば、「異教徒を殺すのであれば、わざわざエルサレムまで行かなくても、近所のユダヤ人を殺せばいいではないか」とか「ペストの流行はユダヤ人が井戸に毒を入れたせいだ」などという流言蜚語が飛び交い、ライン地方で迫害を受けたユダヤ人はポーランドへと避難した。

これに対して、ポーランドでは、一二六四年、カリシュ公国のボレスワフ敬虔公がユダヤ人を対象としてポーランド国内の移動の自由、商業の自由、宗教の自由など多くの権利を認め、ユダヤ人の共同体を自らの保護下に置いた。

一三三五年、カジミェシュ三世が首都クラクフのヴィスワ川対岸に新たな町、カジミェシュを建設し、ユダヤ人移民に居住地を提供すると、この地域はユダヤ人の集住地区となった。その後、ユダヤ人の居住地区はカジミェシュの領域を超えてクラクフ中心部にも拡大していく。

十八世紀末のポーランド分割後、クラクフとカジミェシュはハプスブルクの支配下に置かれたが、新たな支配者となったハプスブルクがカジミェシュをクラクフ市に組み込んだことで、クラクフ市は、中欧随一のユダヤ人口を抱える都市となった。さらに、一八六七年制定のオーストリア＝ハンガリー帝国憲法において、クラクフのみならず、オーストリア＝ハンガリー帝国在住のすべてのユダヤ人に完全なる市民権が与えられると、クラクフから帝国内の別の場所に移住するユダヤ人も増加した。

こうした事情により、オシフィエンチムにもシナゴーグが複数建設されるなど、相当数のユダヤ人が居住していたわけだが、そのことを反映しているのが図16の葉書である。

この葉書は、一九〇七年、オシフィエンチムからバイエルンのグレーフェンベルク宛に差し出されたもので、文面がイディッシュで書かれていることから、ユダヤ人どうしの通信と考えてよい。

〝ユダヤ人ドイツ語〟とも呼ばれるイディッシュは、中高地ドイツ語（現在のドイツ語の中部・南部方言の、一〇五〇―一三五〇年頃の段階）をベースに、ヘブライ語（いわゆる『旧約聖書』の言葉で、ながらく、日常語としては用いられていなかったが、二十世紀初頭に日常語として復活した）やスラヴ語などを取り入れた言語で、ヘブライ文字で書かれる。ただし、セム系言語のヘブライ語と印欧語のイディッシュでは言語としての構造が根本的に異なる。

なお、図16の葉書では、この地域の原語状況を反映して、〝郵便葉書〟を意味する文言が、ドイツ語、ポーランド語、ロシア語の三カ国語表記になっているのも興味深い。

第一次大戦中の検閲印

一九一四年に第一次大戦が勃発すると、国境の町

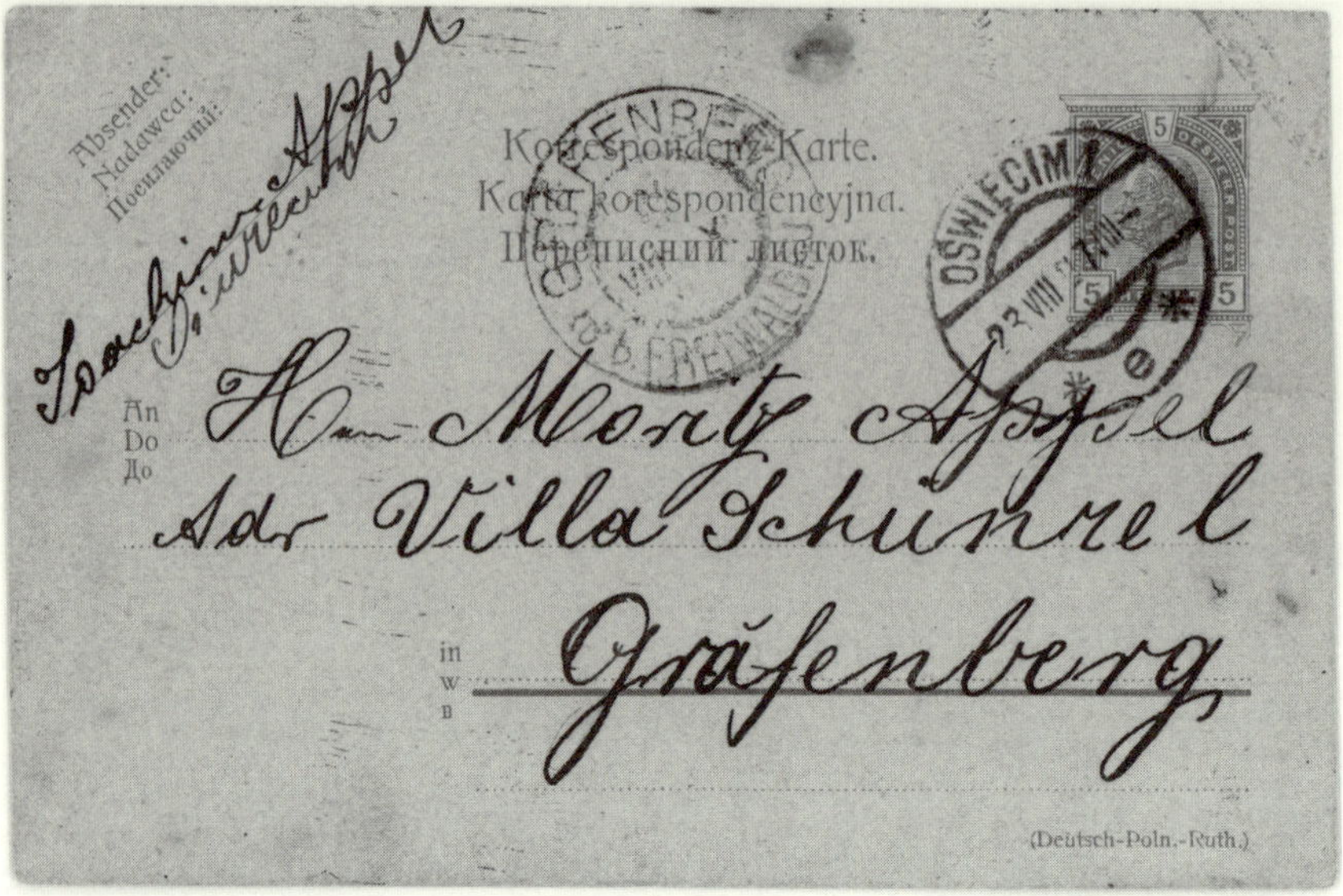

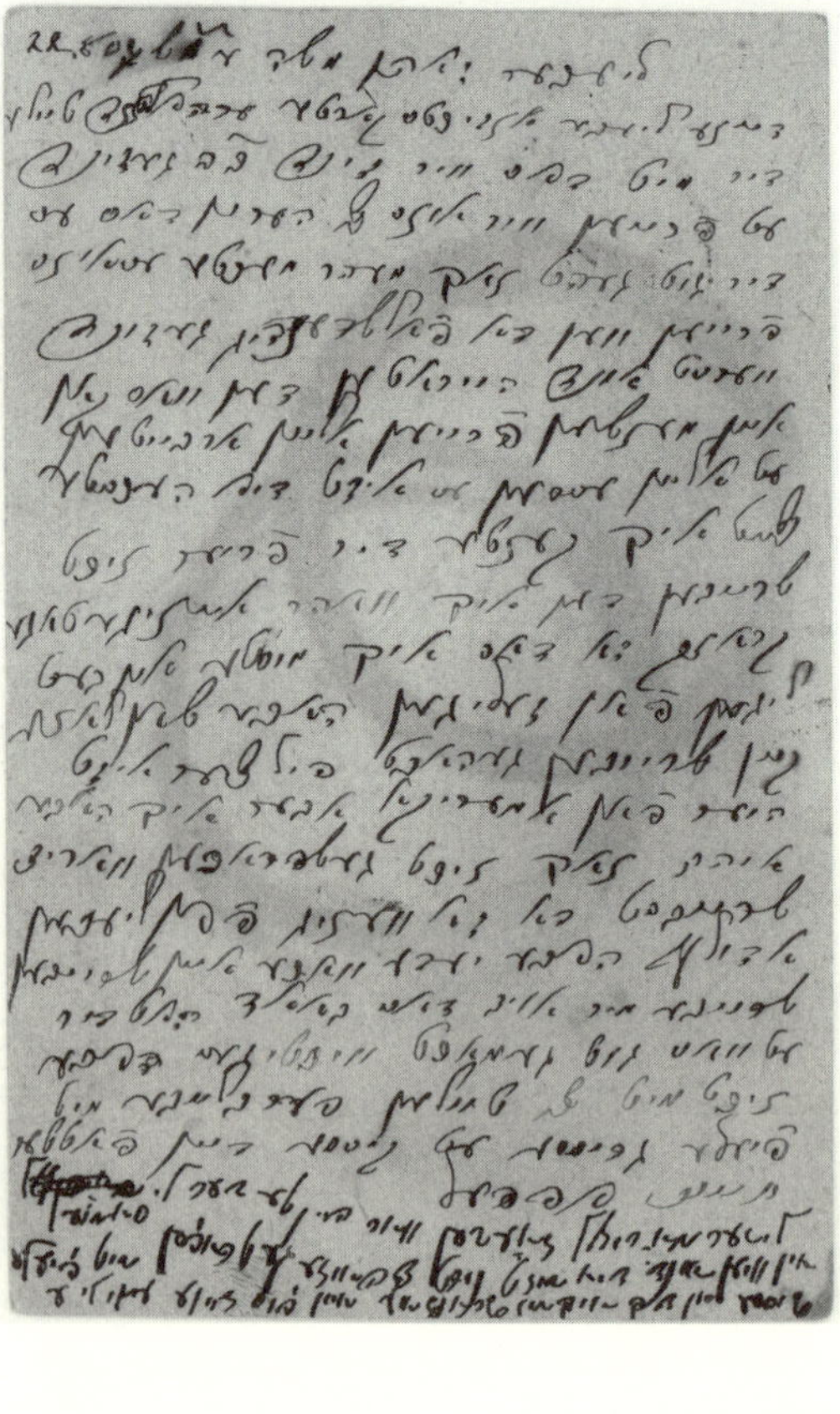

図16　イディッシュで書かれたオシフィエンチム発の葉書。

としてのオシフィエンチムには兵営が置かれ、将兵たちの軍事郵便が行き交うことになった。

たとえば、図17は、一九一七年八月、オシフィエンチムからモラヴィア（現在のチェコ共和国東部。当時はハプスブルク帝国領）のコイェティツェ宛の軍事郵便の葉書だが、差出地のオシフィエンチムで検閲を受けたことを示す“K.u.K. Militarzensur/Oswiecim”の印が押されている。なお、印にある“K.u.K.”は〝（オーストリア＝ハンガリー）二重帝国〟を意味する“Kaiserlich und Koeniglich”の略号で、この葉書は料金無料の軍事郵便であるため、切手は貼られていない。

一方、図18は、一九一七年二月、リビョンシュ（当時はガリツィアの一部としてハプスブルク帝国領）からフルビエシュフ（当時はロシア帝国領）宛の軍事郵便の葉書で、途中、オシフィエンチムで検閲を受けたことを示す印が押されている。

地理的には、リビョンシュはオシフィエンチムから東北方向に一二キロほどの位置にあり、フルビエ

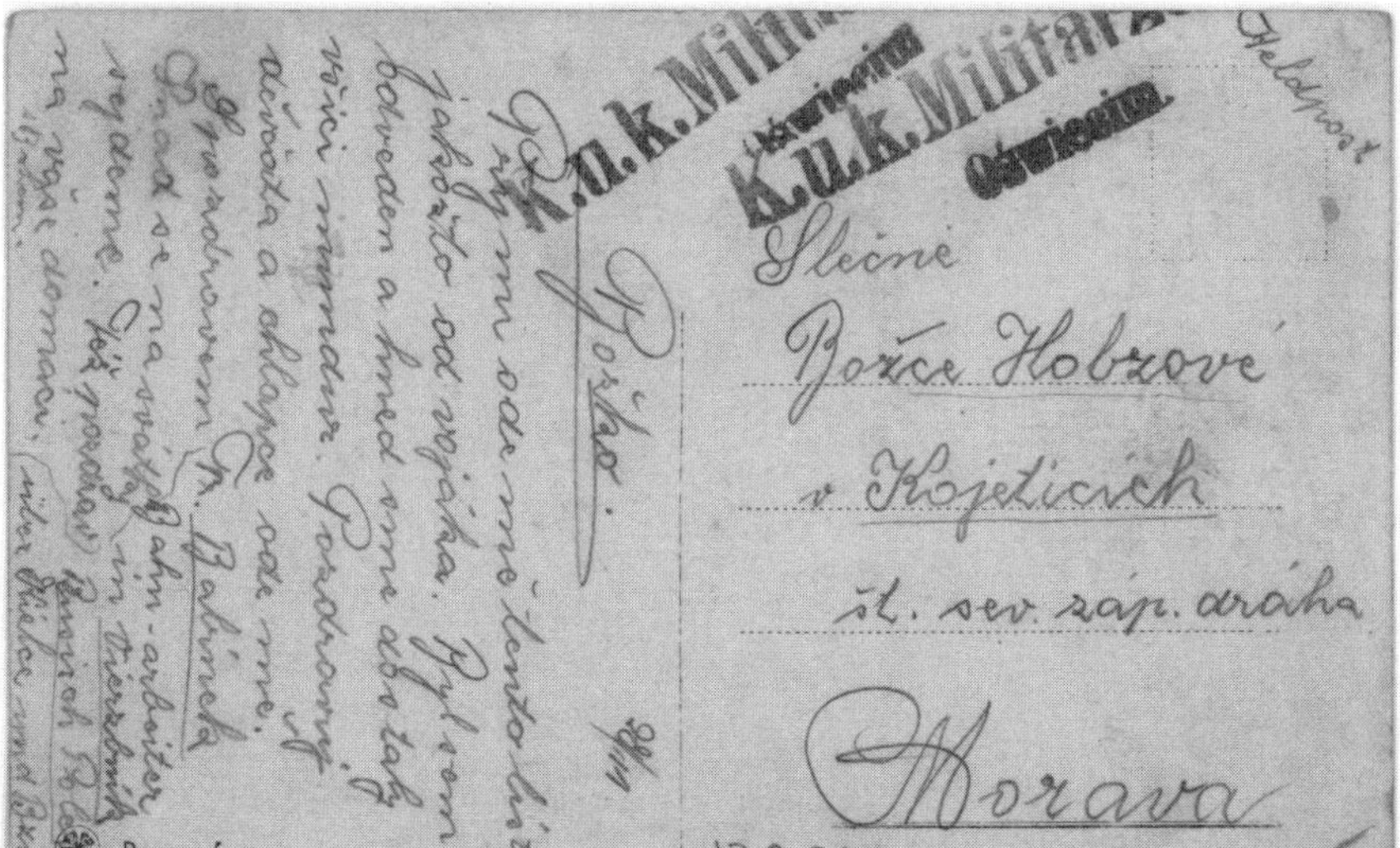

図 17　第一次大戦中のオシフィエンチムからコイェティツェ宛の軍事郵便。

図 18　第一次大戦中、リビョンシュからフルビエシュフ宛の軍事郵便は、オシフィエンチムで検閲を受けている。

図 19　第一次大戦中、トシェビニャからオシフィエンチムを経由した際に検閲を受けた葉書。

シュフはリビョンシュからさらに四〇〇キロ以上東の方向に位置している。したがって、この葉書は、いったん宛先とは逆方向のオシフィエンチムに送られて検閲を受けた後、あらためて、フルビエシュフに逓送されたという形式になっている。もっとも、じっさいには、リビョンシュで差し立てられた際に、オシフィエンチム管内で検閲を受けたという意味で、オシフィエンチムの地名の入った検閲印が押されたのであろうが……。

なお、第一次大戦中、軍事郵便だけではなく、オシフィエンチムを経由した民間の郵便物も検閲を受けることがあった。たとえば、図19は、一九一六年、トシェビニャからウィーン宛の葉書だが、途中、オシフィエンチムで検閲を受けたことを示す印が押されている。

いずれにせよ、これらの事例は、第一次大戦中のハプスブルク帝国の郵便網において、オシフィエンチムが重要な中継地点であったことを示しているといってよい。

ハプスブルク帝国の崩壊とポーランドの独立

第一次大戦中の一九一七年、ロシア革命によってロシア帝国が崩壊した。

翌一九一八年十月二十三日にはじまったヴィットリオ・ヴェネトの戦いで、ハプスブルク帝国軍は大敗を喫した。これに呼応して、国内ではチェコ人・南スラブ人・ハンガリー人が反乱を起こし、統治能力を完全に喪失した帝国は、十一月三日、協商国に対して降伏。同十一日、皇帝カール一世は退位を表明し、ハプスブルク帝国は崩壊した。

一方、ドイツでは十一月三日にキール軍港で発生した水兵の叛乱を機に革命が発生。一週間後の十日には皇帝ヴィルヘルム二世が退位し、ドイツ帝国も崩壊する。

こうして、十八世紀末にポーランドを分割した三つの帝国はすべて消滅したが、その過程で、十月二十八日、クラクフに〝ポーランド清算委員会〟が発足。ハプスブルク帝国に代わって、オシフィエンチムを含むガリツィアの行政の実務を担当するようになった。

郵便に関しては、当面の処置として、各地の郵便局で、在庫として残されていたオーストリア切手を接収して、地域ごとにローカルな加刷を施した暫定的な切手が発行された。このうち、オシフィエンチムでは、ハプスブルク帝国時代の軍事切手に、かつてのポーランド王国の国章にも用いられた鷲を加刷して、皇帝カール一世の肖像を抹消したものが発行・使用された（図20）。

図20　ポーランド清算委員会の下、オシフィエンチムで暫定的に発行された加刷切手。

さて、一九一八年十一月十四日、ポーランドは独立を回復し、ユゼフ・ピウスツキを国家主席とする第二共和国が発足して、国家としての再統一が達せられた。もちろん、オシフィエンチムもポーランドの領域に含まれることになった。

しかし、その後も郵便に関しては統合が遅れ、旧ハプスブルク帝国地域では、ひとまず、同地域内の切手を統一するため、一九一九年一月二日、郵便局に残されていた旧オーストリア切手・葉書が回収され、クラクフ市内のA・コハンスキならびにF・ジェリンスキの二ヵ所の印刷所で〝ポーランド郵政〟を意味する"POCZTA POLSKA"の文字を加刷。同年一月十日から二十種類の額面の切手を発行した。

図21　ポーランド独立直後、クラクフで発行された暫定的な加刷切手。

なお、加刷の文字は、コハンスキ社が凸版印刷、ジェリンスキ社が平版印刷なので、単片切手でも印刷所を識別することは可能である（図21、22）。

これらクラクフ加刷切手の発行を受けて、一月十二日、同月二十日以降、無加刷の旧オーストリア切手を無効とする旨が発

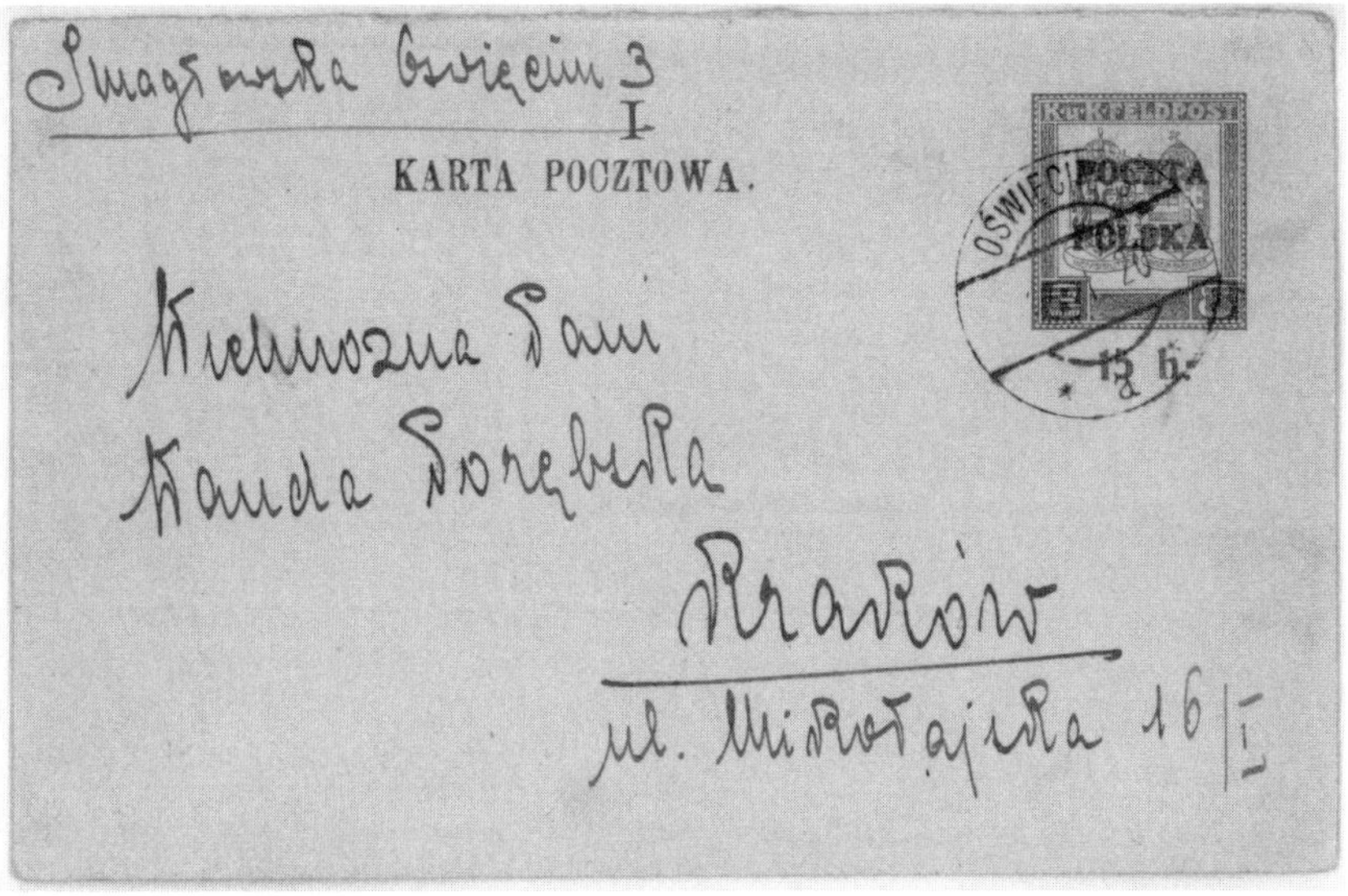

図 22　ハプスブルク時代の軍事郵便用の葉書を接収し、“ ポーランド郵政 ” を意味する **“POCZTA POLSKA”** の文字と新額面の８ヘラーを加刷した暫定的な葉書の使用例。1920 年 1 月 27 日、オシフィエンチムからクラクフ宛。

表された。

さらに、一九一九年二月二十五日、ポーランド清算委員会は、ヤン・ミカルスキーが原画を制作し、ジェリンスキ社で製造した切手を発行し、オシフィエンチムを含むガリツィア全域で使用させた（図23）。

しかし、ポーランド第二共和国としての体制が整ってくると各地域の郵便の統合も進み、全国統一の切手（図24）が発行されたこともあって、これらの暫定的な切手は、一九一九年五月三十一日限りで使用停止となった。

その後、一九三九年九月一日に第二次大戦が勃発するまで、オシフィエンチムでも、通常のポーランド切手がそのまま使用されることになる（図25）。

図24　ポーランド独立後、全国統一の切手として最初に発行された１種。

図23　ポーランド清算委員会がクラクフで発行した切手。

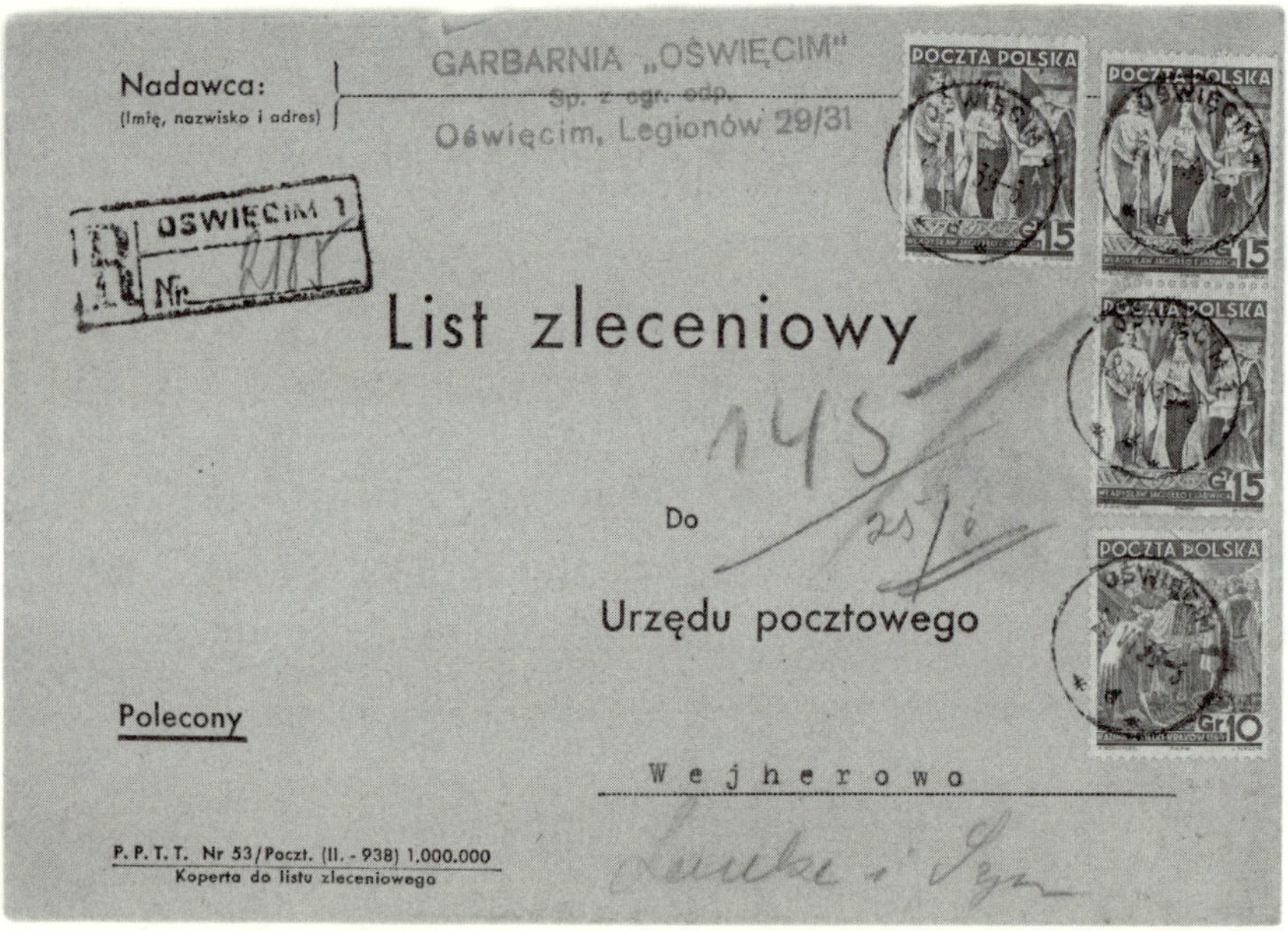

図25　ポーランド第２共和国時代のオシフィエンチムから差し出された典型的な書留便の一例。ポーランド切手が貼られている。

II 強制収容所

オシフィエンチム占領

一九三九年九月一日、ドイツ軍がポーランドに侵攻し、第二次世界大戦が勃発した（図1）。

開戦一週間前の八月二十三日、いわゆる独ソ不可侵条約が調印され、その秘密議定書において、ナレフ川＝ヴィスワ川＝サン川の線でポーランドを東西に分割し、その西側をドイツの勢力圏、東側をソ連の勢力圏とするとの密約が結ばれた。

彼らが定めたポーランド分割の境界線は、第一次大戦後、ポーランド国家の範囲として英国外相ジョージ・カーゾンが提案した〝カーゾン線〟にほぼ沿ったものであった。ポーランド第二共和国はカーゾン線を国境として受け入れることを拒否し、ロシ

図1　開戦当日の1939年9月1日、ロンドンからドイツ南西部、ルートヴィヒスハーフェン・アム・ライン宛に差し出された郵便物は、開戦によってドイツ宛郵便の取り扱いが停止されたため、差出人に返戻されている。

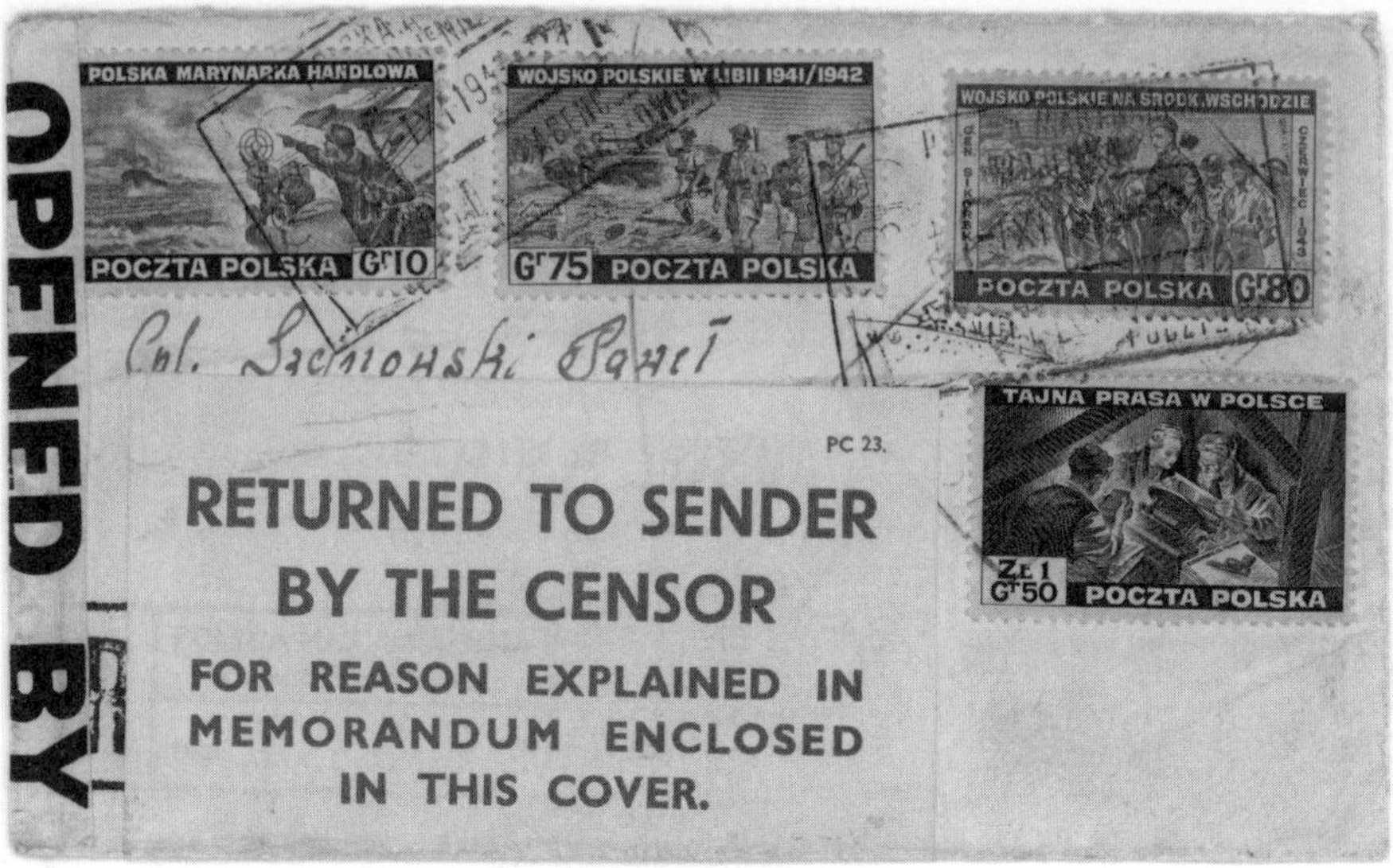

図２　ポーランド亡命政府が発行した切手の貼られた郵便物。

図３　捕虜として、枢軸国ハンガリーの収容所に送られたポーランド兵からソ連占領下のスタニスラーウ宛に差し出された捕虜郵便の葉書。宛先のスタニスラーウは、第二次大戦以前はポーランド領だったが、ソ連に併合され、現在はウクライナ領イヴァーノ＝フランキーウシクとなっている。

アのボリシェヴィキ政権と戦うことで、カーゾン線より二〇〇キロ東に東部国境を制定することに成功していたが、ソ連はそのことに強い不満を持っていた。

さて、独ソ不可侵条約の秘密議定書に基づき、九月十七日、ソ連は「ウクライナ系・ベラルーシ系市民の保護」を口実にポーランド東部国境から侵攻を開始し、東ポーランドを占領下に置いた。

ポーランド政府首脳は国外に脱出し、パリに亡命政権を樹立するが（その後、アンジェを経て、一九四〇年のフランス陥落後はロンドンに移動する。図2）、ポーランド国家は独ソ両国によって分割占領されて事実上消滅（図3）。九月二十八日には独ソ境界友好条約が締結された（ただし、一九四一年六月、いわゆる独ソ戦が勃発すると、同条約は破棄され、ポーランド全域がドイツの占領下におかれることになる）。

西ポーランドを占領したドイツは、一九三九年十月八日および同十二日付でドイツに隣接する旧ポーランド領をドイツに併合するとともに、ワルシャワ、

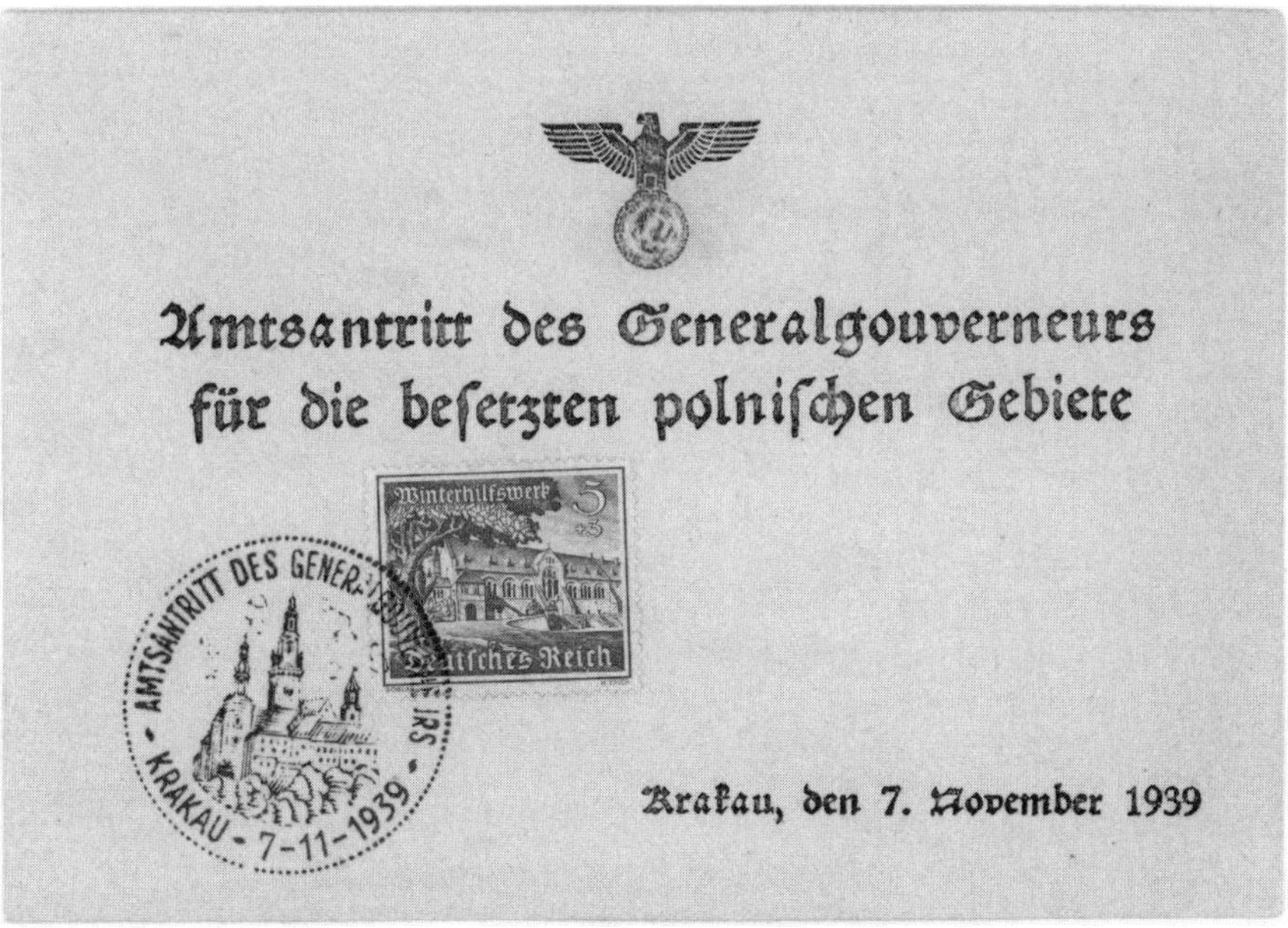

図４　ポーランド総督府・総督就任の記念印が押された記念カード。

ルブリン、ラドムとクラクフの四地域（独ソ戦の勃発後は、これに、ウクライナ・ソヴィエト社会主義共和国の一部であった東ガリツィアが加わる）に関しては、ポーランド総督府（図４）の統治下に置かれた。

オシフィエンチムは開戦翌々日の九月三日にはドイツ軍の空爆を受けて占領され、ドイツ直轄領のカトヴィッツ県に編入された。

占領後のオシフィエンチムでは、ドイツの占領当局はポーランド時代の郵政組織を接収し、ポーランド切手の使用を禁止するとともに、ドイツ本国の切手をそのまま持ち込んで使用させた。

図５は、その実例として、占領初期のオシフィエンチムから差し出された郵便物である。占領当局は、切手のみならず、消印に関してもポーランド時代のモノの使用を禁じたが、ドイツ本国と同形式のものをすぐに調達することはできなかった。このため、オシフィエンチムでは、一九三九年十一月二日まで、ここに示すように、地名のみで年月日の表示のない一行印が暫定的に使用されていた。

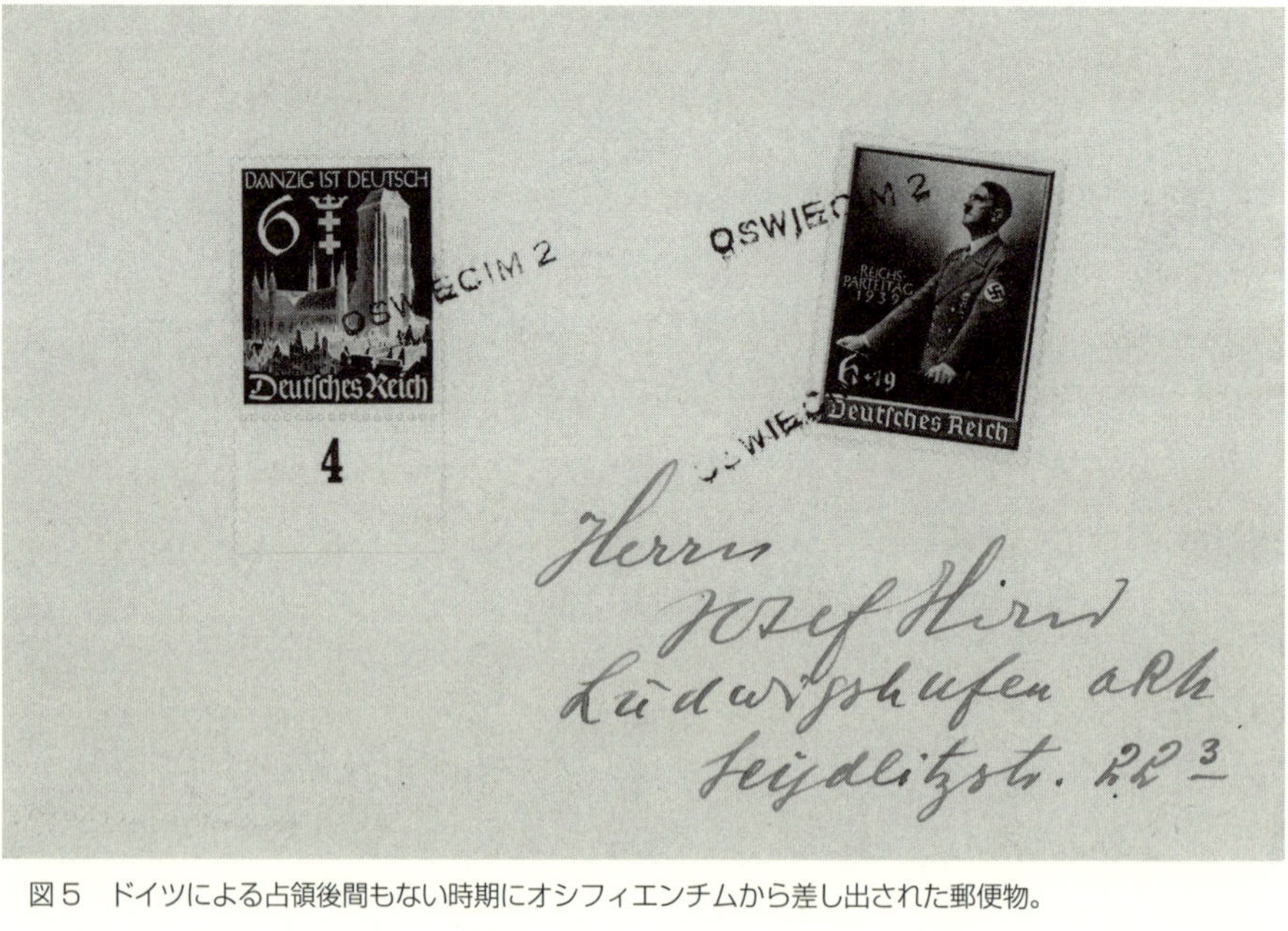

図５　ドイツによる占領後間もない時期にオシフィエンチムから差し出された郵便物。

ドイツ本国と同じタイプの消印が支給されるようになったのは十一月以降のことだが、当初は、図6に示すように、局名の表示も、ドイツ語の〝アウシュヴィッツ〟ではなく、ポーランド語の〝オシフィエンチム〟がそのまま継承されている。

強制収容所のルーツ

こうしてドイツに併合されたオシフィエンチムには、一九四〇年五月、アウシュヴィッツ強制収容所が開設されるのだが、まずは、強制収容所と呼ばれる施設が設置されるようになった歴史的経緯について簡単にまとめておこう。

強制収容所とは、辞書的な定義によれば、「(通常の刑法犯や正規の戦争捕虜などとは別に)政治的理由などで、裁判によることなく市民を強制的に収容する施設」のことで、一般の刑務所や捕虜収容所などとは根本的に性格が異なる。

この種の施設としては、古くは、米西戦争(一八

図6　オシフィエンチムの地名表示が入ったドイツ式の消印が押されたはがき。1940年1月31日差し出し。

九八年）以前のスペイン領キューバやフィリピン、さらには米西戦争後の米比戦争（フィリピンの独立を支援するとの名目でスペインとの戦端を開いた米国が、戦後、フィリピンを支配下に置いたことに抗議してアギナルド率いるフィリピン人が起こした抵抗戦争）などでの事例があるが、一般に、〝強制収容所〟のルーツとしては、ボーア戦争時に英国が設置した〝concentration camp〟を挙げることが多い。

一八九九年十月、現在の南アフリカ共和国（以下、南ア）に相当する地域の資源をめぐって、先に入植していたオランダ系のアフリカーナー（ボーア人とも）のオレンジ自由国およびトランスヴァール共和国と大英帝国の間で、（第二次）ボーア戦争が勃発する。

戦争は、当初、ボーア軍が圧倒的に優位だったが、一九〇〇年二月、英本国からの増援部隊が到着。二月十八日から二十七日にかけてのパールデベルグの戦いでイギリス軍がボーア軍を破ったことで戦況は逆転し、三月十三日にはオレンジ自由国の首都ブルームフォンテーンが、六月五日にはトランスヴァール共和国の首都プレトリアが陥落する。さらに、イギリス軍は、六月十一日から十二日にかけて、プレトリア近郊のダイアモンド・ヒルでボーア軍の残党を掃討し、正規軍同士の戦いは事実上終結した。

しかし、大英帝国の侵略から祖国を守ろうとするアフリカーナーの士気は衰えず、彼らはゲリラ戦を展開し、激しく抵抗した。

これに対して、英軍の総司令官ホレイショ・キッチナーは、ゲリラ殲滅のため、焦土作戦を敢行。ゲリラに対する補給を断つとともに、ゲリラ側の戦意を喪失させるためとして、アフリカーナーの家屋や農場を容赦なく焼き払った。

すでに、開戦当初から、英軍は〝いかなる理由であれ（とはいえ、じっさいには戦禍によるものが大半だったが）住居を失った現地住民〟を対象に、人道上の見地から、〝refugee camp〟という名の避難所を設置していた。文字通りに訳すと、難民キャンプである。

図７　ボーア戦争時の強制収容所のテント群を取り上げた絵葉書。

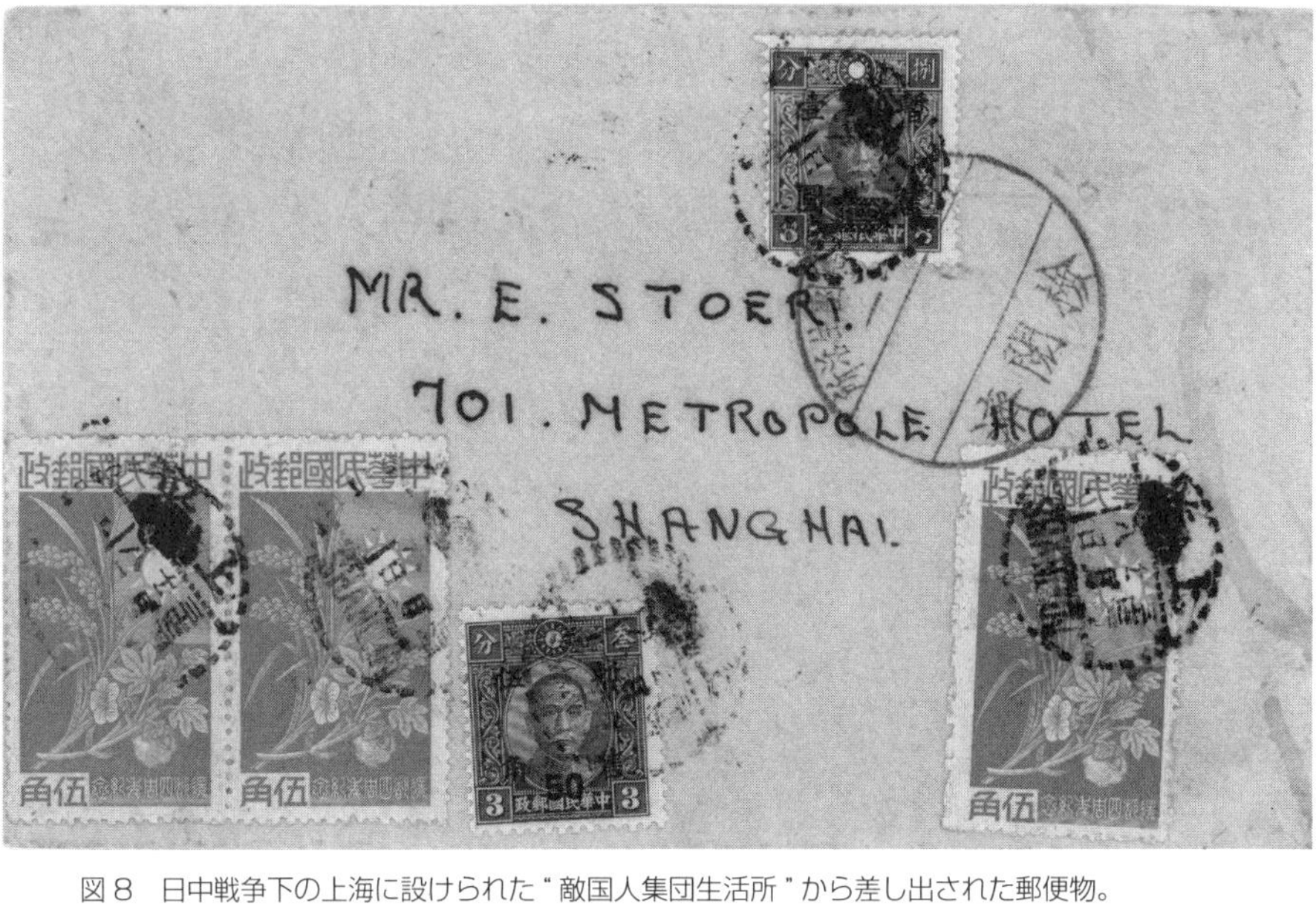

図８　日中戦争下の上海に設けられた“敵国人集団生活所”から差し出された郵便物。

ところが、キッチナーによる焦土作戦が発動され、アフリカーナーに対する事実上の無差別攻撃が開始されると、住居を失うアフリカーナーが急増。ゲリラとみなされた成人男性は処刑されるか遠方の捕虜収容所へと送られ、夫や父親などと引き離された女性や子供、老人は収容所での集団生活を強要された。これが〝concentration camp〟である（図7）。なお、この名称をそのまま訳すと〝集団生活所〟となる。じっさい、日中戦争下の日本軍占領地域に設けられていた連合国籍の民間人の抑留施設は〝concentration camp〟の訳語として〝敵国人集団生活所〟の語を用いている（図8）。

したがって、〝concentration camp〟の運営者が自ら〝強制〟を名乗っているわけではないのだが、第二次大戦後、その実態から日本語では〝強制収容所〟の訳語を当てるのが一般的になっている。

さて、英国はアフリカーナーを対象に四五ヵ所、アフリカ系黒人を対象に六四ヵ所の収容所を設置したが、焦土作戦が本格化した後、各収容所には明らかに収容能力を超える人々が抑留され、食糧や医療、衛生環境は極端に悪化。戦時下ゆえに物資の補給が困難であったことに加え、多くの収容所では当局が事態の改善にまじめに取り組まなかった。さらに、ゲリラとして反英闘争を続けている者が家族にいる場合には食料の配給も減らされた。この結果、最終的に二万六〇〇〇人を超える女性と子供が収容所で命を落としたという。また、アフリカーナーと異なり、アフリカ系の黒人は英国から〝敵国人〟とみなされていたわけではなかったが、やはり、焦土作戦によって住居を失う者が多く、数万人が強制収容所送りとなり、うち一万四一五四人が死亡した。

ちなみに、第二次大戦中、日本国内一三〇ヵ所の捕虜収容所に連合国軍の捕虜は約三万六〇〇〇人いたが、このうち終戦までに亡くなったのは約三五〇〇人である。食糧と医薬品が不足し、マラリアやコレラが蔓延する劣悪な中で、過酷な労働を強いられ〝枕木一本で死者一人〟とまで言われた泰緬鉄道の建設（図9）でさえ、動員された連合国の捕虜六万二

From:
Name BURTON. L.C.
Nationality BRITISH.
Rank SERGEANT.
Camp

俘虜郵便

泰俘虜収容所

PASSED
P.W.4013

To: MRS. L. C. BURTON.
107 HIGH STREET
TARPORLEY · CHESHIRE.
ENGLAND

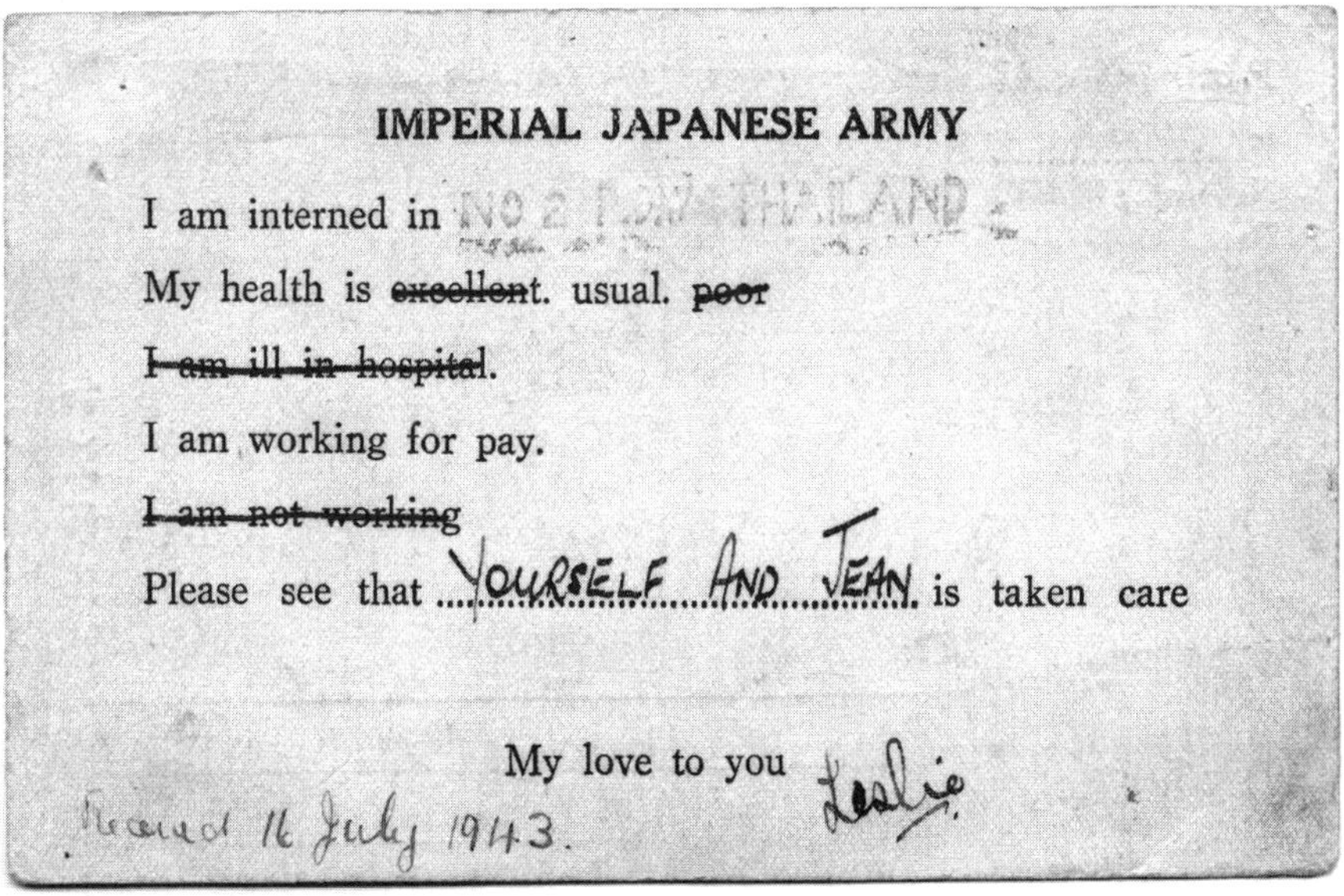
IMPERIAL JAPANESE ARMY

I am interned in NO 2 ... THAILAND
My health is ~~excellent~~. usual. ~~poor~~
~~I am ill in hospital~~.
I am working for pay.
~~I am not working~~
Please see that YOURSELF AND JEAN is taken care

My love to you Leslie
Received 16 July 1943.

図９　第二次大戦中、泰緬鉄道の建設に動員された英国人捕虜が差し出した葉書とその文面。1943年７月、チュンカイにあった第２分所から差し出されたもので、給料をもらって働いている旨の記述がある。

〇〇〇人のうち、亡くなったのは一万二六一九人である。これらの数字から考えると、ボーア戦争時の強制収容所の過酷な状況について、イメージしやすいかもしれない。

ボーア戦争時の強制収容所は、あくまでも戦時下における特殊なケースだったともいえるが、それを恒常的な制度として組織化したのは、一九一七年のロシア革命によって成立したボリシェヴィキ政権であり、それを引き継いで一九二二年末に成立したソ連（ソヴィエト社会主義共和国連邦）であった。

すでにロシア革命の直後から、レーニンは〝ラーゲリ（原義は収容所）〟と呼ばれる強制収容所を設置し、〝反革命〟とみなされた人々を、財産没収の上、次々に連行した。特に、レーニンの後継者となったスターリンは、一九二六年に刑法を改正して〝反革命罪〟を正式に導入。じっさいに、共産政権に対して異議を唱えた政治犯のみならず、当局が〝敵対的〟と見なした民族（フィンランド人、ポーランド人、ドイツ人、朝鮮人、バルト三国人、ウクライナ人、モルダビア人、ユダヤ人、テュルク系諸民族など）、敵階級（自営農家、資本家、貴族など）の人々が強制収容所に連行されていった（図10）。

また、一九四一年六月の独ソ戦勃発以降は、戦時国際法に違反して、枢軸側の捕虜たちもラーゲリに送られた（図11）。

ソ連政府によって設置されたラーゲリの数は、ソ連全土で五〇〇ヵ所を超えるとされており、収容者数は、全労働人口の一割以上、最低でも数百万人規模に達していたといわれている。過酷な労働や体罰・拷問により、〝刑期〟を満了する以前に命を落とした者も非常に多い。

ソ連政府はラーゲリの収容者を事実上の〝奴隷〟として扱い、彼らに過酷な重労働を課すことによって、社会主義建設や第二次大戦中・戦後の労働力を賄っていた。世界恐慌の最中、スターリン政権は第一次五カ年計画を〝超過達成〟したとして、資本主義に対する社会主義の優位を誇示していたが、それを支えていたのは、強制収容所の〝奴隷〟労働力で

ПОЧТОВАЯ КАРТОЧКА

ПОЧТА-СССР

15 КОП.

Куда

(наименование республики, края, области, района)

Пересыльная тюрьма 7 отд. ком 63

Кому

(подробное наименование адресата)

Черникину Сергею Пантелеймоновичу

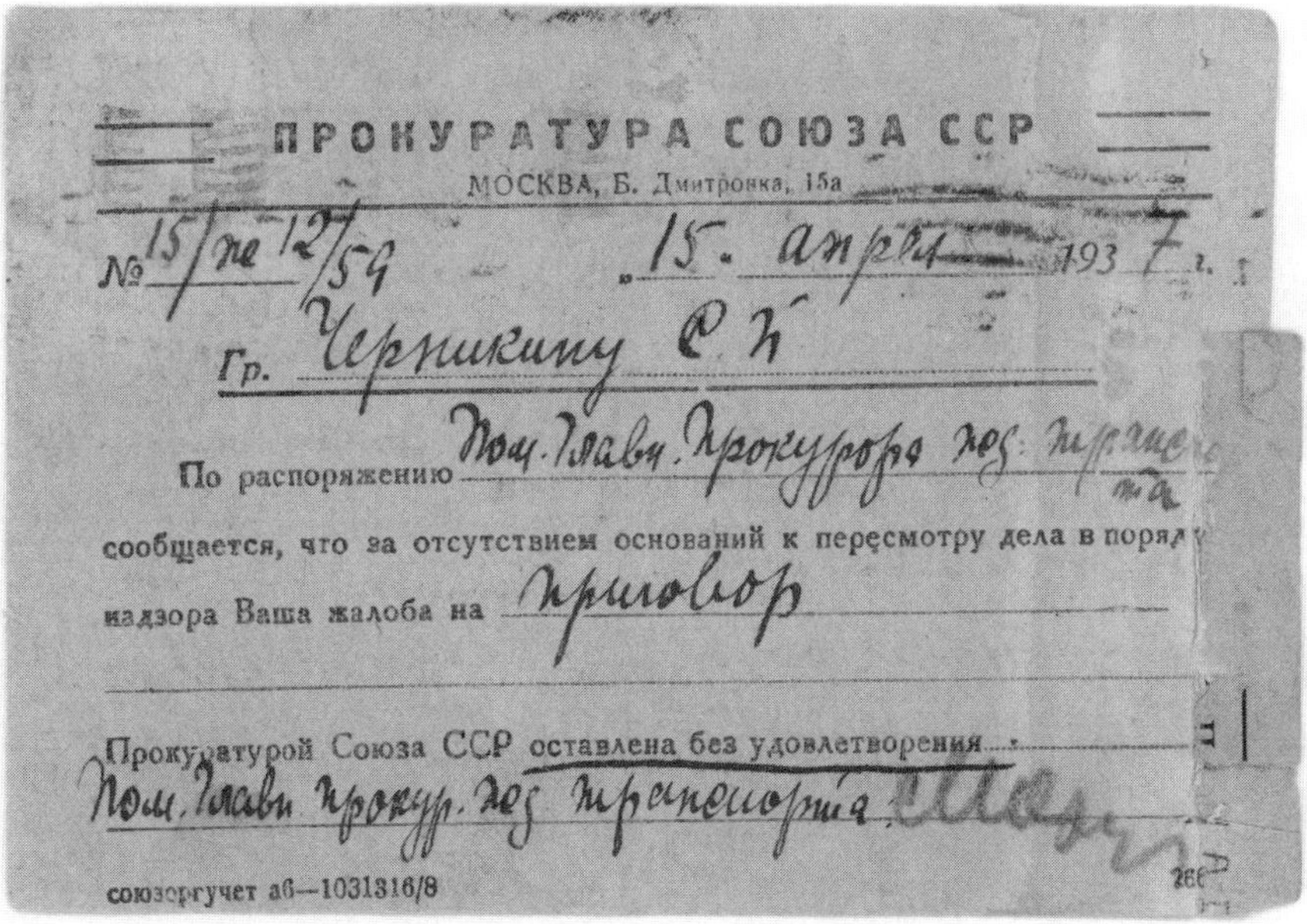

ПРОКУРАТУРА СОЮЗА ССР

МОСКВА, Б. Дмитровка, 15а

№ 15/пе 12/59 « 15 » апреля 1937 г.

Гр. Черникину С. П.

По распоряжению Пом. Главн. Прокурора жел. транспорта

сообщается, что за отсутствием оснований к пересмотру дела в поряд

надзора Ваша жалоба на приговор

Прокуратурой Союза ССР оставлена без удовлетворения

Пом. Главн. прокур. жел. транспорта

союзоргучет аб—1031316/8

図 10　レニーグランド収容所関連の郵便物。上：表、下：裏。

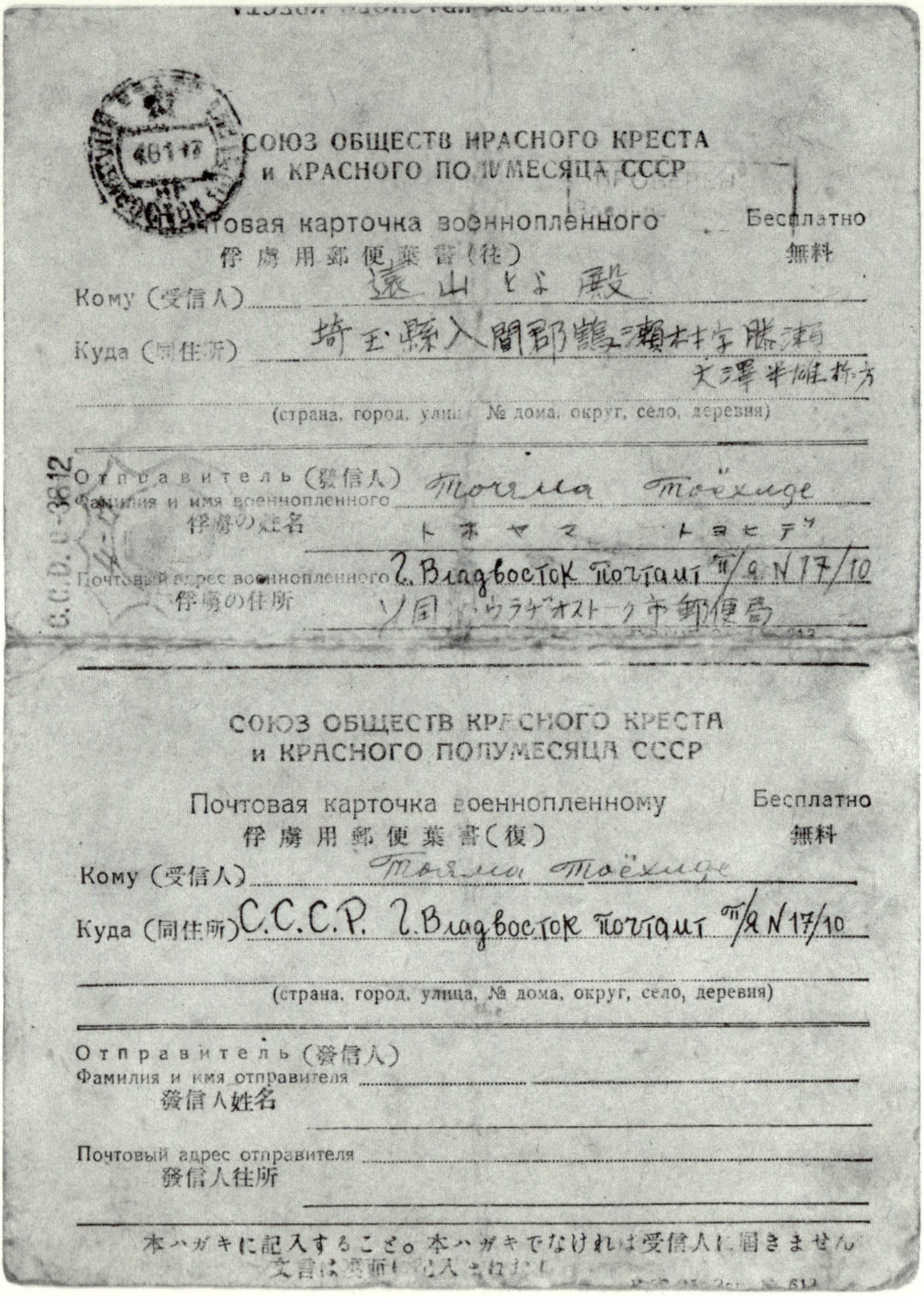

СОЮЗ ОБЩЕСТВ КРАСНОГО КРЕСТА
и КРАСНОГО ПОЛУМЕСЯЦА СССР

Почтовая карточка военнопленного　Бесплатно
俘虜用郵便葉書（往）　無料

Кому（受信人）遠山とよ殿
Куда（同住所）埼玉縣入間郡鶴瀬村字勝瀬
大澤半雄様方
(страна, город, улица, № дома, округ, село, деревня)

Отправитель（發信人）
Фамилия и имя военнопленного　Тояма Тоёхиде
俘虜の姓名　トホヤマ　トヨヒデ
Почтовый адрес военнопленного　г. Владвосток почтамт п/я N 17/10
俘虜の住所　ソ同　ウラヂオストーク市郵便局

СОЮЗ ОБЩЕСТВ КРАСНОГО КРЕСТА
и КРАСНОГО ПОЛУМЕСЯЦА СССР

Почтовая карточка военнопленному　Бесплатно
俘虜用郵便葉書（復）　無料

Кому（受信人）Тояма Тоёхиде
Куда（同住所）С.С.С.Р. г. Владвосток почтамт п/я N 17/10
(страна, город, улица, № дома, округ, село, деревня)

Отправитель（發信人）
Фамилия и имя отправителя
發信人姓名
Почтовый адрес отправителя
發信人往所

本ハガキに記入すること。本ハガキでなければ受信人に屆きません

図 11　第二次大戦後の日本人シベリア抑留者が日本宛に差し出した往復葉書。

あったのである。

ダッハウ・モデル

一九三三年一月三十日に政権を掌握したヒトラーとナチス（国家社会主義労働者党）は、同年二月二十七日に起こった国会議事堂放火事件を奇禍として、翌二十八日、ヒンデンブルク大統領名で「民族と国家の防衛のための緊急令」を発し、警察に対して〝好ましくない人物〟を、期限を定めずに〝保護拘禁〟する権限を与えた。これにより、放火事件の犯人として逮捕したドイツ共産党員を対象として、オラニエンブルク（ベルリン中心部から北に三五キロ、ハーフェル川沿の都市）にある電機会社の工場を改造して拘禁施設を設けた。これが、後に〝オラニエンブルク強制収容所〟と呼ばれる施設である。

一方、これをほぼ時を同じくして、ミュンヘンの北西一五キロにあるダッハウにも、一九三三年三月二十日、第一次大戦中の火薬工場跡を利用して、Konzentrationslager、すなわち、集団生活所という名の強制収容所が設置された。

ちなみに、Konzentrationslagerという施設に関して、ヒトラーは一九四一年に「Konzentrationslagerの発明者はドイツ人ではない。英国人だ。彼らはこの種の方法で諸民族を骨抜きにできると思っている」と述べているほか、ゲーリングはニュルンベルク裁判で「Konzentrationslagerはボーア戦争の際に英国が南アフリカに建設したconcentration campをモデルにした」と証言しており、少なくとも、彼らの意識の中では、ナチスの強制収容所は、ボーア戦争以来の先例を踏襲したものと理解されていたことがうかがえる。

さて、ナチスの初期の強制収容所では人種だけを理由とした拘禁は行われず、収容者の大半は共産党や社民党など左翼の政治家・活動家等の政治犯であって、そこに結果としてユダヤ人が混じることもあったというのが実情である。また、当時の収容所は、あくまで再教育して社会復帰させることが主眼であり、〝転向〟を表明すれば、比較的短期間で釈放されることも少なくなかった。

ダッハウ収容所は一九三三年三月二十二日に開設され、翌二十三日には最初の収容者として六〇人の政治犯が送られてきた。しかし、同年五月には、収容されていた共産党の国会議員四名が殺害されたことから、初代所長のヒルマール・ヴェケルレは解任され、テオドール・アイケが着任。アイケは、同年十月一日、収容所規則を制定し、収容者を二五〇人ずつのブロックに分けて管理する体制や収容者への罰則規定、さらに、収容者を処刑する際の基準（たとえば、収容所内での政治的扇動やデマ、破壊活動、反逆的行為、脱走、看守への暴行などが、処刑に値する〝罪〟とされた）等を体系化する。

ところで、当初、強制収容所を管理していたのは突撃隊（SA）だった。

突撃隊は一九二一年に結成されたナチス党の組織で、党の集会の警備や護衛、反対派へのテロ活動などの実行部隊である。隊長のエルンスト・レームをはじめ、隊員には第一次世界大戦から復員した若い下士官が多く、敗戦後のドイツの現状への不満から、ヴェルサイユ体制の打破や議会政治・政党政治の否定、ドイツ人の優越とユダヤ人排斥など、ナチスの主張を受け入れやすい素地があった。

一九三三年にヒトラー政権が発足すると、突撃隊は自分たちが新たなナチス政権の軍隊になろうとして、国防軍指導部の権力を奪おうとした。また、もともとテロの実行部隊だったという出自もあって、突撃隊の隊員は、ヒトラーの権威（ヒトラーは制度的には突撃隊の最高責任者でもあった）を悪用して、私怨による逮捕やリンチをほしいままにしており（前述のダッハウでの国会議員殺害もその一例である）、次第に、ヒトラーも彼らを持て余すようになっていった。

そこで、一九三四年六月三十日、ヒトラーは突撃隊がクーデターを計画したとの口実を設け、突撃隊の粛清に乗り出す。レームは逮捕・投獄され、翌七月一日、ダッハウ収容所長だったアイケにより、ミュンヘンのシュターデルハイム刑務所で射殺された。

アイケは突撃隊員だったが、ヒトラーに対する忠誠心が篤かったために粛清の対象とはならず、レーム処刑後の七月四日には党内警察組織である親衛隊の全国指導者、ハインリヒ・ヒムラーにより、国内の全強制収容所を対象とした強制収容所監視官に任じられるとともに、強制収容所監視部隊（当初は通称・髑髏《どくろ》部隊。一九三六年以降、正式名称として親衛隊髑髏部隊）の司令官となった。

以後、アイケはみずから築き上げたダッハウ収容所をモデルとして、各地の強制収容所の運営を統括していくことになる。

図12は、第二次大戦開戦以前の一九三九年三月二十二日、ダッハウ収容所の収容者がウィーン宛に差し出した郵便物の封筒とその中身である。貼られている切手は、ヒンデンブルク大統領の肖像を描く一二ペニヒ切手（当時のドイツ国内向けの基本料金に相当）である。

封筒は緑色の用紙で、中央には差出人（＝収容者）の氏名、生年月日、収容所内の監房番号を書くスペースがあり、左側には、収容者と郵便物をやり取りする際の注意事項が六項目にわたって列挙されている。その概要は、以下の通りである。

1　収容者は一月に二通の手紙もしくは二枚の葉書を親族に送り、または親族から受け取ることができる。収容者宛の通信はインクでよく読めるように書かねばならず、便箋一頁につき十五行まで書いてよい。便箋は通常の大きさのもののみ認められる。二重封筒の使用は認めない。一二ペニヒ切手五枚のみ同封できる。それ以外のものは禁止されており、没収の対象となる。葉書は十行まで記載してよい。絵葉書を使うことは認められない。

2　（収容者への）送金は認められる。

3　新聞（の購読）は認められるが、収容所当局を通して注文しなければならない。

4　収容者は収容所内で何でも買うことができ

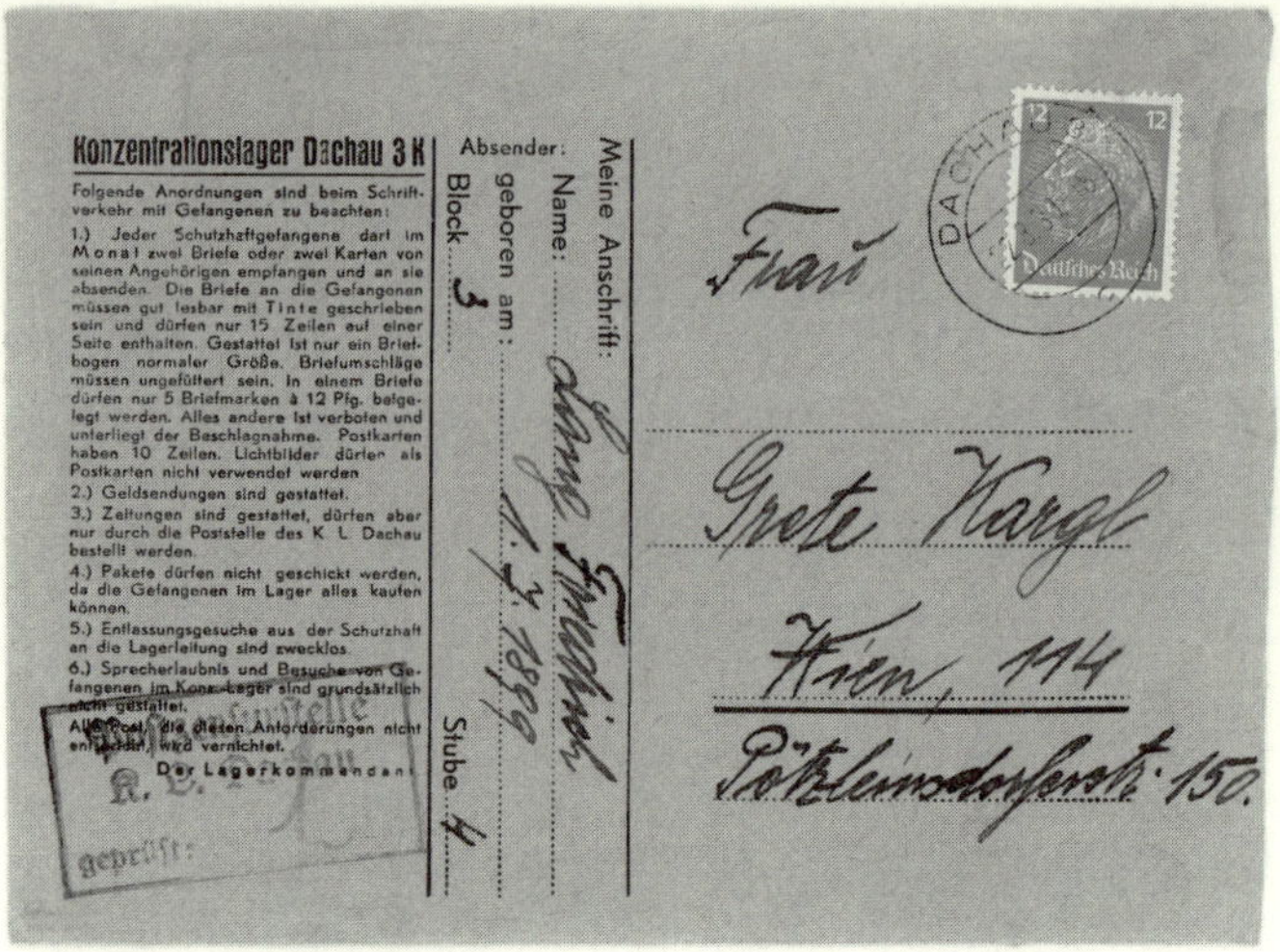

Konzentrationslager Dachau 3 K

Folgende Anordnungen sind beim Schriftverkehr mit Gefangenen zu beachten:

1.) Jeder Schutzhaftgefangene darf im Monat zwei Briefe oder zwei Karten von seinen Angehörigen empfangen und an sie absenden. Die Briefe an die Gefangenen müssen gut lesbar mit Tinte geschrieben sein und dürfen nur 15 Zeilen auf einer Seite enthalten. Gestattet ist nur ein Briefbogen normaler Größe. Briefumschläge müssen ungefüttert sein. In einem Briefe dürfen nur 5 Briefmarken à 12 Pfg. beigelegt werden. Alles andere ist verboten und unterliegt der Beschlagnahme. Postkarten haben 10 Zeilen. Lichtbilder dürfen als Postkarten nicht verwendet werden.

2.) Geldsendungen sind gestattet.

3.) Zeitungen sind gestattet, dürfen aber nur durch die Poststelle des K. L. Dachau bestellt werden.

4.) Pakete dürfen nicht geschickt werden, da die Gefangenen im Lager alles kaufen können.

5.) Entlassungsgesuche aus der Schutzhaft an die Lagerleitung sind zwecklos.

6.) Sprecherlaubnis und Besuche von Gefangenen im Konz.-Lager sind grundsätzlich nicht gestattet.

Alle Post, die diesen Anforderungen nicht entspricht, wird vernichtet.

Der Lagerkommandant.

Absender: Name: Lang Friedrich geboren am: 1. 7. 1899 Block: 3 Stube: 4

Meine Anschrift:

Frau Grete Kargl Wien, 114 Pötzleinsdorferstr. 150.

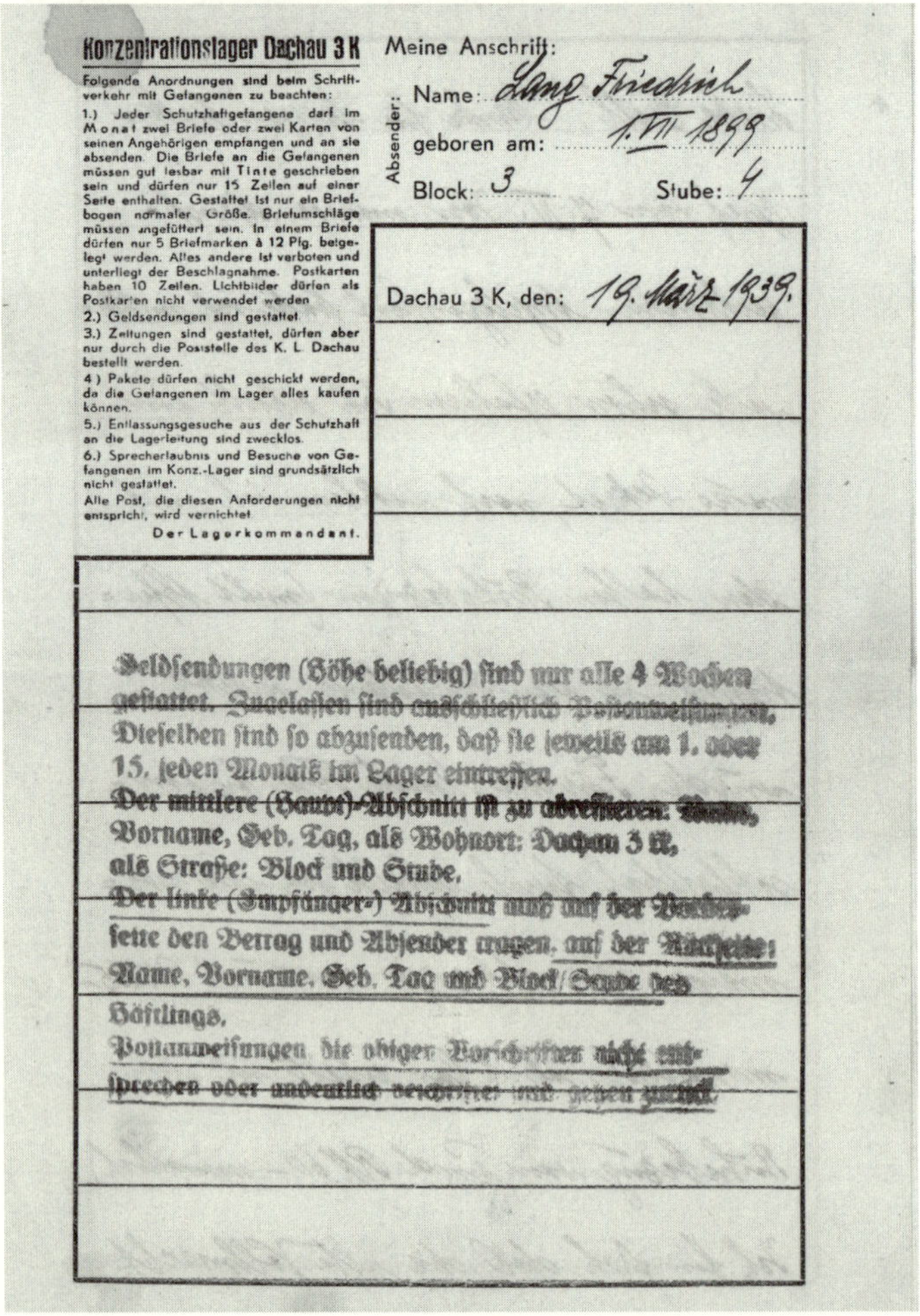

Konzentrationslager Dachau 3 K

Folgende Anordnungen sind beim Schriftverkehr mit Gefangenen zu beachten:

1.) Jeder Schutzhaftgefangene darf im Monat zwei Briefe oder zwei Karten von seinen Angehörigen empfangen und an sie absenden. Die Briefe an die Gefangenen müssen gut lesbar mit Tinte geschrieben sein und dürfen nur 15 Zeilen auf einer Seite enthalten. Gestattet ist nur ein Briefbogen normaler Größe. Briefumschläge müssen ungefüttert sein. In einem Briefe dürfen nur 5 Briefmarken à 12 Pfg. beigelegt werden. Alles andere ist verboten und unterliegt der Beschlagnahme. Postkarten haben 10 Zeilen. Lichtbilder dürfen als Postkarten nicht verwendet werden.

2.) Geldsendungen sind gestattet.

3.) Zeitungen sind gestattet, dürfen aber nur durch die Poststelle des K. L. Dachau bestellt werden.

4.) Pakete dürfen nicht geschickt werden, da die Gefangenen im Lager alles kaufen können.

5.) Entlassungsgesuche aus der Schutzhaft an die Lagerleitung sind zwecklos.

6.) Sprecherlaubnis und Besuche von Gefangenen im Konz.-Lager sind grundsätzlich nicht gestattet.

Alle Post, die diesen Anforderungen nicht entspricht, wird vernichtet.

Der Lagerkommandant.

Meine Anschrift:

Absender: Name: Lang Friedrich

geboren am: 1. VII 1899

Block: 3 Stube: 4

Dachau 3 K, den: 19. März 1939.

Geldsendungen (Höhe beliebig) sind nur alle 4 Wochen gestattet. Zugelassen sind ausschließlich Postanweisungen. Dieselben sind so abzusenden, daß sie jeweils am 1. oder 15. jeden Monats im Lager eintreffen.
Der mittlere (Haupt)-Abschnitt ist zu adressieren: Name, Vorname, Geb. Tag, als Wohnort: Dachau 3 K, als Straße: Block und Stube.
Der linke (Empfänger-) Abschnitt muß auf der Vorderseite den Betrag und Absender tragen, auf der Rückseite: Name, Vorname, Geb. Tag und Block/Stube des Häftlings.
Postanweisungen, die obigen Vorschriften nicht entsprechen oder undeutlich geschrieben sind, gehen zurück.

図12　第二次大戦の開戦以前にダッハウ収容所から差し出された郵便物とその中身。

るので、収容者宛に小包を送ることは認められない。
5　収容者の釈放に関する嘆願は受け付けない。
6　収容者への面会や収容者との会話は原則として認められない。

また、注意書きの末尾には、これらの要件を満たさない通信は廃棄されることが明記されている。通信に使われている便箋は収容所指定のもので、ここにも、封筒に記されているのと同内容の注意書きが印刷されている。

後述するように、このフォーマットは、アウシュヴィッツを含め、ナチス支配下の多くの収容所で収容者に支給される郵便用の用紙類の基本形のひとつとなっていた。このことは、郵便の面でも、ダッハウが収容所のモデルとなっていたことをうかがわせるものとして興味深い。

水晶の夜とユダヤ系ポーランド人

さて、一九三六年六月十七日、ヒトラーの〝全国の警察任務の一元化〟の方針により、ヒムラーは全ドイツ警察長官に任じられた。ヒムラーは州政府の警察権を中央政府に移管させ、保安警察として、政治警察のゲシュタポと刑事警察のクリポを束ねる。これにより、ドイツの全警察機構は親衛隊の配下に収まり、強制収容所は秘密国家警察・ゲシュタポの所管とされた。

それまでは強制収容所の収容者は政治犯が中心であったが、この組織変更により、より広範な〝反社会的分子〟、同性愛者、国際聖書研究会（現エホバの証人）など、親衛隊によって好ましくないとされた者が〝保護拘禁〟（裁判とは無関係に拘禁され、期間にも定めがない）の対象とされることになった。じっさい、一九三七―三八年にかけて親衛隊が展開した〝反社会的分子一掃キャンペーン〟により、さまざまな出自の一万五〇〇〇人が収容所に送られた結果、通常の政治犯は少数派になっている。

さらに、一九三八年十一月、いわゆる〝水晶の夜〟事件が発生する。

反ユダヤ主義を掲げて政権を獲得したナチスは、当初から、ユダヤ系ドイツ人を迫害しており、一九三五年九月十五日には、いわゆる「ニュルンベルク法（具体的には「ドイツ人の血と名誉を守るための法律」と「帝国市民法」の総称）」を制定し、四人の祖父母のうち一人でもユダヤ人がいる者を〝ユダヤ人〟と規定。ユダヤ系の市民を、〝完全ユダヤ人〟から〝第二級混血ドイツ人〟までに三分類したうえで、〝完全ユダヤ人（四人の祖父母のうち三人以上がユダヤ人、同二人以上がユダヤ人で本人がユダヤ教徒、ユダヤ人と結婚している者、ドイツ人とユダヤ人の間に生まれた者）〟の公民権を剥奪した。

しかし、この規定は、あくまでもドイツ国籍を持つユダヤ系住民を対象としたもので、ドイツ国内に居住する外国籍のユダヤ人に対しては、さすがのナチス・ドイツも、他の在住外国人同様の権利を認めざるを得なかった。こうした状況の下で、ドイツ在住のユダヤ系外国人のうち、大きな勢力となっていたのがポーランド国籍の保有者である。

ここで、ポーランド第二共和国の反ユダヤ主義について、簡単にまとめておこう。

現在のポーランド国家は、国民の九〇％以上がポーランド人（カシューブ人やグラル人を含む）によって構成されており、事実上の単一民族国家となっているが、これは、第二次世界大戦末期のポツダム会談の結果、領土全体が地理的に西側へ移動したことによるもので、第一次大戦後に第二共和国が発足した時点の民族構成では、ウクライナ人一四・三％、ユダヤ人一〇・五％、ベラルーシ人三・九％、ドイツ人三・九％などと、少数民族が人口の約三割を占める多民族国家であった。

さて、第二共和国発足当初、ポーランドは、ロシア革命の混乱に乗じてかつてのポーランド・リトアニア共和国の版図を回復すべく、一九一九―二一年、ソ連の前身であるボリシェヴィキ政権と戦い、東方

図 13　第2共和国 70 周年の記念切手には、独立の英雄として、第3代首相も務めた音楽家のイグナツィ・パデレフスキ（左）、ピウスツキ（中央）、ナルトヴィチ（右）の3人の肖像が取り上げられた。

に領土を獲得した。その過程で、「ユダヤ人がボリシェヴィキ政権に協力的である」とか「ユダヤ商人が商品不足に乗じて投機を行い、巨利を得ている」などとの理由を掲げた反ユダヤ暴動が頻発し、多くのユダヤ人が犠牲になった。各地の暴動そのものはいずれも短期間で収束したが、その後も、ポーランド人の間には反ユダヤ感情が根強く残っていた。

じっさい、一九二二年、第二共和国の初代大統領に中道左派のガブリエル・ナルトヴィチ（図13）が当選すると、国民民主党等の右派は「ナルトヴィチはユダヤ人の票で当選した」というネガティブ・キャンペーンを展開。同年十二月十六日、ナルトヴィチは民族主義過激派によって暗殺されている。また、こうした経緯もあって、ナルトヴィチ暗殺後の一九二三年五月に大統領となった中道右派のヴィンツェンティ・ヴィトスは「政府の構成員はポーランド人に限られる」として、大学等へのユダヤ人学生の入学制限など、ユダヤ系の権利を制限した。

発足後まもない第二共和国は、短命政権が続き、経済的な失策も重なり、社会的にも混乱が続いたが、一九二六年五月十二日、ポーランド独立の英雄で建国時に国家主席を務めたピウスツキが〝五月革命〟のクーデターを起こして政権を掌握したことで、ようやく安定する。

ピウスツキは首相と国防相を兼任し、権威主義的な政権運営を行ったが、かつてのポーランド・リトアニア共和国をモデルに、第二共和国を諸民族が融和する多民族国家として育成しようと考えており、反ユダヤ主義を含む過剰な民族主義には一貫して否定的で、これらを抑え込んでいた。

ところが、一九三五年三月十二日、ピウスツキが亡くなると、野党の国民民主党は、隣国ドイツのヒトラー政権（一九三三年発足）が経済政策で一定の成果を上げていたことに刺激を受け、「ユダヤ人から買うな」のスローガンを掲げて反ユダヤキャンペーンを展開。この反ユダヤ宣伝は、不況下の生活苦にあえぐポーランド人の一定の支持を集めたことから、次第にピウスツキ派もこれに同調するようになる。

また、一九三五年六月にはグロドノ（現ベラルーシ領フロドナ）で、一九三六年三月にはピシティクで、同年六月にはミンスク・マゾヴィエツキ（現リトアニア領テルシェイ）で、一九三七年五月にはブジェシチ（現ベラルーシ領ブレスト）で、流血を伴う反ユダヤ暴動が発生している。

こうした事態に対して、ポーランド政府は国内のユダヤ人口を減少させることが問題の解決になると考えるようになり、ユダヤ人の国外移住を奨励した。ポーランド国籍のユダヤ人がドイツに多数居住していたという背景には、こうした事情があったのである。

さて、ナチスによるユダヤ人迫害が激しさを増すにつれ、ユダヤ系ポーランド人の中にはポーランドに帰国する者も急増したが、前述のような事情から、ポーランド政府はユダヤ系国民の帰還を望んでいなかった。

そこで、一九三八年十月六日、ポーランド政府は、発行済みの全てのポーランド旅券について検査済みの認印を必要とする新旅券法を布告。同法の施行により、ドイツをはじめ国外在住のポーランド系ユダヤ人の旅券と国籍を無効化しようとした。

これに対して、ユダヤ系ポーランド人を国内から追放したがっていたドイツ政府は、ポーランドの新旅券法が施行される十月三十日以前に彼らをポーランドに強制送還すべく、十月二十八日、警察組織を動員して、ユダヤ系ポーランド人一万七〇〇〇人をポーランドとの国境地帯に移送した。しかし、ポーランド側は国境を閉鎖して、〝ポーランド国民〟であったはずのユダヤ人の受け入れを拒否する。

こうして、国境地帯でユダヤ系ポーランド人が事実上の難民生活を余儀なくされる中、彼らの一人であったセンデル・グリュンシュパンが、パリ在住の息子、ヘルシェルに惨状を訴える。ヘルシェルはドイツに対する怒りから、ドイツ大使館員を暗殺することで世界にユダヤ人の惨状を訴えることを企図し、十一月七日、駐仏ドイツ大使館の三等書記官エルンスト・フォム・ラートを射殺した。

この事件をきっかけに、十一月九日から十日にかけて、ドイツ各地（併合後まもないオーストリア、ズデーテン地方を含む）で大規模な反ユダヤ暴動（官製暴動である疑いが極めて濃厚）が発生。フランスとの国境に近いドイツ西部を中心に、一七七のシナゴーグと七五〇〇のユダヤ人商店や企業が破壊され、九一人のユダヤ人が殺害された。

ちなみに、〝水晶の夜〟という名称は、破壊されたガラスが月明かりに照らされて水晶のようにきらめいていたとしてゲッベルスが命名したものだが、その由来となったガラス被害だけで、ユダヤ人の損害額は六〇〇〇万ライヒスマルク（以下、特に必要がない限り、単に〝マルク〟と記す）に及んだ。

事件後、国際的信用を維持するため、一応は保険金が支払われたが、ユダヤ人のうち、損害賠償請求を認められたのは外国籍の者だけで、ドイツ国籍の者には損害賠償請求が認められず、さらに支払われた保険も没収されている。

さらに、十一月十二日、「ドイツ国籍ユダヤ人の

図 14 “水晶の夜”から間もない 1938 年 12 月6日、米国ミネアポリスからドイツ北部、ハンブルク=アルトナのユダヤ人女性宛に差し出されたものの、“移住”先不明で差出人戻しとなった郵便物。

贖罪給付に関する命令」（罰金一〇億マルクをドイツ国籍ユダヤ人団体に課す）、「ドイツの経済活動からユダヤ人を排除する命令」（ドイツ企業は年末までにユダヤ人労働者をすべて解雇しなければならない。一九三九年からユダヤ人の小売業も禁止）、「ユダヤ人商店・工場における街路美観修復のための命令」（破壊された建物はすべてユダヤ人が修復する。ドイツ国籍ユダヤ人が受ける損害保険金はすべて国が没収する）の三政令が発せられた。同月十五日にはユダヤ人の通学が禁止され、二十三日には「ユダヤ人を文化生活から追放する政令」（劇場・映画館・音楽会・ダンス場などへユダヤ人の立入を禁止）が、二十九日にはユダヤ人夜間外出禁止命令が発せられ、十二月以降、ユダヤ人は公の場から事実上追放されていった（図14）。

〝水晶の夜〟について、ドイツ政府は「煮えたぎる民族精神の正当な蜂起」などと正当化し、被害者であるはずのユダヤ人三万人が警察に逮捕され、彼らを収容するためにダッハウ、ブーヘンヴァルト、ザ

図 15　ナチスの迫害を逃れてパレスチナを目指すユダヤ難民が増える中で、1938 年、リトアニアからパレスチナ宛に差し出された封筒。封筒にはリトアニア語・ヘブライ語・英語で「100 万人のユダヤ人がイギリスによるバルフォア宣言の履行を求めている。ユダヤ国際嘆願書に署名しよう！」との文言が入っている。

クセンハウゼンの各収容所は拡張された。ただし、このとき逮捕されたユダヤ人の多くは、とりあえず、数週間で釈放されている。というのも、この時点でのドイツ政府の政策は、ユダヤ人を収容所送りにして死ぬまで働かせるというよりも、ユダヤ人がドイツ国内で生活を続けることを困難にして彼らを国外に追い出すことに主眼が置かれていたからだ。

じっさい、〝水晶の夜〟を経て、もはやユダヤ人がドイツ国内で生活していくことが事実上不可能となったことは、誰の目にも明らかになっていた。

こうして、多くのユダヤ人たちは、ヴィザを求めて外国の領事館の前に行列を作り、出国費用を捻出するために家屋や商店を二束三文で手放さなくてはならなかった。これに対して、ドイツ政府は、ウィーン、プラハ、ベルリンに〝海外移住センター〟を設け、事務手続きを簡素化してユダヤ人の財産没収（〝財産のアーリア化〟と呼ばれた）と出国を進めていった。

ところが、一度に大量の難民が流入してくることを歓迎する国などあろうはずなどない。特に、第一次大戦中のバルフォア宣言（英外相バルフォアの名前で「パレスチナにユダヤ人の民族的郷土を建設する」ことへの同意が示された）を受けて設定された英委任統治領パレスチナでさえ、ユダヤ系移民の急増によりアラブ系住民との摩擦が激しくなり、社会情勢が不安定になったことから、ユダヤ系移民の受け入れを制限していた（図15）。

皮肉なことに、この時点では、ナチスの迫害を逃れてドイツ国外に脱出したいというユダヤ系難民と、ともかくも彼らを国外に追放したいというドイツ政府の利害は結果的に一致していたわけだが、じっさいには、ユダヤ系難民の多くには、各地の港をたらい回しにされたうえ、最終的にヨーロッパへと戻って来ざるを得ないという悪夢のような状況が待ち構えていたのである。

アウシュヴィッツ強制収容所の創設

一九三九年九月一日に第二次大戦が勃発した時点では、建設順にダッハウ（一九三三年）、ザクセンハウゼン（一九三六年。オラニエンブルクの収容所がいったん閉鎖された後、その跡地に隣接する場所に建設）、ブーヒェンヴァルト（一九三七年）、フロッセンビュルク（一九三八年）、マウトハウゼン（一九三八年。旧オーストリア地域）、ラーフェンスブリュック（一九三九年。女性・子供専用）の六つの〝模範収容所〟があり、二万一〇〇〇名の収容者が拘留されていた。

ポーランドを占領したドイツは、当初、ユダヤ人を収容所に送るのではなく、彼らを強制的に特定地域へ移住させることで〝ユーデンライン（ユダヤ人のいない土地）〟の環境を作ろうと考えた。このため、ユダヤ人たちは学校や教会、シナゴーグなどに押し込められていたが、一九四〇年以降は各地に設けられた〝ゲットー〟へと強制的に移送された。彼らは、原則としてゲットーの外に出ることは禁止され、ユダヤ人であることを識別するための黄色の〝ダヴィデの星〟を服につけることを要求され、食事も満足に与えられないまま、過酷な労働を課せられた。

一方、一九三九―四〇年の時点では、ドイツにとって、占領した旧ポーランド地域で捕えた捕虜や政治犯の収容施設を確保することが緊急の課題となっていた。一九三九年末、ブレスラウの親衛隊と警察本部は、

①シレジア地方の収容者がすでにかなりの数に上っていること、

②今後さらにシレジアその他の地域でポーランド人政治犯の逮捕・拘禁が見込まれること

を理由として、緊急に強制収容所を増設することの必要性を訴えた。

これを受けて、親衛隊関係者による現地調査が行われ、親衛隊大尉でザクセンハウゼン強制収容所副所長のルドルフ・フェルディナンド・ヘス（ナチ副総統のルドルフ・ヴァルター・リヒャルト・ヘスとは別人）の調査報告を受け、オシフィエンチムのポーランド軍兵営をベースに、防疫通過収容所を建設する計画が立てられた。

防疫通過収容所というのは、収容者をいったんここに集めたうえで病気などの有無を検査し、そこから各地の収容所に送り出す施設である。

賢明な読者であれば、ブレスラウという地名から、前述のブレスラウ＝オシフィエンチム間の鉄道路線の話を思い出すであろうが、鉄道の結節点としてのオシフィエンチムの地の利は、そうした収容所の目的とまさに合致していた。

また、収容所に転用された兵営そのものは、市街地の中心部からは二キロほどの距離があり、必要に応じて周囲に拡張することが容易だったという事情もある。

こうして、ヘスの報告を受けたヒムラーは、一九四〇年四月二十七日、オシフィエンチムでの強制収容所建設命令を発し、同月二十九日、ヘスが初代所長として着任した（図16）。これを機に、この地の呼

図 16　アウシュヴィッツ強制収容所長ルドルフ・ヘス。

称は、公式に、ポーランド語のオシフィエンチムから、ドイツ語のアウシュヴィッツに変更された。

さて、アウシュヴィッツ収容所の最初の住人となったのは、一九四〇年五月二十日、親衛隊軍曹のゲルハルト・パーリッチュが連れてきた三〇名のドイツ人犯罪者である。ただし、彼らは、その犯罪歴と残忍な性格が見込まれて、親衛隊の手下として働く〝囚人頭〟となるべくアウシュヴィッツにやってきたのであって、いわゆる収容者とは性格が異なる。

最初の収容者として、タルヌフ（クラクフの東七五キロの地点にあるビャワ川沿いの都市）の刑務所から七二八人のポーランド人捕虜・政治犯が移送されてきたのは一九四〇年六月十四日のことである（図17）。当時の収容所には二二棟の建物があり、うち一四棟が平屋、八棟が二階建てだった。

翌一九四一年三月一日、戦争の長期化による捕虜・政治犯等の増加に加え、来るべき独ソ戦による収容者の大幅増加を見越して（図18）、ヒムラーは自らアウシュヴィッツを視察し、以下のような拡張計画を

図 17　タルヌフからアウシュヴィッツへの最初の囚人移送から 30 周年の記念印。収容所の管理者としての親衛隊を象徴する髑髏と鉄条網を組み合わせたデザインが印象的。

図 18　ソ連との戦争を「この戦争はユダヤの戦争だ！」と主張するドイツのプロパガンダ・ラベルとその元になった 1935 年の英国・ジョージ 5 世在位 25 周年の記念切手。

1939 年8月に独ソ不可侵条約を結んだソ連は、付属の秘密議定書に基づき、ドイツとともにポーランドを分割占領するなど、一時は侵略戦争の共犯関係にあった。これに対して、そもそもナチス・ドイツは反共・ボリシェヴィキ打倒を国是として、ゲルマン民族の生存圏を東方に拡大することを基本理念としていたから、不可侵条約は本質的に一時的なものとならざるを得ず、両者の対決はいずれ避けられない宿命にあった。

1944 年にドイツが英国切手のパロディとして制作したプロパガンダ・ラベルは、①英国切手のジョージ5世をスターリンに、②肖像の両脇の年号は、オリジナルの 1910 と 1935（国王の在位期間）を開戦５周年を意味する 1939 と 1944 に、③肖像右側の月桂樹を " 槌と鎌 " に、④英国切手の "SILVER JUBILEE（即位25周年）" と "1/2 HALF PENNY 1/2" の文字を "THIS WAR IS JEWSH（ママ）WAR（この戦争はユダヤの戦争だ）" にするなどの改変が行われている。

このラベルでは、反共・反ユダヤの戦争は 1939 年に始まり、1944 年で５周年を迎えたというドイツ側の認識が明らかにされており、独ソ不可侵条約が機能していた時期でさえ、ドイツはソ連を敵国とみなしていたと告白しているに等しい。

命じた。すなわち

1　既存のアウシュヴィッツ収容所（後に基幹収容所またはアウシュヴィッツ第一収容所と呼ばれる）を拡張して三万人の収容を可能にすること。

2　近隣のビルケナウ（ポーランド名・ブジェジンカ）に、捕虜収容所として一〇万人規模の第二収容所（ビルケナウ収容所）を建設すること。

3　大手化学メーカー、IGファルベン社の工場を近隣のモノヴィッツ（ポーランド名・モノヴィツェ）に建設するにあたり、一万人の囚人を動員し、彼らの収容施設（後に第三収容所またはモノヴィッツ収容所と呼ばれる）と建設すること。

という内容である。

こうして、現在〝アウシュヴィッツ（ないしはアウシュヴィッツ・ビルケナウ）収容所〟と総称される、巨大な収容所群が誕生することになった。

以下、当時の写真や戦後間もない時期にポーランドで制作された写真絵葉書などをもとに、その概要を順次見ていくことにしよう。

アウシュヴィッツ第一収容所

アウシュヴィッツの収容所群のうち、他の収容所を管轄する基幹収容所としての役割も担った第一収容所は、ポーランド軍の兵舎を利用して最初につくられたもので、収容者を使役して拡張され、最終的に二八棟の二階建ての建物と関連施設（病院、裁判所のほか、いわゆるガス室も含まれる）が立ち並び、一棟について七〇〇～一〇〇〇人の収容能力をもつ施設となった（図19）。

収容者数はおおむね一万三～六〇〇〇人だったが、一九四二年のピーク時には二万人に達したこともある。収容者の内訳は、ソ連をはじめ各国出身の捕虜、ドイツ人犯罪者や同性愛者、ポーランド人政治犯が主で、ユダヤ人の割合は高くはない。

入口の前には親衛隊の監視所（図20）があり、ゲートには収容所のシンボルとされることもある

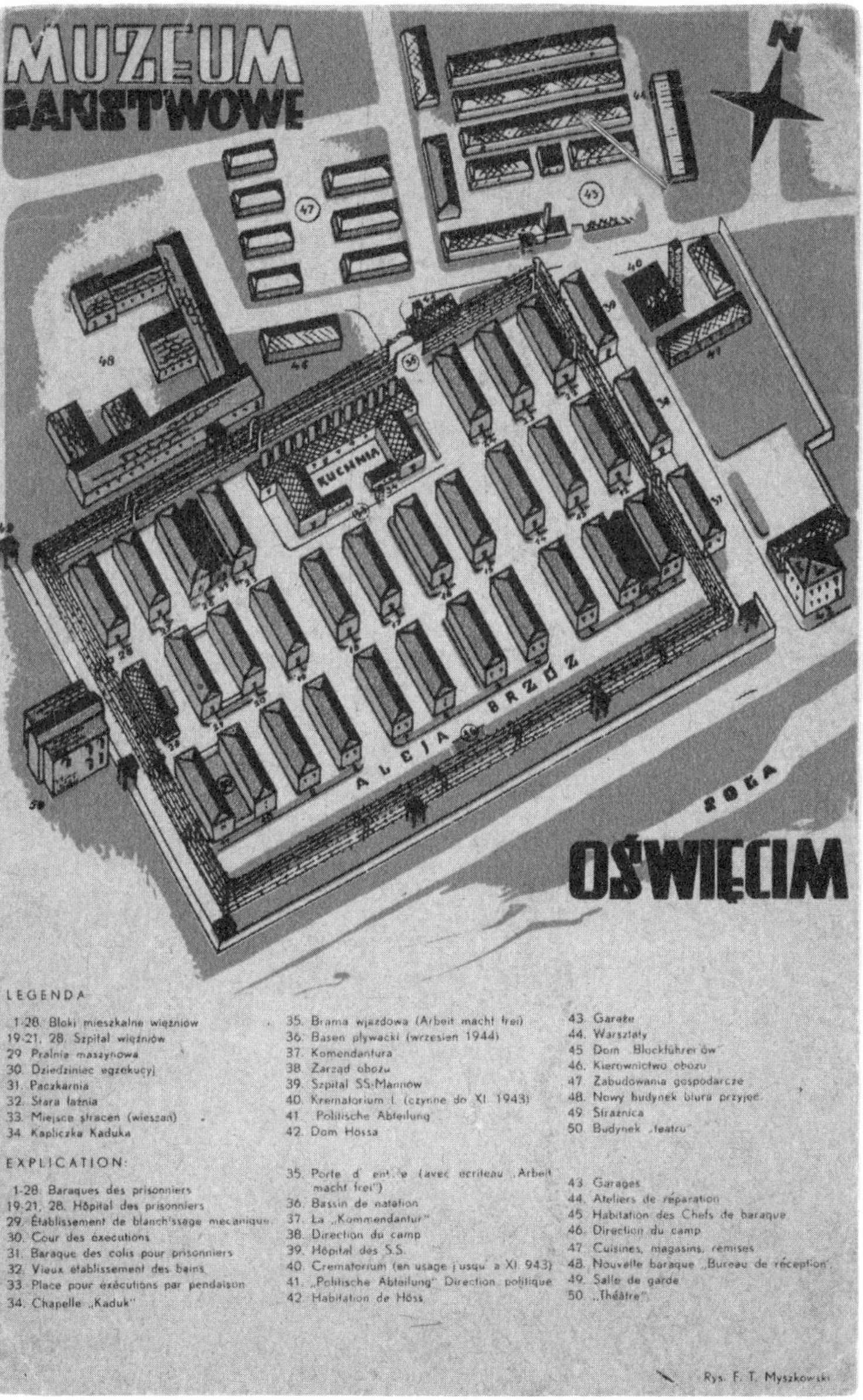

図 19　第 1 収容所の建物配置図を取り上げた絵葉書。1947 年に第 1 収容所跡を利用して開館したアウシュヴィッツ・ミュージアムの開館当時に作られたもの。

Pomieszczenie Blockführerów w obozie macierzystym
Жилище »Блокфюреров« в главном лагере.
L'habitation des „Blockführers" dans le camp principal
The Lodging of the „Blockführers" in the Chief Camp

図20　収容所入口脇の親衛隊の監視所。画面右手には開いた状態のゲートも見える。

OŚWIĘCIM АУШВИЦ AUSCHWITZ　　Phot. St. Mucha

図21　アウシュヴィッツ第１収容所の入口ゲート。

〝ARBEIT MACHT FREI（働けば自由になる）〟のプレートが掲げられている（図21）。

この文言は、もともとは、一八七三年に発表されたロレンツ・ディーフェンバッハの小説のタイトルで、ナチスやそのイデオロギーとは全く無関係である。小説は、結婚生活を通じて女性への差別や偏見を意識するようになった主人公、エロディーが労働を通じてさまざまな制約を乗り越えていくという内容だ。また、この文言は、ナチスが政権を掌握する以前のワイマール共和国の時代には、失業対策として公共事業を拡充する際の標語としても使われていた。なお、ナチスの収容所では、入口のゲートにこの文言が掲げられているケースが多く、アウシュヴィッツ収容所に特有のものというわけでもない。ちなみに、Bの字が上下逆に見えるのは、当時のデザイン上の流行を反映したもので、一部でいわれているような〝門を作らされた収容者の抵抗の証〟とする見解には無理がある。

第一収容所はシレジア地方におけるゲシュタポの

図22　アウシュヴィッツ第1収容所11号館の“処刑の庭”（図20―22はいずれも1949年の絵葉書）。

図 23　収容者が 1943 年に描いた収容所内の餓死者の絵を取り上げた絵葉書。

活動の拠点でもあったため、敷地の南側の一一号館（図19の配置図では三〇番の建物）には臨時法廷が置かれており、逮捕された政治犯（主としてポーランド人）がここで即決裁判を受け、その大半は〝処刑の庭〟と呼ばれた建物の中庭（図22）で銃殺された。また、この建物の地下には〝餓死刑〟を執行するための地下牢もあり（図23）、コルベ神父（一七〇～一七九頁参照）が殉教したことでも知られている。

アウシュヴィッツ第二収容所（ビルケナウ）

一般にアウシュヴィッツ収容所というと、基幹収容所となった第一収容所よりも、一九四一年十月、第一収容所から三キロほどの湿地帯に開設されたビルケナウ（ポーランド語名・ブジェジンカ）の第二収容所のイメージで語られることが多いように思う。

ビルケナウまたはブジェジンカは、もともとは〝白樺の谷〟を意味する地名で、同名の町や村はドイツないしはポーランド国内に数多くある。

第二収容所の建設には、第一収容所の収容者（その中にはソ連軍の捕虜が多かったという）が多数送り込まれ、周囲を全長二〇キロの運河で囲まれた一・七五平方キロメートル（東京ドーム約三七個分）の広大な敷地に建設作業が進められた（図24）。

当初、ヒムラーの構想では、この土地に一七四棟の収容棟を建設し、ソ連軍を中心とした一〇万人の捕虜を収容する予定だった。しかし、一九四二年になると、二〇万人を収容するため、馬小屋用の設計に手を加えて、長さ四〇メートル、幅一〇メートルの木造バラックを六〇〇棟建設する計画が立てられる。もともと、この馬小屋は一棟あたり四八頭の飼育を想定していたものだったが、ナチスはこれを、一枚の木板に六人を寝かせるものとして（図25）、六〇〇～八〇〇人の人間が収容可能なように仕様を変更（図26）。この結果、最終的にＢⅠ区域（ＢⅠａ～ｂ）およびＢⅡ区域（ＢⅡａ～ｆ）に分かれて約三〇〇棟の収容施設（図27）と倉庫群、ガス室、焼却炉などが建設された。

収容所の基本方針が大きく変わったのは、独ソ戦の状況が悪化した一九四二年一月二十日、ベルリン郊外のヴァンゼー湖畔で開催された秘密会議（ヴァンゼー会議）で、「ユダヤ人問題の最終解決」が決定され、全ヨーロッパからアウシュヴィッツ収容所（ビルケナウを含む）にユダヤ人を移送して強制労働に動員し、労働に耐えられない（と見なされた）者は容赦なく処刑するという方針が確定してからのことである。

余談だが、ヴァンゼー会議をほぼ時を同じくして、一九四二年二月十九日、米国では日系人の強制収容が始まっている。

一九四一年十二月の日米開戦以前から、米国内では日系人に対するいわれなき差別感情が蔓延していたが、日米開戦とともに米国内の反日感情が爆発。一九四二年二月十九日、大統領のルーズベルトは、日本人移民と米国市民である日系二世・三世を戦争遂行のために強制収容するように命令した。この結果、約一二万人が全米一〇ヵ所に設けられた〝戦時

Le panorama de Brzezinka (Birkenau) (Section B)
The Panorama of Brzezinka (Birkenau) (Section B)

図24　ビルケナウの第２収容所のパノラマ写真の絵葉書。敷地北側のBII区域の外側からの風景である。

転住センター（Relocation Center）〃という名の強制収容所に閉じ込められた。ちなみに、このとき日系人とされたのは〃日本人の血が四分の一以上の者〃であり、ナチスのニュルンベルク法による〃ユダヤ人〃の定義とも共通している。

当時、おなじく米国にとっての敵国民であったドイツ人・イタリア人に対しては、一部の反米的な人物が、短期間拘留されることはあったものの、集団強制収容はなかったから、日系人に対する米政府側の措置が人種差別に基づくものであったことは明白といえよう。ただし、米国の日系人収容所が、日本人の〃絶滅〃を企図して設けられたものではないという点では、アウシュヴィッツとは決定的に異なっているが。

図28の郵便物は収容所に抑留されていた日系人が差し出したもので、宛先は、コロラド州アマチ収容所に収容されていた差出人の妻となっている。日系人男性の中には、〃日本への忠誠心が強い〃と認定された場合など、家族とは別の収容所に抑留される

Panorama Brzezinki (odcinek B)
Общий вид Бржезинки (Участок Б).

図 25　解放された収容者が、収容所内の狭いスペースに押し込められた収容者たちを回想して描いた絵画を取り上げた絵葉書。

図 27　第2収容所の BIId 区域のゲートと支柱の絵葉書。

図26　第2収容所の房内を取り上げた1949年の絵葉書。

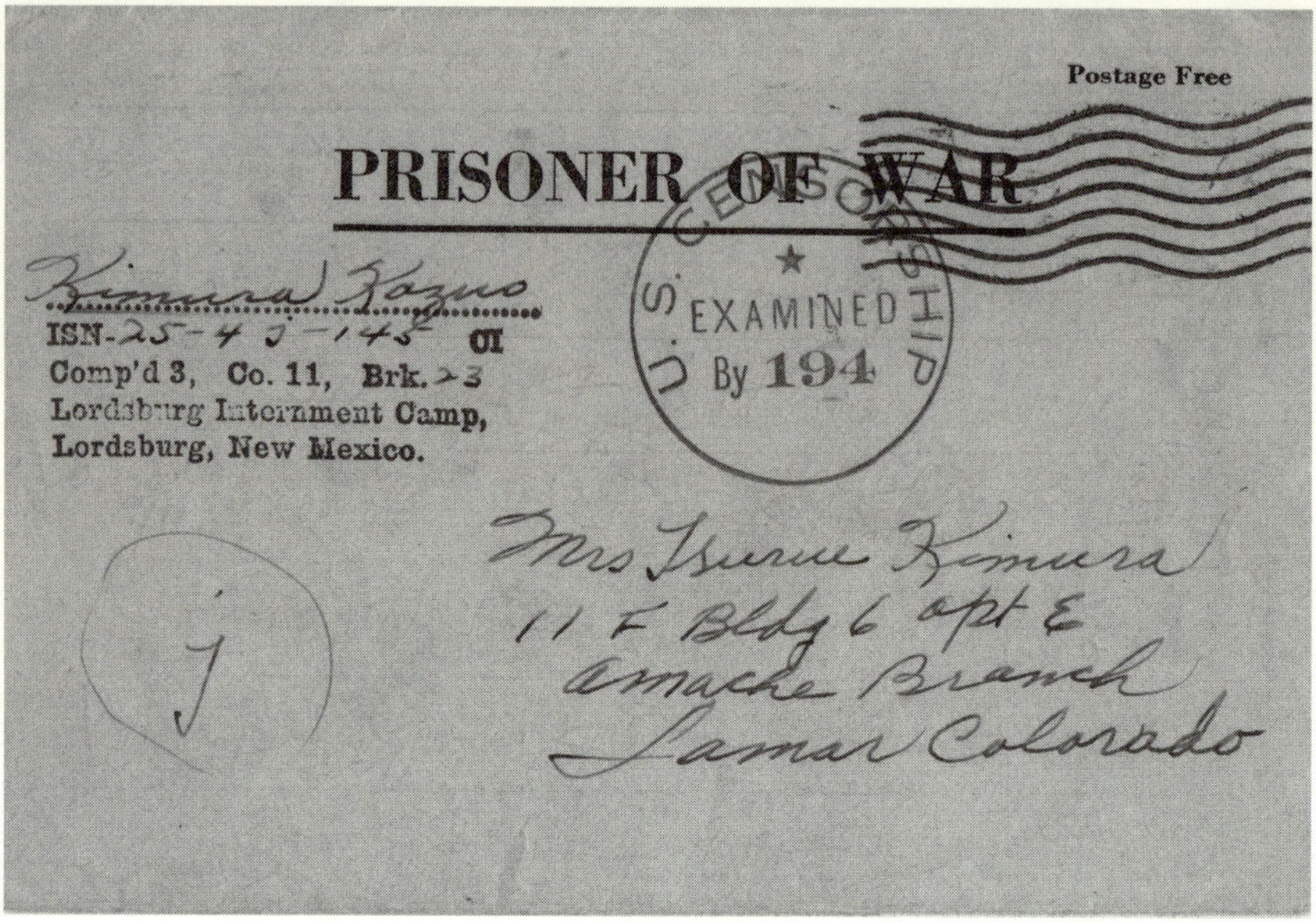

図 28　第二次大戦中の日系人収容所から差し出された郵便物。

ケースもままあったが、この差出人の男性もその一人であったのだろう。

郵便物には切手が貼られていないが、これは、米国側が抑留者を〝捕虜〟として扱っていたため、捕虜の通信は無料で扱われるというジュネーブ協定が適用されたことによる。また、この郵便に使われている用紙は収容所当局から抑留者に支給されたもので、便箋を折りたたんで封筒にするレターシートの形式になっており、内側には〝一九四三年一月五日発信〟との記述も見られる。なお、このレターシートには、手紙などは同封できなかった。もちろん、この手紙は、アメリカ側によって検閲を受けている。

さて、話をアウシュヴィッツに戻そう。

ヴァンゼー会議の結果を受けて、ハンガリーから四三万人、ポーランドから三〇万人、ドイツ・オーストリアから二万三〇〇〇人、フランスから六万九〇〇〇人、オランダから六万人、チェコから四万六〇〇〇人、スロヴァキアから二万七〇〇〇人、ユー

図 29　貨車の周囲に積み上げられたユダヤ人の荷物を親衛隊員がトラックに積み込んでいる光景。

ゴスラヴィアから一万人、ノルウェーから六九〇人のユダヤ人等がアウシュヴィッツに移送されることになった。

彼らの中には、逮捕されるなどして強制的にアウシュヴィッツに送られてきた者だけでなく、甘言に騙されて収容所へやってきた者もあった。ナチスは、ユダヤ人に対して、第三帝国のために働くのであれば、ゲットーを出て希望の土地に移住することができるという〝ドイツルール〟があると喧伝していたからである。

ヨーロッパ各地からすし詰め状態の貨車に乗せられて連れて来られたユダヤ人はアウシュヴィッツ駅の仮設降車場で降ろされると、まず、持参した荷物をその場に置かされた。多くの人々は、その荷物が後に自分の手元に戻ってくるものと思っていたが、じっさいには、荷物が元の持ち主に返されることはほとんどなかった（図29）。

その後、家族は離れ離れにされ、十三歳以上の男性、女性（の大半）と十三歳以下の子供、老人に分

図 30　収容者から没収された靴の山。収容者は収容所内では当局支給の木靴を履かされていた。

図 31　縦縞の服装の収容者たち。

図32　アウシュヴィッツ解放30周年記念のポーランド切手は、囚人服の縦縞と政治犯を意味する赤い逆三角形の標章を組み合わせた図案となっている。

けられて、収容所まで歩かされた。

収容所到着後、前者のグループは、衣服と靴を脱ぐように命じられ（図30）、全身の毛を剃られて冷水のシャワーを浴びた後、収容者番号の刺青を腕に刻み込まれる。そして、デニム生地の縦縞の囚人服（図31）を与えられ、胸に逆三角形の標章と収容者番号を縫いつけるよう命じられた（図32）。

逆三角形の標章は色によって収容者の身分を分類するもので、赤色は〝政治犯〟（捕虜、大学教授、弁護士、裁判官、医師、芸術家など社会的に影響力のあった者を含む）、緑色は刑事犯、黒色は反社会的分子（浮浪者や軽犯罪者、売春婦、ロマなど）、ピンク色は同性愛者、紫色は国際聖書研究会（現エホバの証人）の会員で、ユダヤ人の場合にはさらに黄色の三角形をつけることになっていた。その後、彼らには、過酷な強制労働が待ち受けていた（図33、34、35）。

一方、大半の女性と十三歳以下の子供（図36）、老人（図37）などのグループは〝無用〟と見なされて、剃髪された後（図38。ちなみに、彼女たちの髪の毛は、焼却場の建物の屋根裏で乾燥させた後、一キロあたり一・五マルクで企業が買い取り、〝資源〟としてロープやマットレスの詰物に利用された）、そのままシャワールームに似せたガス室に送られ、登録もされぬまま処刑されていった。現在、アウシュヴィッツの犠牲者の数が諸説入り乱れてよくわからないのは、この段階で処刑された人々が多かったことも一因となっている。

いわゆるガス室での処刑は、一九四一年七月二十八日以降、第一収容所でもソ連軍の捕虜や病人、虚

図 33　収容所内での手押し車による運搬作業。監視する将校や暴力を振るわれる収容者の姿も描かれている。解放後の 1950 年、元収容者が往時を回想して描いた作品を取り上げた絵葉書。

右：図 34　作業中に斃れた収容者を放置して立ち去る親衛隊員。1942 年に収容者がひそかに描いたペン画を取り上げた絵葉書。

下：図 35　労務作業中に亡くなった同胞の遺体を運ぶ収容者たち。1942 年に収容者がひそかに描いた作品で「労役からの帰還」という題名が付けられている（絵葉書）。

図 36　収容所に到着した母子たち。

図 38　収容所で髪の毛を剃られて歩かされる女性収容者。彼女たちには縦縞の服ではなく、無地のワンピースが支給された。

図37　アウシュヴィッツに到着したユダヤ系の老人。

弱者などを対象に行われていたが、ビルケナウでは、一九四二年三月から六月にかけて、農家を改造した〝白い家〟〝赤い家〟と呼ばれる二つのガス室が完成し、青酸系の毒ガスであるツィクロンBによって、多くのユダヤ人が虐殺された（図39、40）。

当初、アウシュヴィッツの犠牲者の遺体は周辺に埋められていたが、一九四三年三月以降、遺体を焼却するためのクレマトリウムⅡ〜Ⅴ（図41。なお、クレマトリウムⅠは第一収容所にあった）が順次稼働を開始すると、ヒムラーはそれまで埋められていた遺体を掘り起こして焼却するよう命じた。数万体にも及ぶ膨大な数の遺体の掘り起こし作業にはクレーンが用いられたが、腐乱し、異臭を放つ遺体の山は地獄絵図そのものだったという。その作業にあたったのは、収容者の中から選ばれたユダヤ人の特務労働隊員（ゾンダーコマンド）たちであった。掘り起こされた遺体は積み重ねられて野焼きにされたが、その煙は、二ヵ月半もの間、途絶えることなく、三キロほど離れた第一収容所の近辺からもはっきりと確認されていた（図42）。

ヴァンゼー会議の後、ポーランド総督府の管轄下にあったソビボル、トレブリンカ、ベウジェツの各収容所でもユダヤ人の組織的虐殺が行われていたが、ベウジェツでは一九四二年十二月に、ソビボルとトレブリンカでは一九四三年秋に虐殺は中止された。この間の犠牲者の数は、ベウジェツが六〇万人、ソビボルが二五万人、トレブリンカが九七万四〇〇〇人とされている。しかし、アウシュヴィッツでの虐殺が止むことはなかった。

図 39　トラックに積み込まれた犠牲者の遺体。

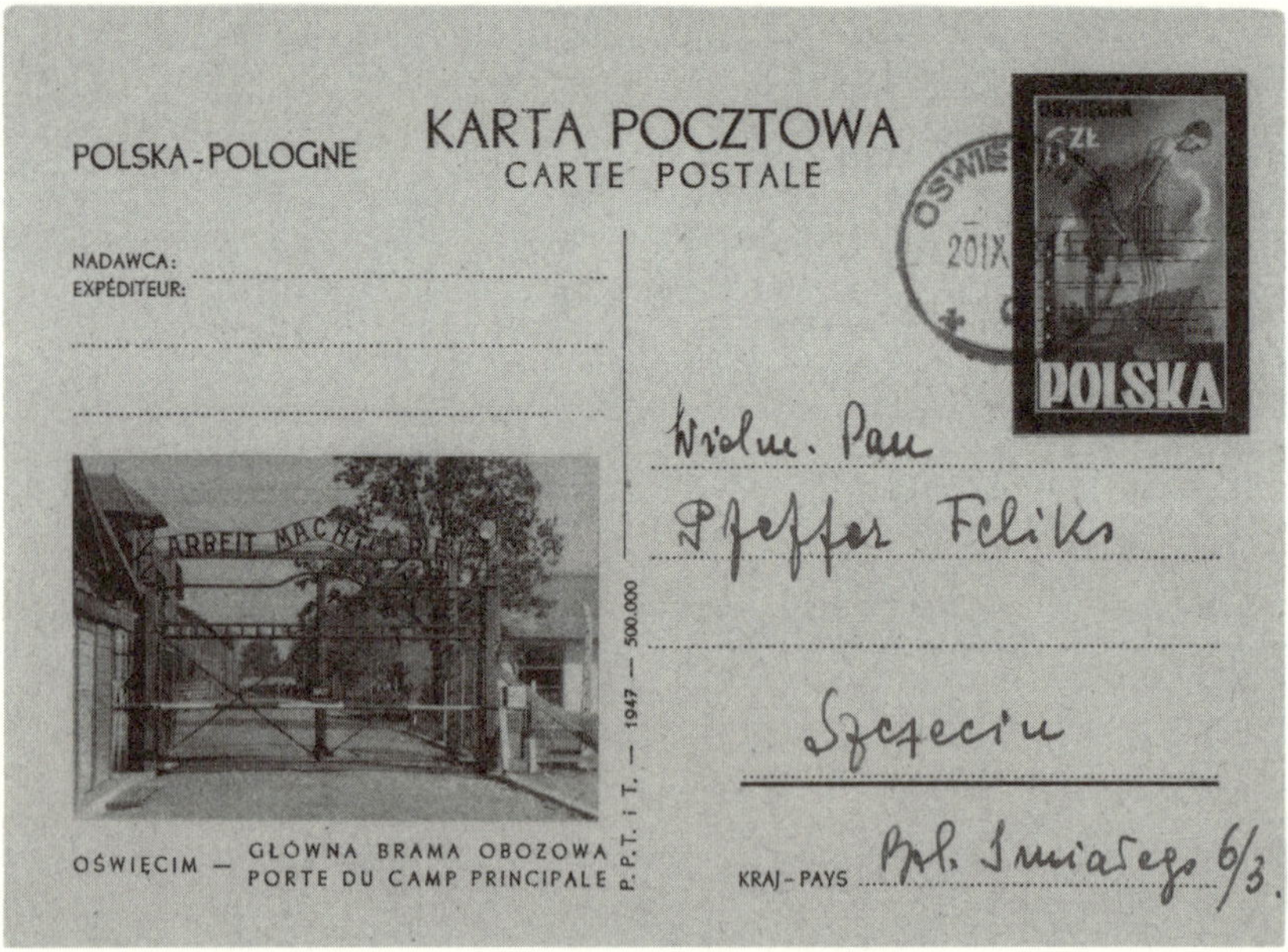

図 40　第二次大戦後の 1947 年にポーランドが発行した葉書の印面は、収容所のガス室で殺害された収容者をイメージしたデザインとなっている。左下に描かれているのは第 1 収容所の門扉。

図41　第2収容所のクレマトリウムの焼却設備を取り上げた絵葉書。

図42　クレマトリウムⅤ周辺での遺体の焼却作業。焼却炉が“使いすぎ”で故障したりすると、死体は屋外で野焼きにされた。絵葉書の元になった写真は、1944年8月、ギリシャ出身のユダヤ系収容者アレックスが隠し撮りしたとされる。

この頃、欧州の戦局は枢軸側の不利になりつつあり、一九四三年七月にはムッソリーニが失脚してイタリアが降伏した。

これに衝撃を受けたドイツは、枢軸陣営の中でも脆弱とみられていたハンガリー（第一次大戦でハプスブルク帝国が崩壊し、多くの領土を失ったため、その失地回復を目指して枢軸陣営に加わっていた）とルーマニア（一九三九年の独ソ不可侵条約時の秘密協定により、ソ連に奪われた領土を回復すべく、枢軸陣営に加わり、ソ連と戦っていた）の離脱を恐れ、両国の占領計画を策定した。

一九四四年に入り、独ソ戦ではソ連の優位が明らかとなると、ハンガリー首相カーロイ・ミクローシュは極秘裏に連合国と休戦交渉を行ったが、三月八日、これが露見。このため、同月十九日、ドイツ軍はハンガリーを占領し、カーロイはトルコ大使館に亡命した。

これに伴い、それまで移送を免れていたハンガリーのユダヤ人もアウシュヴィッツに送られること

図 43　ビルケナウの監視塔下まで伸びる単線の引き込み線。

になり、ビルケナウでは五月までに鉄道の本線から監視塔下の〝死の門〟まで至る引き込み線が作られた。アウシュヴィッツの象徴として有名な風景（図43）は、こうして生まれたのである。

この引き込み線を使って、ハンガリーから移送されてきたユダヤ人の第一、二便が到着したのが一九四四年五月二日。その日のうちに、二六九八人がガス室で処刑された。

その後も、ハンガリーからアウシュヴィッツへの移送列車は一日平均四便が運行され、七月九日までに四三万七四〇二人のユダヤ系ハンガリー人がアウシュヴィッツに送られている（図44、45、46）。

以前からの地域に加え、新たにハンガリーからも大量のユダヤ人が移送されてきたことで、アウシュヴィッツはフル稼働でユダヤ人の虐殺を進め、ユダヤ人の特務労働隊員は昼夜を分かたず遺体の処理作業に追われる日々が続いた。

しかし、さすがに秋口になると、ハンガリーから移送されてくるユダヤ人の数も少なくなってきた。これに対して、収容所に移送され、虐殺されるユダヤ人の数が減少すれば、今度は自分たちが殺されるのではないかとの恐怖に駆られた特務隊員の一部は、座して死を待つより、収容所に対して叛乱を起こす途を選び、遺体の処理には直接かかわっていなかった女性収容者が工場から火薬を盗み出して叛乱に協力した。

かくして、一九四四年十月七日、特務労働隊員はクレマトリウムⅣで蜂起し、警備にあたっていた親衛隊三名を殺害し、クレマトリウムの施設を破壊した（図47）。

この混乱に乗じて数百名の収容者が脱走したが、叛乱はすぐに鎮圧され、その多くは捕えられ、殺された。また、特務労働隊員は全員が殺され、火薬を持ち込んだ女性収容者四名は一九四五年一月六日、見せしめのため、収容者の見ている前で公開絞首刑となった。その中のひとり、二十三歳のローザ・ロバータは、刑の執行に際して「強くなりましょう！勇気をもちましょう！」と叫んだという。

図 44　ハンガリーからアウシュヴィッツに到着し、監視塔の近くで列車から降りたユダヤ人たち。親衛隊のメンバーを補佐するために駆り出された収容者（縦縞の服装）の姿も見える。

図 45　到着後、収容所に向けて歩いていくユダヤ人たち。

図 46　収容所の敷地内に入る前に、周囲の白樺林で待たされるハンガリー出身のユダヤ人の女性と子供。この後、彼らはガス室で虐殺されたという。

Krematorium (miejsce buntu w 1943 r.)
Крематорий (Место бунта в 1943 г.).
La four crématoire (Le lieu de la révolte de 1943)
The Crematory (The Place of the Revolt of 1943)

図 47　収容者による叛乱の現場となったクレマトリウム IV の跡地に、戦後、設けられた墓所。なお、葉書のキャプションでは、叛乱は 1943 年に起こったとされているが、ナチス・ドイツの強制収容所のうち、1943 年に叛乱が起きたのは、トレブリンカ（8月2日）とソビブル（10 月 14 日）であって、アウシュヴィッツではない。

それからわずか十日後の一月十七日、ビルケナウを含むアウシュヴィッツの収容所群は、ソ連軍により解放される。

アウシュヴィッツ第三収容所（モノヴィッツ）

ビルケナウの第二収容所がユダヤ人等の虐殺に力点を置いていた〝絶滅収容所〟の性格が強かったのに対して、第一収容所から東に七キロほどの地点に、イーゲー・ファルベン社（以下、ＩＧファルベン）の工場に隣接して設けられたモノヴィッツの第三収容所は、収容者の安価な労働力を工場に動員するための施設であった。

ＩＧファルベンは、第一次大戦後の一九二五年、ドイツの六大化学工業会社であるバーディッシュ・アニリン・ウント・ゾーダ・ファブリーク（現バスフ＝ＢＡＳＦ）、フリードリヒ・バイエル染料（現バイエル）、アグファ（現アグファ・ゲバルトの前身）、ワイラー・テル・メール化学、グリースハイム・エレクトロン化学工業、ヘキスト染料（現ヘキスト）の合同により生まれたトラストで、社名のＩＧは〝利益共同体〟の意味である。本社はフランクフルト・アム・マイン、資本金は一一億マルクだった（図48）。

ヒトラー政権が誕生する以前の一九三二年頃からナチスに接近し、ヒトラーが政権を掌握した後は、四ヵ年計画庁に技術者として多くの人材を送り込み、政権との関係を強化した。一九三九年の第二次大戦勃発以降は戦争にも積極的に協力し、ユダヤ人の大量虐殺に使われた毒ガス、ツィクロンＢは子会社のデゲッシュがパテントを有していた。

ＩＧファルベンとアウシュヴィッツとの密接な関係は、一九四一年一月、役員の一人であったオットー・アンブロスが現地を視察し、アウシュヴィッツ東郊のソワ川とヴィスワ川の合流地点に、七〇〇万マルクを投じて年間三万トンの生産能力を有する合成ゴム工場ＢＵＮＡを建設することを決定したところから始まる。ちなみに、アウシュヴィッツ第一収容所でツィクロンＢの人体実験が行われたのは、

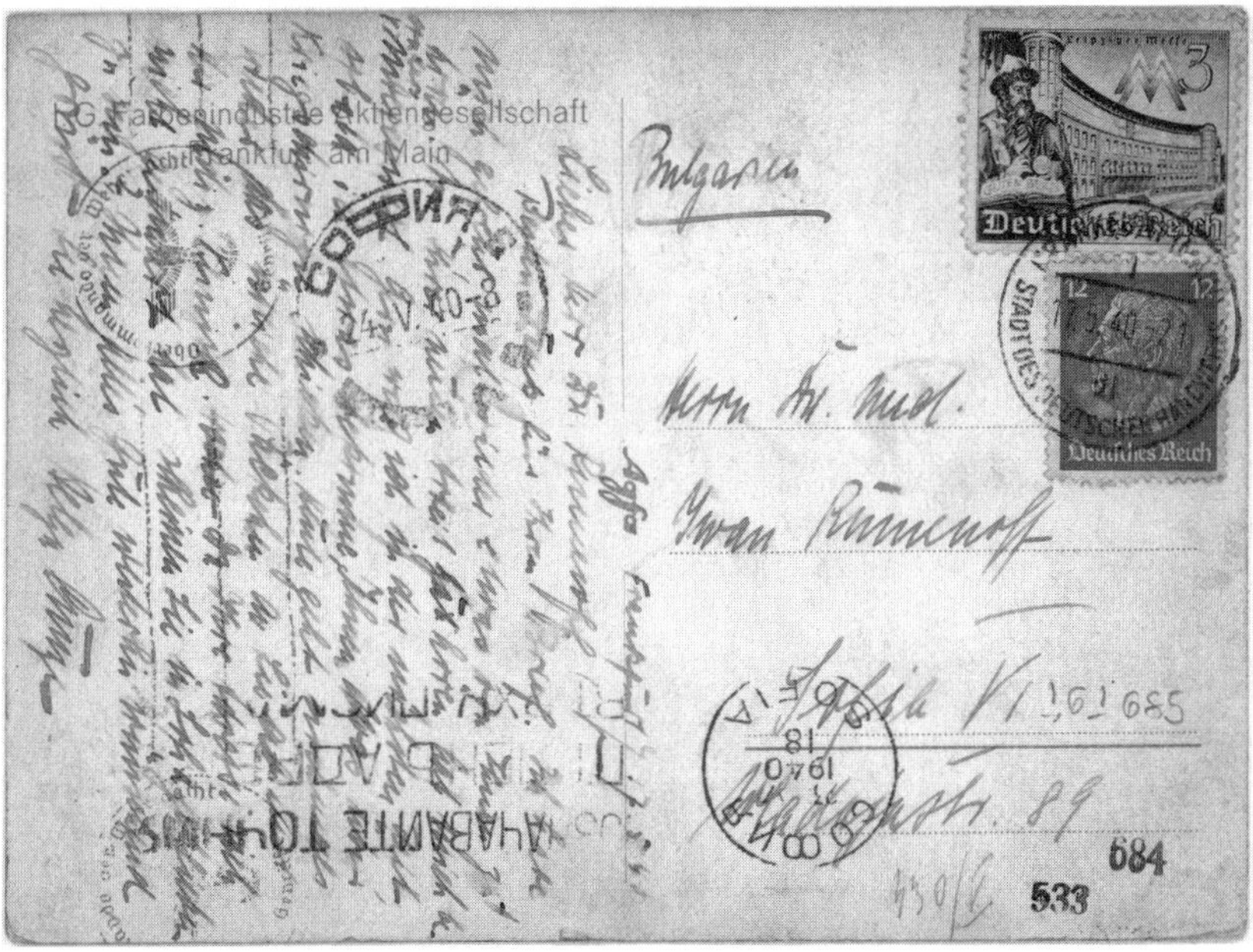

図48　フランクフルト・アム・マインのＩＧファルベン本社を取り上げた絵葉書。1940年5月、フランクフルトからブルガリアの首都ソフィア宛で、途中、ドイツ当局による検閲を受けている。この葉書が差し出された時点では、ブルガリアは中立国だったが、1941年3月、枢軸陣営に参加した。

一九四一年九月のことであった。

工場の建設は、私企業としてのＩＧファルベンの経済活動として進められたが、この計画を後押しすべく、ドイツ政府は、該当する土地から住民を退去させること、第一収容所から八〇〇〇～一万二〇〇〇人の労働者・作業員を派遣することを決定。三月下旬には、ＩＧファルベンと収容所を管理していた親衛隊との間で協議が行われ、ＩＧファルベンが非熟練労働者一人につき三マルク、熟練労働者一人につき四マルクを支払うこと、収容者の労働時間についても、夏季は一日十～十一時間、冬季は一日九時間とすることが決められた。

これを受けて、一九四一年四月七日、アウシュヴィッツ第一収容所の収容者たちを動員してのＢＵＮＡの建設作業が始まった（図49）。

その後、一九四二―四四年にかけて、ＩＧファルベンのほか、クルップやシーメンスなど、ドイツを代表する大企業の製造プラントなどに付随して、大小あわせて四〇の収容施設が作られ、多くの収容者が

図49　建設作業に動員される収容者たちを取り上げた絵葉書。

過酷な労働に従事させられた。これが、モノヴィッツの第三収容所である。

第三収容所と隣接するプラント施設は、連合国の爆撃目標になったことに加え、一九四五年一月の解放後、ソ連軍によって破壊されたため、現在、その跡は残っていない。

なお、戦後、ナチスの戦争犯罪を裁いたニュルンベルク裁判では「人道に対する罪」を理由に、IGファルベンの役員や技術者など被告の二四人全員が有罪となり、戦犯企業としてのIGファルベンも解体された。

アウシュヴィッツ収容所の終焉

ビルケナウの第二収容所で収容者による大規模な叛乱が起こった一九四四年十月になると、もはや、ドイツの劣勢は誰の目にも明らかとなっていた。このため、連合軍が収容所のある地域に進駐してきたときの場合に備えて、親衛隊はユダヤ人虐殺の痕跡を隠蔽し、収容所から撤退する準備を進めるようになる。

一九四四年十一月三日、スロヴァキアのセレト収容所から九九〇人のユダヤ人がアウシュヴィッツに移送されてきたが、帝国保安本部によるアウシュヴィッツへの大規模なユダヤ人移送はこれが最後となった。

また、この時移送されてきた収容者に対しては、〝無用の者〟を選別してガス室送りにすることは行われておらず、前日までに、ツィクロンBによる虐殺は中止されていたものと考えられている。さらに、十一月二十五日にはクレマトリウムの解体が始まり、翌二十六日には、ヒムラーによる破壊命令が出された。ただし、その後も親衛隊は収容者の銃殺を止めなかった。

アウシュヴィッツ最後の収容者は、一九四五年一月十八日、マウトハウゼンから移送されてきたエンゲルベルト・マルケッチで、彼に与えられた収容者番号は202499である。

この時点で、アウシュヴィッツ第一および第二収容所の収容者は計三万三〇〇〇人、モノヴィッツの第三収容所の収容者は三万五〇〇〇人だったとされている。

ナチス・ドイツは、迫りくるソ連軍から逃れるべく、病気などで移動が不可能と判断されたものを除き、六万以上の収容者を西方に移動させることを決定。彼らはヴォディスワフまで徒歩で行進させられ、そこからグロスローゼン、ブーヘンヴァルト、ダッハウ、マウトハウゼン等の各収容所に移送されたが、その過程で一万数千人が命を落としたという。

一方、収容所内ではクレマトリウムを含む施設類が破壊されるとともに、親衛隊とＩＧファルベンの書類など、ユダヤ人迫害の証拠となるものの焼却処分が進められた。収容所内で人体実験を行っていた医師らは、自分たちの実験データ等を持ち出してベルリンへ逃亡していった。

そして、一九四五年一月二十七日、ついにソ連軍がアウシュヴィッツに進駐。収容所を解放する（図

図50　収容所を解放したソ連軍を歓呼して迎える収容者たち。

50、51、52)。この時点で、収容所内には約七〇〇〇人の収容者が残されていたが、衰弱の著しい者も多く、そのうちの約一〇〇〇人が解放から数週間以内に亡くなった。

前述のとおり、現在、アウシュヴィッツの正確な犠牲者数は特定不能だが、一九八五年、歴史家のラウル・ヒルバーグが「一〇〇万人のユダヤ人が殺され、二五万人以上の非ユダヤ人が死亡した」との研究成果を発表して以来、基本的にはこの数字をベースにして語られることが多いようだ。

ちなみに、解放五〇周年にあたる一九九五年、収容所の跡地に建てられた記念碑には、アウシュヴィッツでは一五〇万人が亡くなったと刻まれている。

図51　解放直後、半ば放心状態で手洗いの水をかけてもらう収容者の女性。

図 52　痩せ衰えた状態で解放された収容者たち。

Ⅲ　アウシュヴィッツの手紙

〝アウシュヴィッツ〟初期の葉書

一九四〇年四月末、オシフィエンチムでの強制収容所の建設が始まり、この地が公式にドイツ語で〝アウシュヴィッツ〟と呼ばれるようになると、それに合わせて消印の表示もそれまでのオシフィエンチムからアウシュヴィッツに変更された。以後、一九四五年一月にソ連軍が進駐し、収容所が解放されるまで、この地から差し出される郵便物には、〝AUSCHWITZ（OBERSCHLES）〟と表示された消印が押されることになる。

収容所の建設に伴い、近隣の地元住民の立ち退きが始まったのは一九四〇年七月のことで、一九四一年春には全住民の退去が完了。一九四一年五月三十一日付で、収容所を含む一帯は〝アウシュヴィッツ管区〟として地元自治体の行政から切り離される。したがって、一九四〇年五月からほぼ一年間は、地元の一般住民がアウシュヴィッツ郵便局から差し立てた郵便物が存在するのだが、じっさいには、そうした郵便物は非常に少ない。

図1は、おそらくそうしたものの一例ではないかと思われる絵葉書で、一九四〇年八月二十五日にアウシュヴィッツからドイツ中東部のヴェルニゲローデ宛に差し出されている。収容所の関係者が差し出した郵便物に関しては、差出人が収容者であれ、親衛隊員であれ、医師や民間人スタッフ（図2）であれ、検閲を受けるのが原則なので、この葉書のように、検閲印のないものは収容所とは直接の関係がな

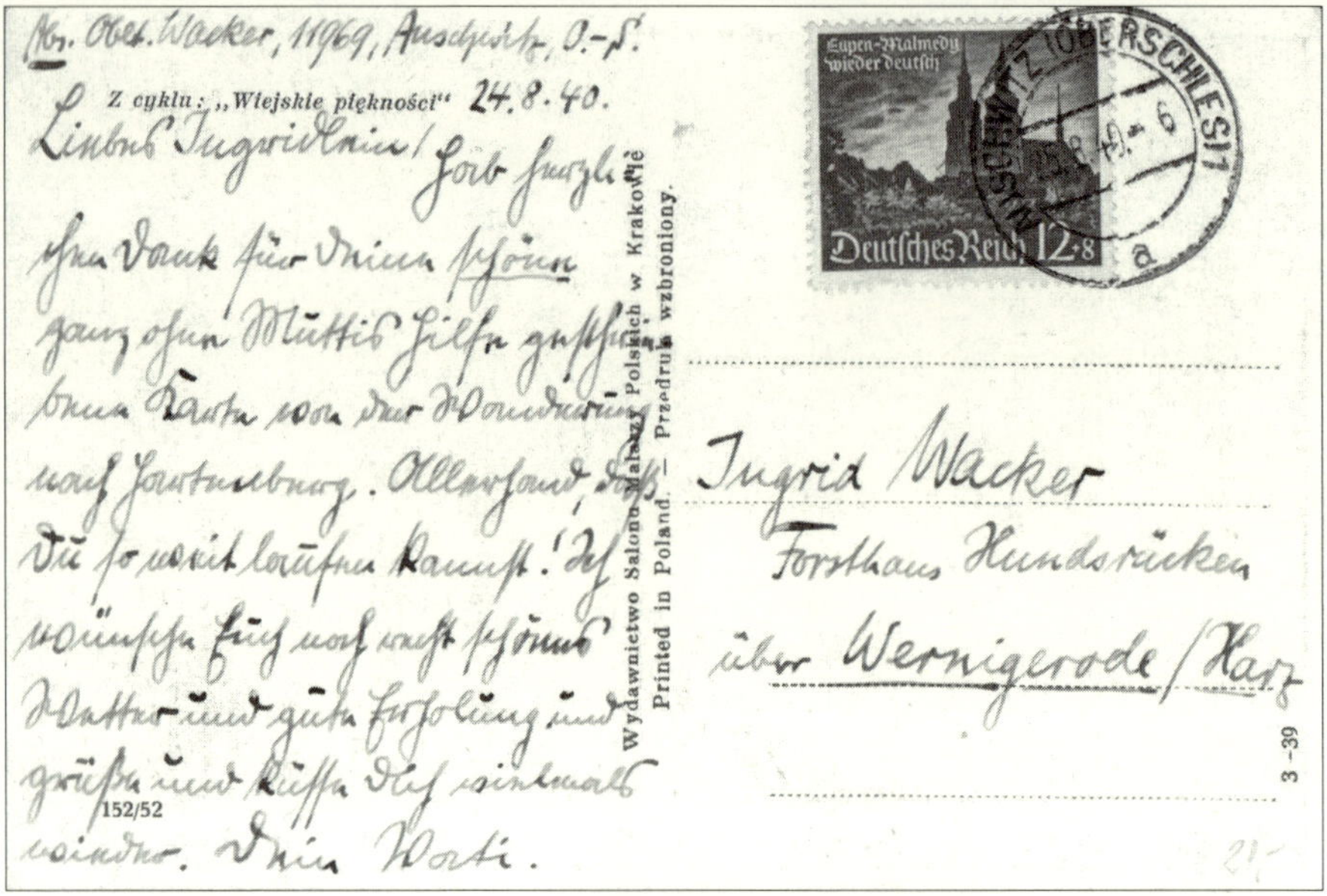

図1　アウシュヴィッツ収容所の民間人スタッフが差し出した絵葉書とその裏面。左下は消印の拡大図。

図２　アウシュヴィッツにいた親衛隊員と女性スタッフの交歓風景を撮影した写真（上下とも）。

い民間人が差し出したものと推測できる。

絵葉書は戦前にクラクフで印刷されたもので、絵面の題材は、ポーランド人画家ピオトール・スタチーウィックツの『結婚の前に』である。スタチーウィックツは、一八五八年、ハプスブルク支配下のポジーリャ（現在はウクライナ領）に生まれ、一九三八年にクラクフで亡くなったポーランド人画家で、この絵葉書に見られるように、南ポーランドの伝統文化に題材をとった作品を数多く残している。ドイツ占領下のポーランド各地で進められていた非スラブ化政策の観点からすると、〝好ましからざる画家〟であったはずだが、民間人が手持ちの絵葉書を使っている分には黙認されたのであろう。

貼られている切手は、一九四〇年七月二十五日に発行された「オイペン＝マルメディ併合」の記念切手のうち、オイペンの風景を描いた一枚で、額面一二ペニヒに対して八ペニヒの寄附金が付けられている。オイペン＝マルメディは、第一次大戦以前はプロイセンのライン県に属していたが、ヴェルサイユ条約の結果、ベルギーに割譲された地域で、第二次大戦勃発後の一九四〇年、ドイツ軍がベルギーを占領するとドイツ領に再編入された。これは、ヴェルサイユ体制の打破を唱えるナチス・ドイツとしては大いに慶賀すべき出来事であったため、戦時下の国防献金を徴収する目的も兼ねて、この切手が発行されたというわけである。

郵便物の消印の表示は、前述のとおり、“AUSCHWITZ (OBERSCHLES)”となっているが、局名の末尾に数字の1の字が加えられている点にご注目いただきたい。

アウシュヴィッツの消印は、局名の末尾の番号が1から3まであって、このうちの1の印は民間人（後に、アウシュヴィッツ周辺での労働に動員された民間人労働者を含む）の差し出した郵便物にのみ使われた。おそらく、旧オシフィエンチム郵便局をそのまま継承したものとして、民間人差し出しの郵便物を扱う部署を〝第1局〟としたのであろう。

アウシュヴィッツかオシフィエンチムか

さて、アウシュヴィッツ収容所の収容者は、一ヵ月に二通ずつ、親族宛に手紙を出すことができた。というよりも、一九四〇年九月二十一日から一九四三年四月二十七日までアウシュヴィッツに潜入し、収容所内の状況について詳細な記録を残したポーランド亡命政府の将校、ヴィトルト・ピレツキの証言によると、ポーランドの政治犯などに関しては、隔週に一通ずつ、収容者に事故があった時に知らせる家族の、確実に届く住所宛に手紙を書くことを命じられたという。

これには、家族を安心させるための偽装工作という面もあっただろうが、それ以上に、収容者が脱走した場合に、家族の居所を容易に探し出して脱走者を確実に追跡できるよう、収容所側が把握しておくための措置という側面が強かったと見られている。

図3は、一九四〇年十月四日、収容者が収容所支給の専用封筒を使ってゾスノヴィッツ宛に差し出し

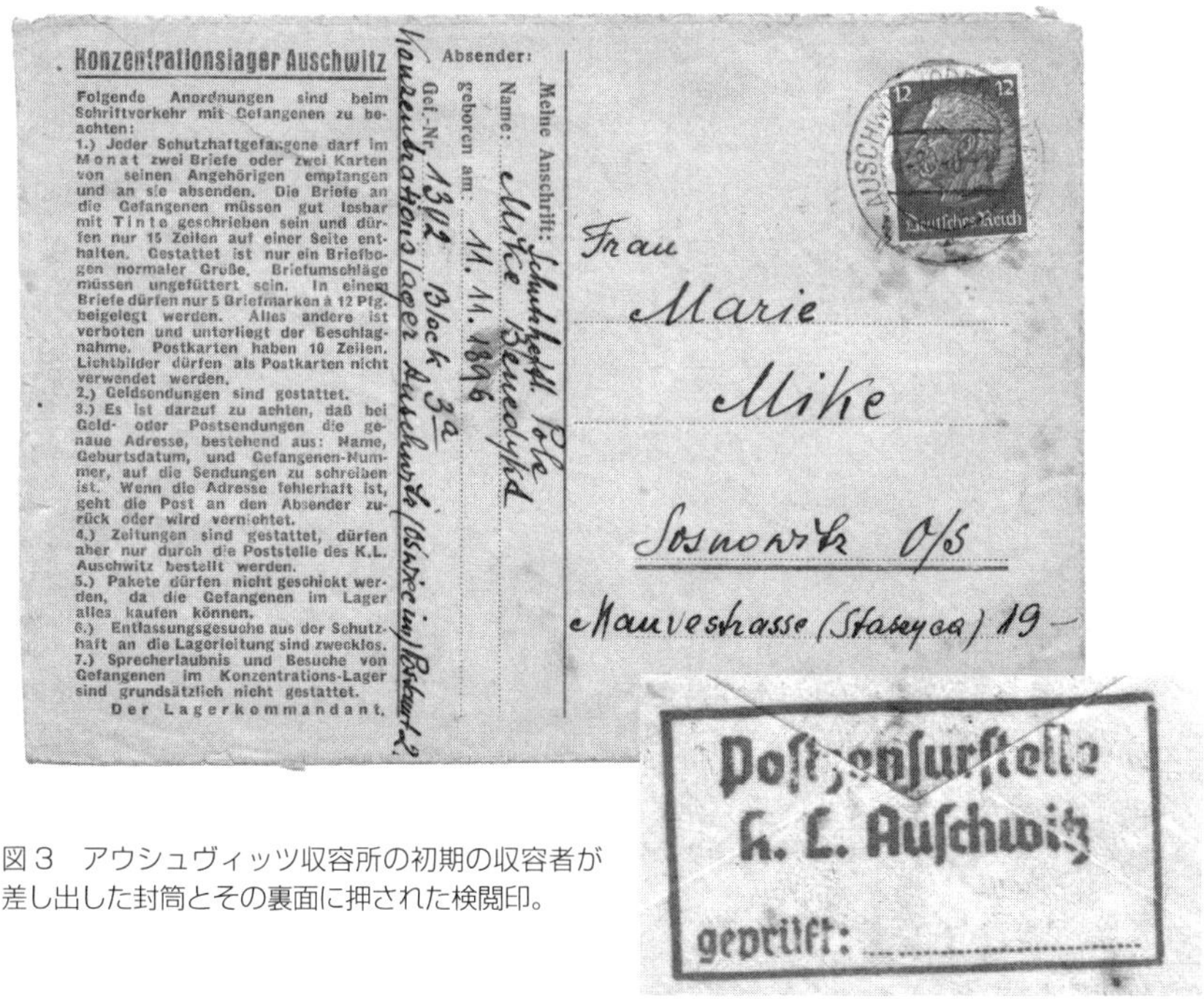

図3　アウシュヴィッツ収容所の初期の収容者が差し出した封筒とその裏面に押された検閲印。

た郵便物で、裏面にはこの郵便物が検閲を受けたことを示す角形の印が押されている。

宛先のゾスノヴィッツは、現在の行政区域としてはポーランド南部のシロンスク県内にあるが、当時は、ポーランド総督府の支配下に置かれており、ユダヤ人のゲットーが設定されていた。地番からすると、この郵便物の宛先もゲットー地区であり、差出人と名宛人はともにユダヤ人と推測されている。

郵便物の差出地について、差出人はドイツ語のアウシュヴィッツに加え、カッコ内にポーランド語のオシフィエンチムを併記しているのが興味深い。おそらく、差出人・受取人の双方にとってはドイツ語の地名がなじみのないものであったためであろう。収容所の開設から日が浅いということもあって、収容所側もそれを黙認していたようだ。

ちなみに、アウシュヴィッツ収容所の開設後も、じっさいには、オシフィエンチムというポーランド語の地名がしばらく使われていたことを示す資料が、図4の郵便物である。

図4　1941年9月、アウシュヴィッツを管理していた親衛隊員が差し出した軍事郵便には、地名がドイツ語／ポーランド語のバイリンガル表示となっている印が押されている。

これは一九四一年九月二十二日、アウシュヴィッツを管理していた親衛隊のメンバーがミュンヘン宛に差し出した郵便物である。一九三九年九月一日に第二次大戦が勃発した後、占領地のアウシュヴィッツから親衛隊員が差し出した〝軍事郵便〟ということで、料金は無料の扱いとされ、切手は貼られていない。

注目していただきたいのは、封筒の左下に押されている円形の印で、親衛隊の軍事郵便であることを示す“SS Feldpost”の文言と鍵十字と鷲の国章に加え、ドイツ語のアウシュヴィッツとポーランド語のオシフィエンチムが併記されている。

収容所の開設を受けて、アウシュヴィッツというドイツ語名のみを公式の地名表示とするにしても、ポーランド人のみならず、ドイツ人にとってさえ、この地域の名称としてはポーランド語のオシフィエンチムの方が定着しており、それゆえ、当面はポーランド語の地名表示を併記せざるを得ないというのが実情だったのだろう。

ドイツ語とポーランド語の地名表示を併記するというスタイルは、その後も、後述するように、一九四二年の早い時期までは一部の収容者の差し出す郵便物には見られるが、一九四二年後半以降の郵便物では確認されていない。

ところで、図3-4の郵便物に押されている消印は、いずれも、“AUSCHWITZ（OBERSCHLES）2”の表示になっている。これは、アウシュヴィッツ収容所の収容者と親衛隊の郵便物に押されていた印で、通常の民間人の郵便物を扱う第1局に対して、収容所関連の郵便物を扱う部署を第2局としたことによるものである。

ちなみに、親衛隊員等の場合は、図4のように無料の軍事郵便を差し出す場合もあったが、プライベートの郵便物の場合には、図5のように、切手や葉書の料金を支払って投函することもあった。その場合でも、彼らの郵便は民間人の郵便物を扱う第1局ではなく、第2局で扱われた。

なお、アウシュヴィッツの郵便局には、このほか

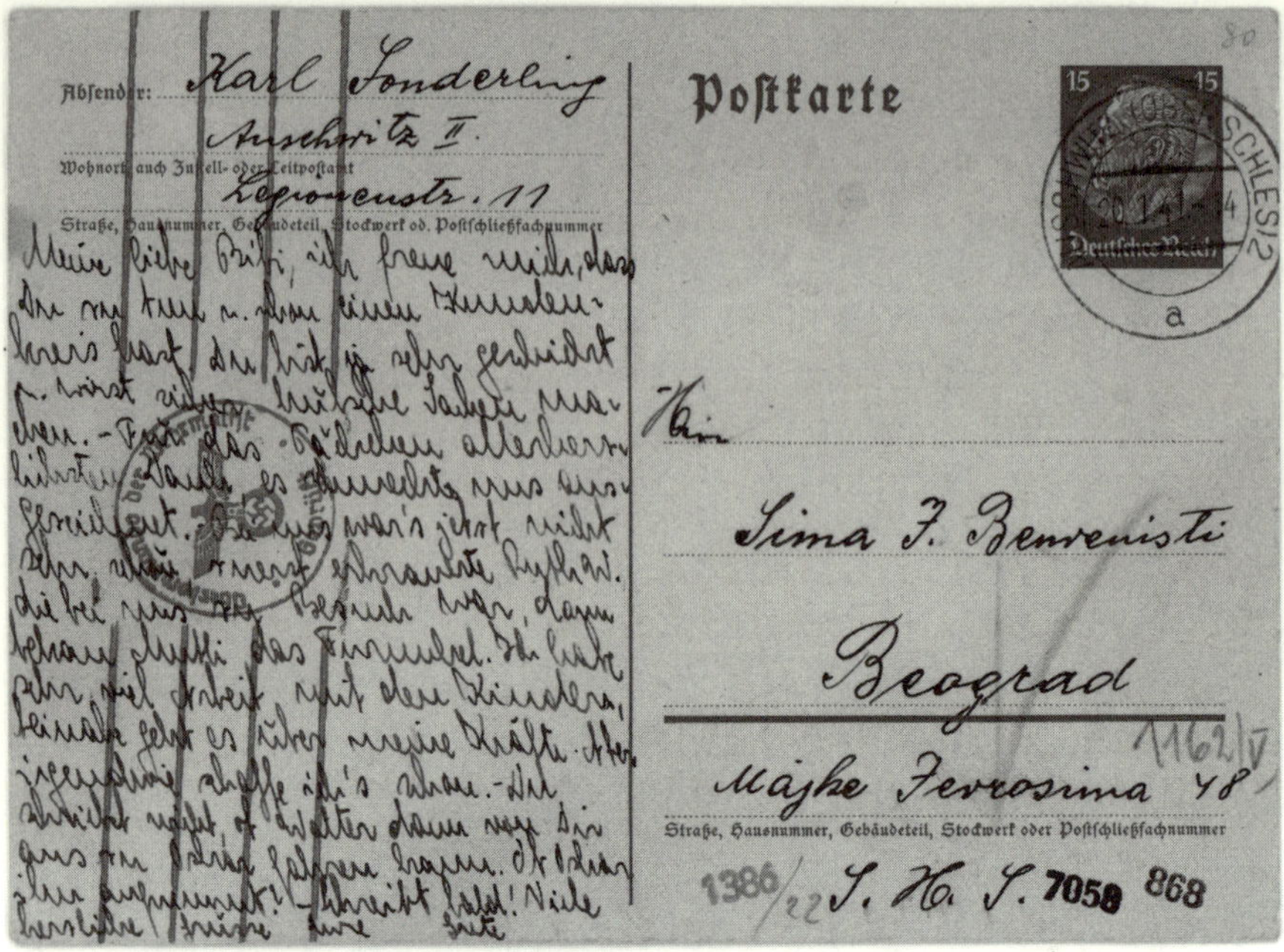

図５　1941年1月20日、アウシュヴィッツからユーゴスラヴィアのベオグラード宛に差し出された葉書。親衛隊関係者の差し出しであるため、第２局の消印が押されている。外国宛の葉書のため、料金は15ペニヒとなっている。

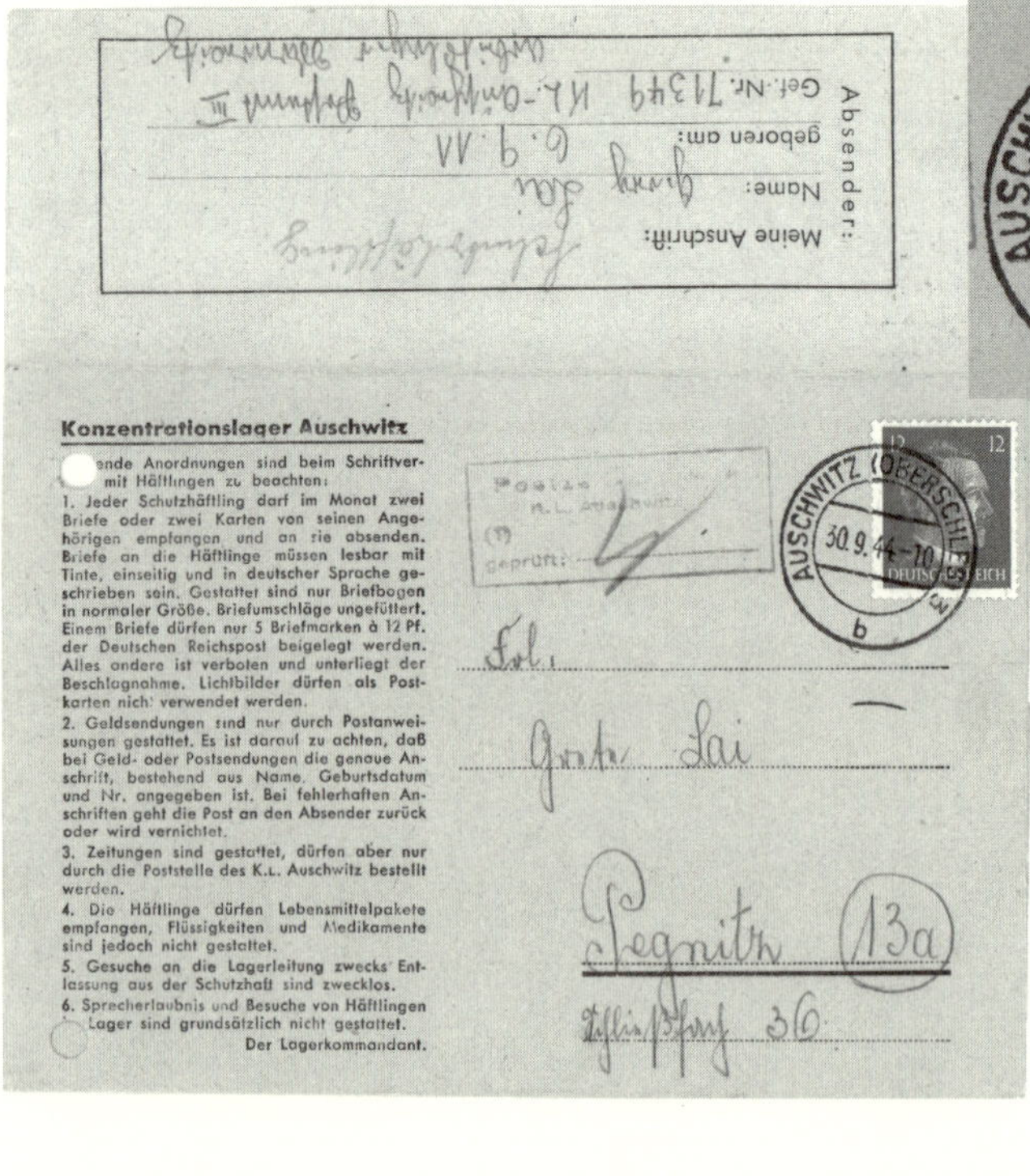

図６　モノヴィッツの第３収容所から差し出されたレターシートと消印部分の拡大図。

“AUSCHWITZ（OBERSCHLES）3”の消印を使用していた第三局があり、こちらはモノヴィッツの第三収容所の郵便局を扱っていた（図6）。

さて、図3の封筒の注意書きや差出人の住所氏名などの記載欄は、ダッハウの収容所で使われていたフォーマットを継承しつつも、ダッハウの注意書が六条であるのに対して、注意書が七条となっているなど、いくつかの点で相違がある。

アウシュヴィッツの封筒で追加されているのは、三番目の注意事項として「現金もしくは手紙を送る場合には、正確な住所とともに、名前、誕生日、収容者番号を記載すること。誤りがある場合には、郵便物は差出人に返戻もしくは廃棄される」との内容で、差出人の住所氏名欄もそれに対応したものに変更されている。

また、形式面では、封筒の用紙が、ダッハウのものは青緑色だが、図3の封筒は茶色であり、二つの封筒では、印刷されている文字のフォントが異なっている点も指摘しておきたい。

なお、一九四一年になると、ダッハウの封筒と同じく青緑色の用紙に、ダッハウの封筒とほぼ同じ文字フォントで印刷された封筒が収容者に支給され、使用されるようになった。このあたりはやはり、統一性を求めるドイツ人気質のゆえなのだろうか。

図7は、アウシュヴィッツでの青緑色の封筒の使用例で、一九四一年七月二十六日にアウシュヴィッツからケーニヒスヒュッテ（ポーランド名ホジュフ）宛に差し出されている。

貼られている切手は、一九四〇年三月に発行された〝ライプツィヒ・メッセ〟の記念切手のうち、見本市会場を描く二五ペニヒ切手である。ライプツィヒ・メッセは、一一九〇年から続く世界最古の見本市で、切手はその七五〇年記念に発行された。

宛先のケーニヒスヒュッテは、ドイツ＝ポーランド国境に近いポーランド・シロンスク地方有数の工業都市だが、第二次大戦中はドイツ領に編入されていた。したがって、収容所からの封書の料金は国内料金用の一二ペニヒで間に合う。それを、収容者の

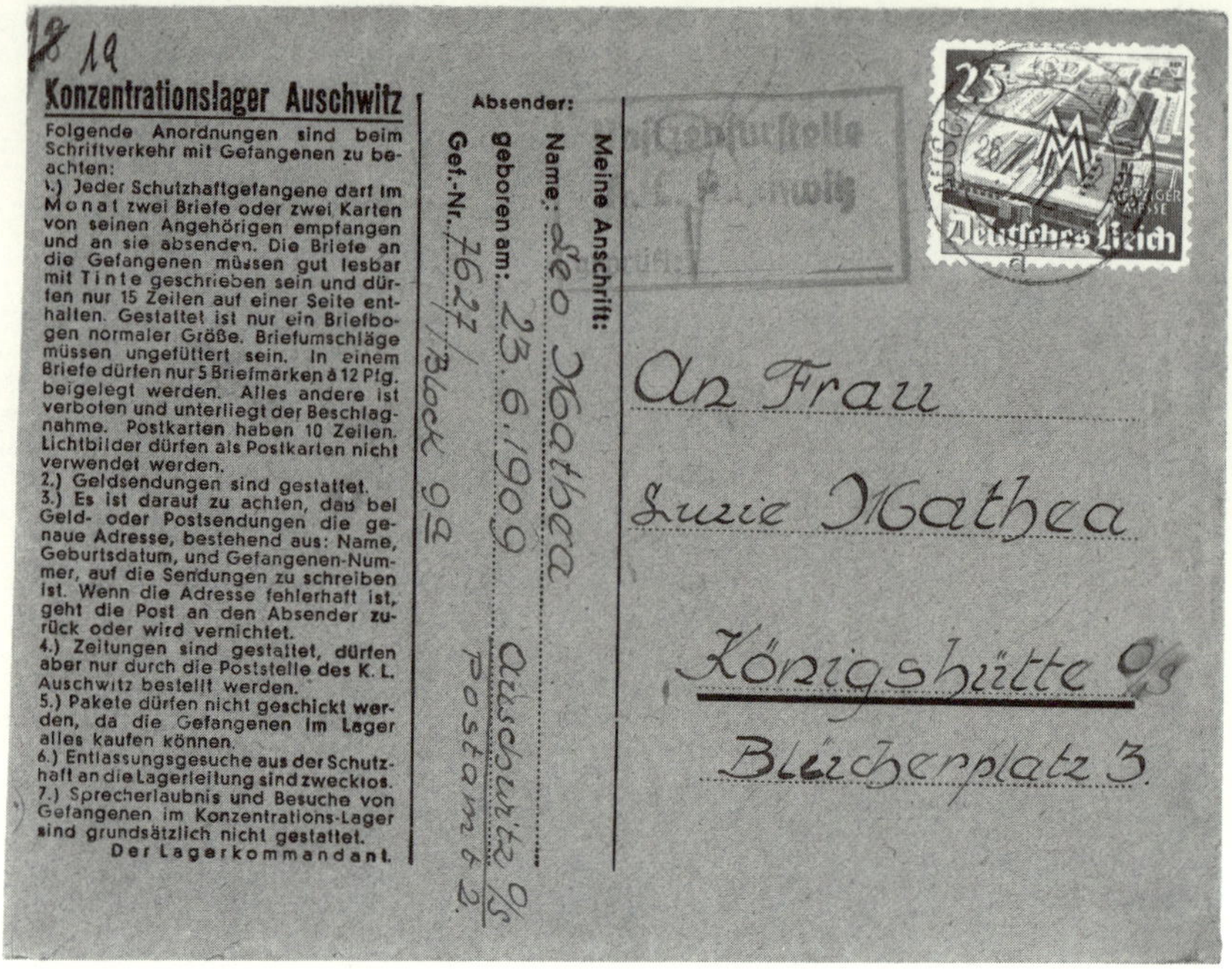
Konzentrationslager Auschwitz

Folgende Anordnungen sind beim Schriftverkehr mit Gefangenen zu beachten:
1.) Jeder Schutzhaftgefangene darf im Monat zwei Briefe oder zwei Karten von seinen Angehörigen empfangen und an sie absenden. Die Briefe an die Gefangenen müssen gut lesbar mit Tinte geschrieben sein und dürfen nur 15 Zeilen auf einer Seite enthalten. Gestattet ist nur ein Briefbogen normaler Größe. Briefumschläge müssen ungefüttert sein. In einem Briefe dürfen nur 5 Briefmarken à 12 Pfg. beigelegt werden. Alles andere ist verboten und unterliegt der Beschlagnahme. Postkarten haben 10 Zeilen. Lichtbilder dürfen als Postkarten nicht verwendet werden.
2.) Geldsendungen sind gestattet.
3.) Es ist darauf zu achten, daß bei Geld- oder Postsendungen die genaue Adresse, bestehend aus: Name, Geburtsdatum, und Gefangenen-Nummer, auf die Sendungen zu schreiben ist. Wenn die Adresse fehlerhaft ist, geht die Post an den Absender zurück oder wird vernichtet.
4.) Zeitungen sind gestattet, dürfen aber nur durch die Poststelle des K. L. Auschwitz bestellt werden.
5.) Pakete dürfen nicht geschickt werden, da die Gefangenen im Lager alles kaufen können.
6.) Entlassungsgesuche aus der Schutzhaft an die Lagerleitung sind zwecklos.
7.) Sprecherlaubnis und Besuche von Gefangenen im Konzentrations-Lager sind grundsätzlich nicht gestattet.
Der Lagerkommandant.

Absender:
Meine Anschrift:
Name: Leo Mathea
geboren am: 23.6.1909 Auschwitz O/S
Gef.-Nr. 7627 / Block 9a Postamt 2.

25 Deutsches Reich

An Frau
Mathea
Königshütte O/S

図７　1941 年7月にアウシュヴィッツから差し出された封筒は、用紙・文字フォントともに、ダッハウのものとほぼ同形式となっている。なお、この封筒に貼られているのは、1940 年3月に発行された“ライプツィヒ・メッセ”の記念切手。収容者が収容所内で購入したものではなく、外部からの差し入れとして送られてきたものと思われる。

側がわざわざ一三ペニヒ多く二五ペニヒ支払うということも考えにくいから、差出人は外部からの差し入れによりこの切手を入手したと考えるのが妥当と思われる。

封筒に印刷されている規定によれば、外部から収容者宛の郵便物には一二ペニヒ切手五枚しか同封できないことになっているが、じっさいに収容者宛の郵便物に返信用として二五ペニヒ切手が同封されていた場合には、収容所当局もそれを黙認していたのだろう。

クリスマスと小包

ところで、封筒に印刷されている注意書によれば、収容者宛に小包を送ることは認められないとされているが、ピレツキの報告によると、じっさいには、当初から衣類の差し入れは認められていたという。

そして、一九四〇年のクリスマスに際しては、

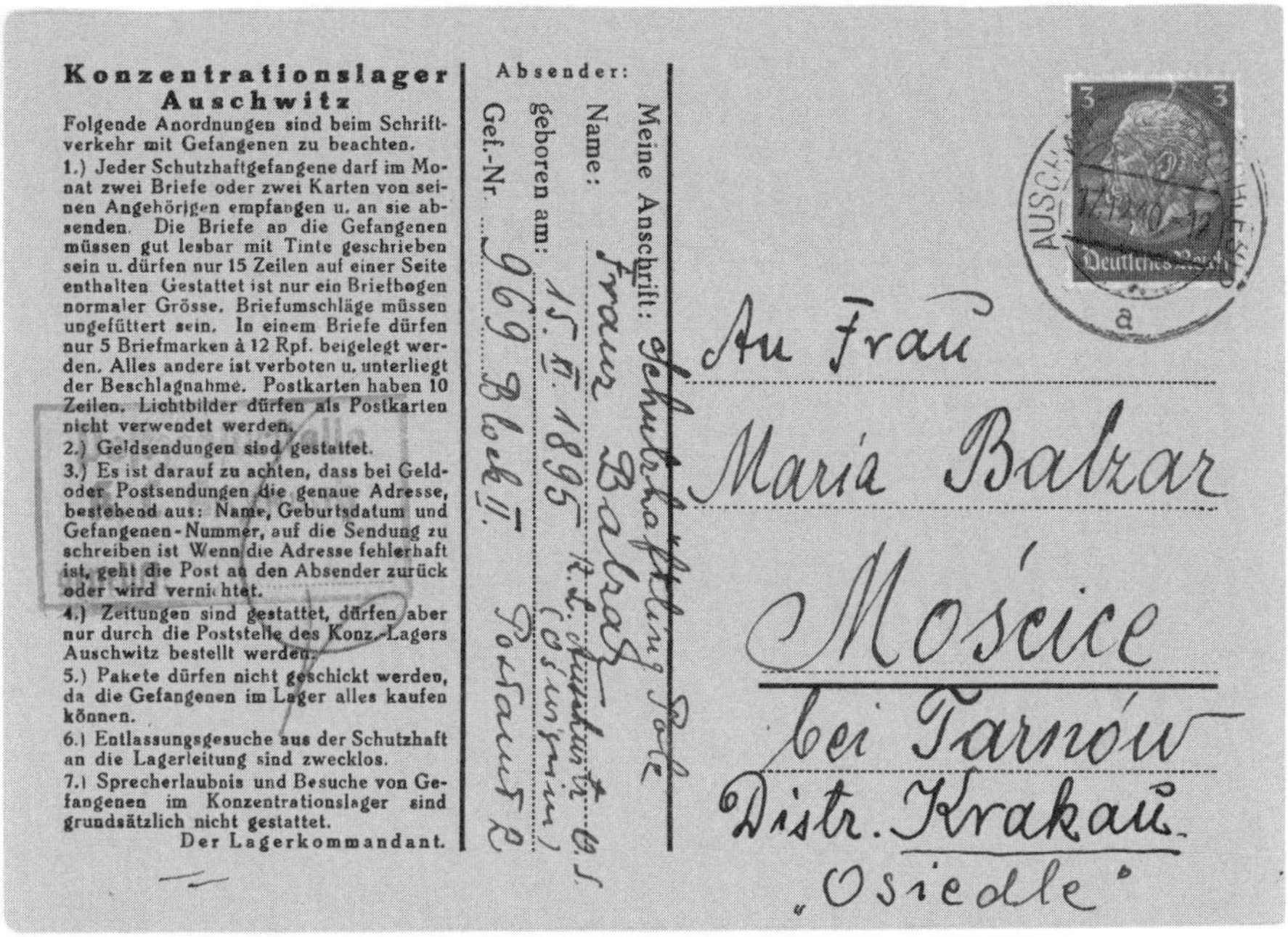
Konzentrationslager
Auschwitz
Folgende Anordnungen sind beim Schriftverkehr mit Gefangenen zu beachten.
1.) Jeder Schutzhaftgefangene darf im Monat zwei Briefe oder zwei Karten von seinen Angehörigen empfangen u. an sie absenden. Die Briefe an die Gefangenen müssen gut lesbar mit Tinte geschrieben sein u. dürfen nur 15 Zeilen auf einer Seite enthalten. Gestattet ist nur ein Briefbogen normaler Grösse. Briefumschläge müssen ungefüttert sein. In einem Briefe dürfen nur 5 Briefmarken à 12 Rpf. beigelegt werden. Alles andere ist verboten u. unterliegt der Beschlagnahme. Postkarten haben 10 Zeilen. Lichtbilder dürfen als Postkarten nicht verwendet werden.
2.) Geldsendungen sind gestattet.
3.) Es ist darauf zu achten, dass bei Geld- oder Postsendungen die genaue Adresse, bestehend aus: Name, Geburtsdatum und Gefangenen-Nummer, auf die Sendung zu schreiben ist. Wenn die Adresse fehlerhaft ist, geht die Post an den Absender zurück oder wird vernichtet.
4.) Zeitungen sind gestattet, dürfen aber nur durch die Poststelle des Konz.-Lagers Auschwitz bestellt werden.
5.) Pakete dürfen nicht geschickt werden, da die Gefangenen im Lager alles kaufen können.
6.) Entlassungsgesuche aus der Schutzhaft an die Lagerleitung sind zwecklos.
7.) Sprecherlaubnis und Besuche von Gefangenen im Konzentrationslager sind grundsätzlich nicht gestattet.
Der Lagerkommandant.

Absender:
Meine Anschrift: Schutzhäftling Pole
Name: Franz Balzar
geboren am: 15. II. 1895
Gef.-Nr. 969 Block II.

Au Frau
Maria Balzar
Mościce
bei Tarnów
Distr. Krakau
„Osiedle"

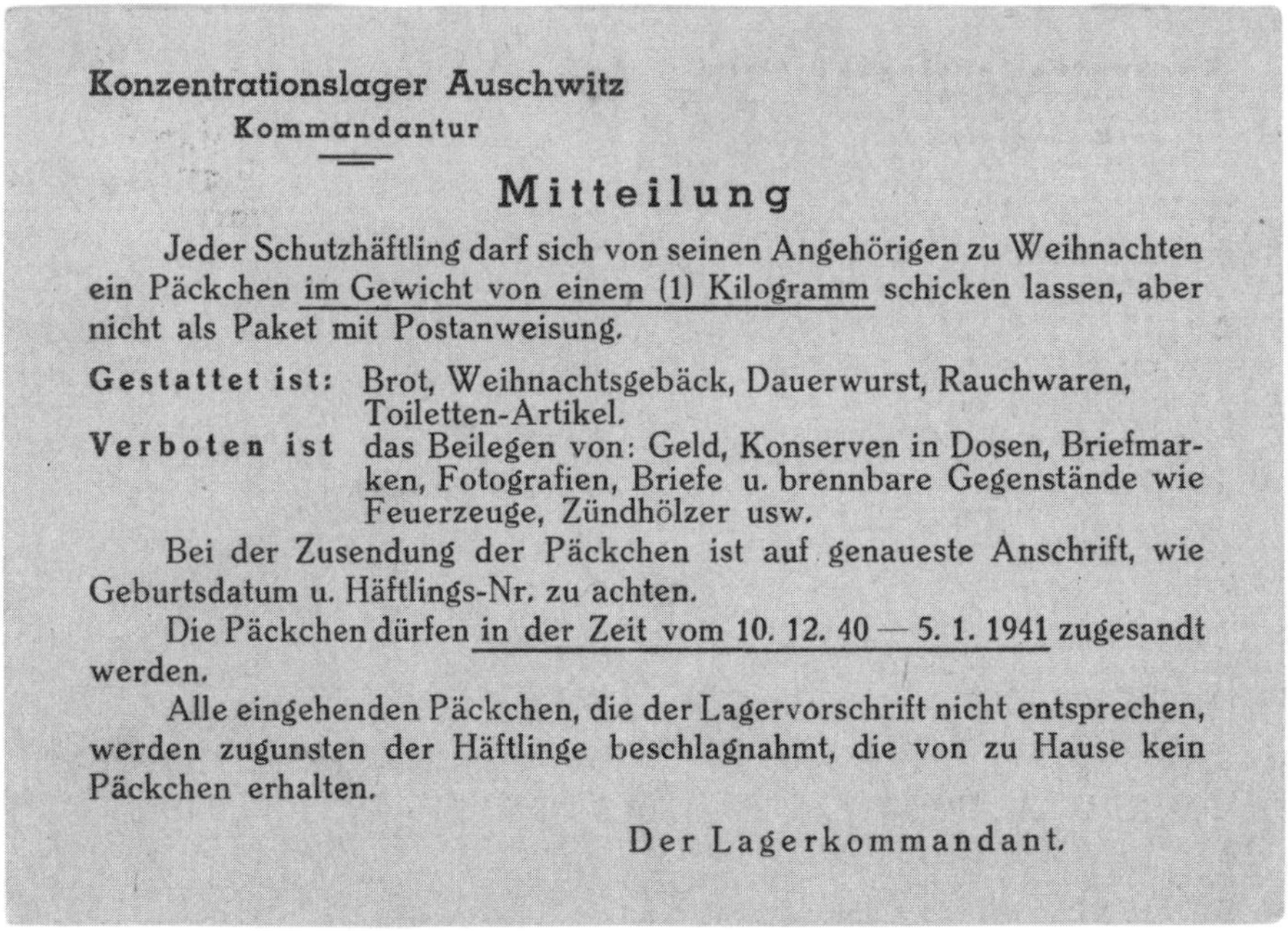
Konzentrationslager Auschwitz
Kommandantur

Mitteilung

Jeder Schutzhäftling darf sich von seinen Angehörigen zu Weihnachten ein Päckchen im Gewicht von einem (1) Kilogramm schicken lassen, aber nicht als Paket mit Postanweisung.

Gestattet ist: Brot, Weihnachtsgebäck, Dauerwurst, Rauchwaren, Toiletten-Artikel.
Verboten ist das Beilegen von: Geld, Konserven in Dosen, Briefmarken, Fotografien, Briefe u. brennbare Gegenstände wie Feuerzeuge, Zündhölzer usw.

Bei der Zusendung der Päckchen ist auf genaueste Anschrift, wie Geburtsdatum u. Häftlings-Nr. zu achten.

Die Päckchen dürfen in der Zeit vom 10. 12. 40 — 5. 1. 1941 zugesandt werden.

Alle eingehenden Päckchen, die der Lagervorschrift nicht entsprechen, werden zugunsten der Häftlinge beschlagnahmt, die von zu Hause kein Päckchen erhalten.

Der Lagerkommandant.

図８　アウシュヴィッツの収容者からクラクフの親族宛に送られた、クリスマス小包を送る際の注意書きが印刷された葉書とその裏面。

収容者の親族が一キログラムまでの小包を送ることが正式に認められた。収容所側は、小包を送る際の注意書きを印刷した葉書（図8）を作成し、収容者から親族宛に送らせている。その主な内容は以下の通りである。

1　収容者は（一九四〇年の）クリスマスに際して親族から一キログラムまでの小包を受け取ることができる。

2　クリスマス小包として送ることができるのは、パン、クリスマスの菓子パン、燻製ソーセージ、洗面用品。送ることができないのは、現金、缶詰、切手、写真、手紙、マッチなどの可燃物など。

3　小包を送る際には、正確な住所とともに、名前、誕生日、収容者番号を記載すること。

4　小包の取扱期間は一九四〇年十二月十日から一九四一年一月五日までである。

5　到着した小包のうち（名宛人の）収納スペースを超えるものについては、家族からの荷物を受け取れなかった収容者に分配される。

この葉書が作成された一九四〇年末の時点では、収容所はアウシュヴィッツの第一収容所のみで、独ソ戦もまだ始まっていなかったから、収容者の大半はポーランド人の捕虜ないしは政治犯だった。したがって、収容所内における宗教の割合としてはカトリックが多数派であったため、クリスマスについても一定の配慮が必要になったのだろう。

なお、敬虔なユダヤ教徒がキリスト教の祝祭であるクリスマスを祝うことはないが、ナチスによって〝ユダヤ人〟と認定された人々の中には、血統的にはユダヤ人でありながら、宗教的にはクリスチャンというケースも少なくはなかったことも付言しておく。

一方、図9は、一九四一年一月十二日、収容者がクラクフの母親宛に差し出した郵便物で、検閲などの所内の手続きを経てアウシュヴィッツ2郵便局に持

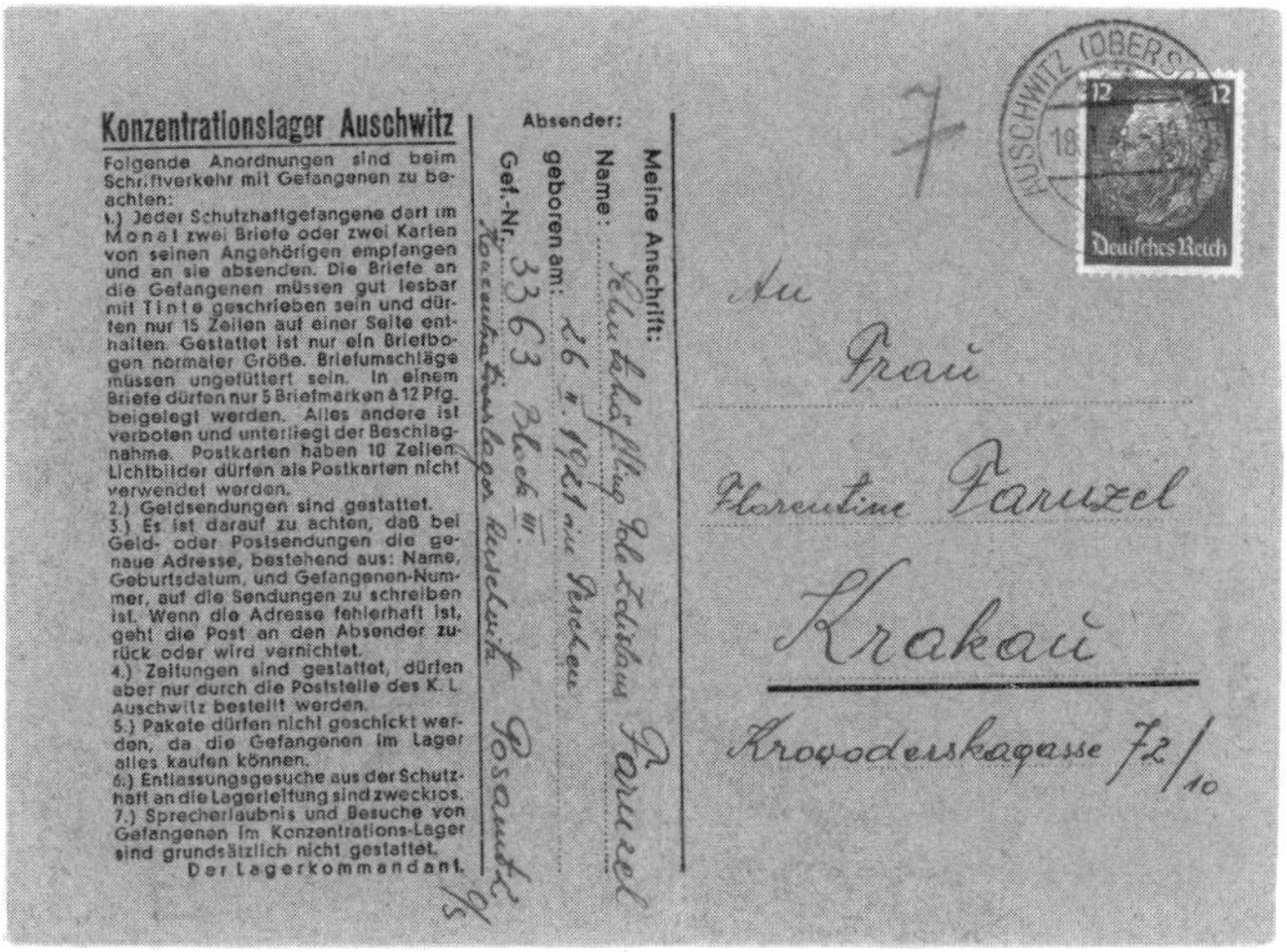

Konzentrationslager Auschwitz

Folgende Anordnungen sind beim Schriftverkehr mit Gefangenen zu beachten:
1.) Jeder Schutzhaftgefangene darf im Monat zwei Briefe oder zwei Karten von seinen Angehörigen empfangen und an sie absenden. Die Briefe an die Gefangenen müssen gut lesbar mit Tinte geschrieben sein und dürfen nur 15 Zeilen auf einer Seite enthalten. Gestattet ist nur ein Briefbogen normaler Größe. Briefumschläge müssen ungefüttert sein. In einem Briefe dürfen nur 5 Briefmarken à 12 Pfg. beigelegt werden. Alles andere ist verboten und unterliegt der Beschlagnahme. Postkarten haben 10 Zeilen. Lichtbilder dürfen als Postkarten nicht verwendet werden.
2.) Geldsendungen sind gestattet.
3.) Es ist darauf zu achten, daß bei Geld- oder Postsendungen die genaue Adresse, bestehend aus: Name, Geburtsdatum, und Gefangenen-Nummer, auf die Sendungen zu schreiben ist. Wenn die Adresse fehlerhaft ist, geht die Post an den Absender zurück oder wird vernichtet.
4.) Zeitungen sind gestattet, dürfen aber nur durch die Poststelle des K. L. Auschwitz bestellt werden.
5.) Pakete dürfen nicht geschickt werden, da die Gefangenen im Lager alles kaufen können.
6.) Entlassungsgesuche aus der Schutzhaft an die Lagerleitung sind zwecklos.
7.) Sprecherlaubnis und Besuche von Gefangenen im Konzentrations-Lager sind grundsätzlich nicht gestattet.
Der Lagerkommandant.

Absender:
Meine Anschrift:
Name: Schutzhäftling Ladislaus Paruzel
geboren am: 26.V.1921 in Teschen
Gef.-Nr. 3363 Block III
Konzentrationslager Auschwitz Posanatz

Auschwitz (Oberschl.)
12 Deutsches Reich 12

7

An
Frau
Florentine Paruzel
Krakau
Krowoderskagasse 72/10

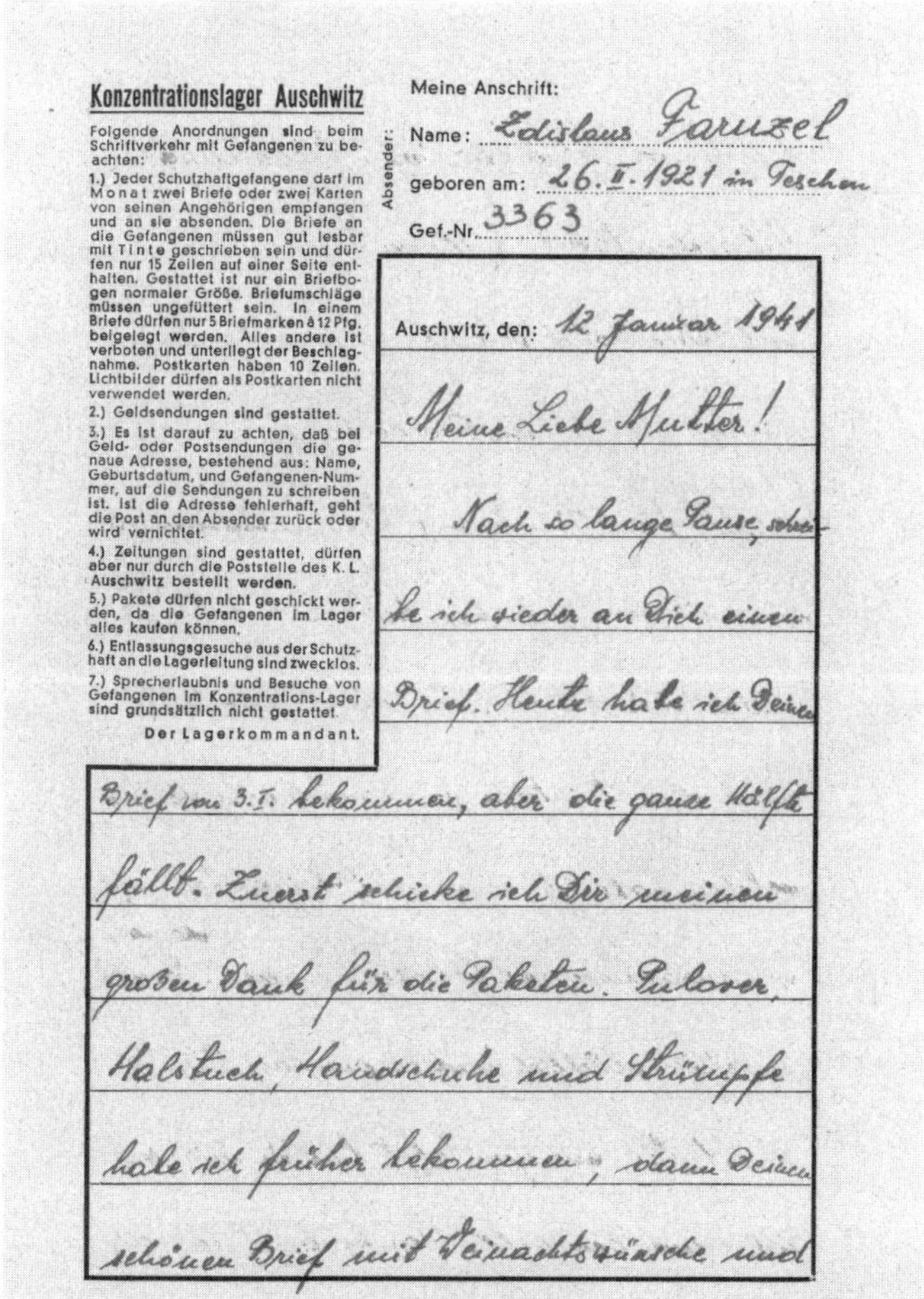

Konzentrationslager Auschwitz

Folgende Anordnungen sind beim Schriftverkehr mit Gefangenen zu beachten:
1.) Jeder Schutzhaftgefangene darf im Monat zwei Briefe oder zwei Karten von seinen Angehörigen empfangen und an sie absenden. Die Briefe an die Gefangenen müssen gut lesbar mit Tinte geschrieben sein und dürfen nur 15 Zeilen auf einer Seite enthalten. Gestattet ist nur ein Briefbogen normaler Größe. Briefumschläge müssen ungefüttert sein. In einem Briefe dürfen nur 5 Briefmarken à 12 Pfg. beigelegt werden. Alles andere ist verboten und unterliegt der Beschlagnahme. Postkarten haben 10 Zeilen. Lichtbilder dürfen als Postkarten nicht verwendet werden.
2.) Geldsendungen sind gestattet.
3.) Es ist darauf zu achten, daß bei Geld- oder Postsendungen die genaue Adresse, bestehend aus: Name, Geburtsdatum, und Gefangenen-Nummer, auf die Sendungen zu schreiben ist. Ist die Adresse fehlerhaft, geht die Post an den Absender zurück oder wird vernichtet.
4.) Zeitungen sind gestattet, dürfen aber nur durch die Poststelle des K. L. Auschwitz bestellt werden.
5.) Pakete dürfen nicht geschickt werden, da die Gefangenen im Lager alles kaufen können.
6.) Entlassungsgesuche aus der Schutzhaft an die Lagerleitung sind zwecklos.
7.) Sprecherlaubnis und Besuche von Gefangenen im Konzentrations-Lager sind grundsätzlich nicht gestattet.
Der Lagerkommandant.

Absender:
Meine Anschrift:
Name: Ladislaus Paruzel
geboren am: 26.V.1921 in Teschen
Gef.-Nr. 3363

Auschwitz, den: 12 Januar 1941

Meine Liebe Mutter!

Nach so lange Pause, schreibe ich wieder an Dich einen Brief. Heute habe ich Deinen Brief von 3.I. bekommen, aber die ganze Hälfte fällt. Zuerst schicke ich Dir meinen großen Dank für die Paketen. Pulover, Halstuch, Handschuhe und Strümpfe habe ich früher bekommen, dann Deinen schönen Brief mit Weinachtswünsche und

図9　一九四〇年のクリスマス小包に対するアウシュヴィッツ収容者の礼状。

ち込まれたのは、一月十八日である。内容は、クリスマスに送られてきた小包に対する礼状で、小包を受け取っていかに嬉しかったかが述べられている。なお、収容所宛に食糧を送ることは、一九四〇年のクリスマス以降、公には再び禁止されたが、ピレツキによると一九四二年のクリスマスを機に解禁されたという。こうした変化の背景には、おそらく、戦況の悪化により、収容者の食糧を確保することが困難になったという事情があったものと思われる。

収容者の差し出した葉書

一九四一年六月の独ソ戦を経て、一九四二年一月のヴァンゼー会議で「ユダヤ人問題の最終解決」が決定されると、アウシュヴィッツに移送されてくる収容者の数は激増した。

　これに伴い、おそらく収容者に対して封筒と便箋を別々に支給する製造および管理コストを効率化するため、一九四二年に入ると、収容者には封筒と便

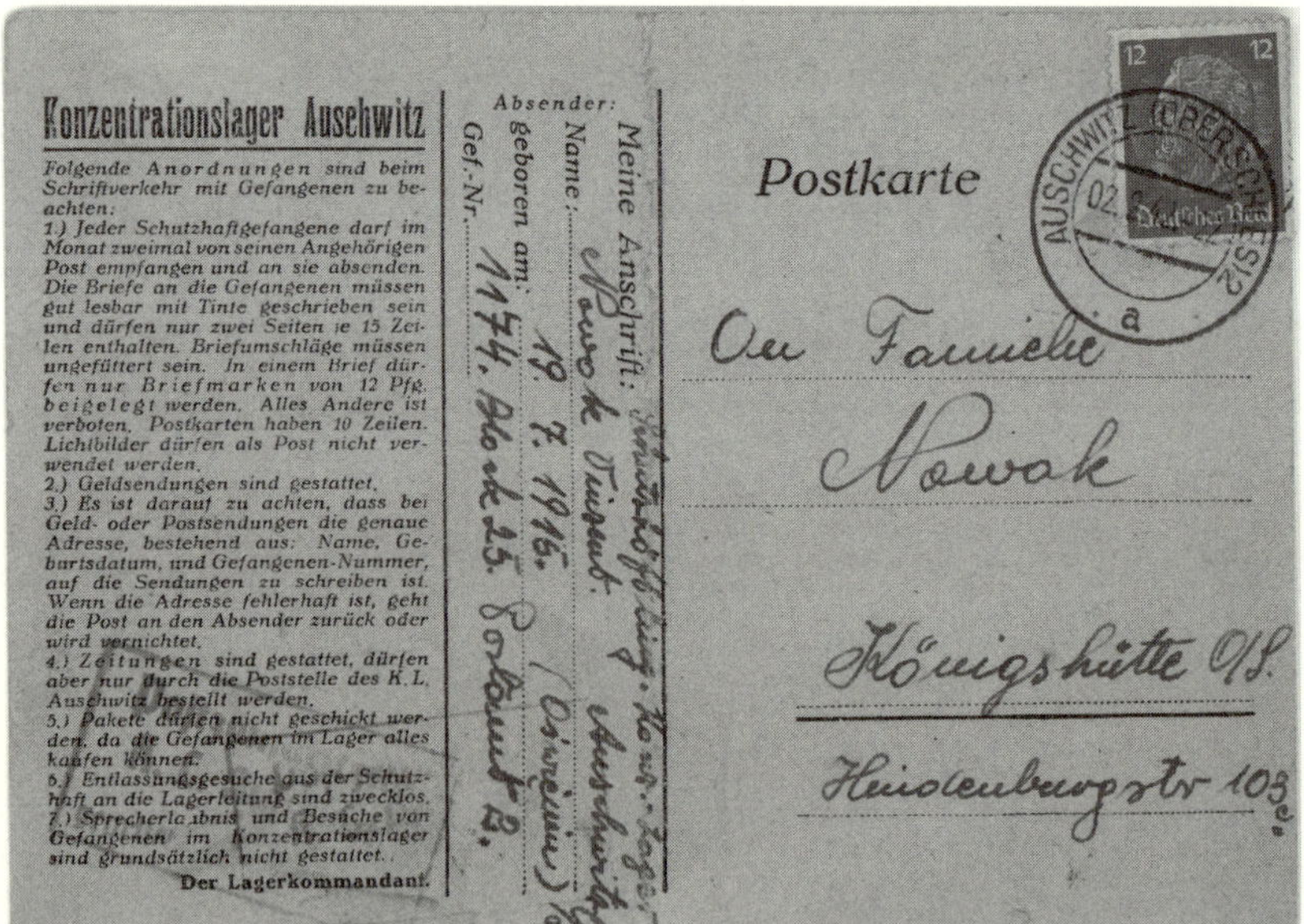
Konzentrationslager Auschwitz

Folgende Anordnungen sind beim Schriftverkehr mit Gefangenen zu beachten:
1.) Jeder Schutzhaftgefangene darf im Monat zweimal von seinen Angehörigen Post empfangen und an sie absenden. Die Briefe an die Gefangenen müssen gut lesbar mit Tinte geschrieben sein und dürfen nur zwei Seiten je 15 Zeilen enthalten. Briefumschläge müssen ungefüttert sein. In einem Brief dürfen nur Briefmarken von 12 Pfg. beigelegt werden. Alles Andere ist verboten. Postkarten haben 10 Zeilen. Lichtbilder dürfen als Post nicht verwendet werden.
2.) Geldsendungen sind gestattet.
3.) Es ist darauf zu achten, dass bei Geld- oder Postsendungen die genaue Adresse, bestehend aus: Name, Geburtsdatum, und Gefangenen-Nummer, auf die Sendungen zu schreiben ist. Wenn die Adresse fehlerhaft ist, geht die Post an den Absender zurück oder wird vernichtet.
4.) Zeitungen sind gestattet, dürfen aber nur durch die Poststelle des K.L. Auschwitz bestellt werden.
5.) Pakete dürfen nicht geschickt werden, da die Gefangenen im Lager alles kaufen können.
6.) Entlassungsgesuche aus der Schutzhaft an die Lagerleitung sind zwecklos.
7.) Sprecherlaubnis und Besuche von Gefangenen im Konzentrationslager sind grundsätzlich nicht gestattet.

Der Lagerkommandant.

Absender:
Meine Anschrift:
Name:
geboren am:
Gef.-Nr.

Postkarte

図10　1942年2月2日の消印が押されているケーニヒスヒュッテ宛の葉書。

箋に代えて、厚手の用紙を使った葉書が支給され、使用されている。

収容者が郵便物を差し出す形式が封筒（と便箋）から葉書に切り替えられた正確な日時は不明だが、おそらく、収容者が差し出した葉書としては最初期に近い例として図10がある。

この葉書は、一九四二年一月十八日に差し出されたもの（消印の日付は二月二日）で、差出人による差出地の表示としてドイツ語のアウシュヴィッツとポーランド語のオシフィエンチムが併記されており、初期の収容所の郵便の形式を残している点も興味深い。

一方、一九四二年に入ってからの封筒の使用例としては、筆者が確認している限り、二月十一日の消印のあるもの（図11）が最も遅い使用例である。

こうしたことから、封筒（と便箋）から葉書への切り替え時期は、一九四二年一～二月頃と推測してよかろう。

ところで、アウシュヴィッツ収容所が支給した葉

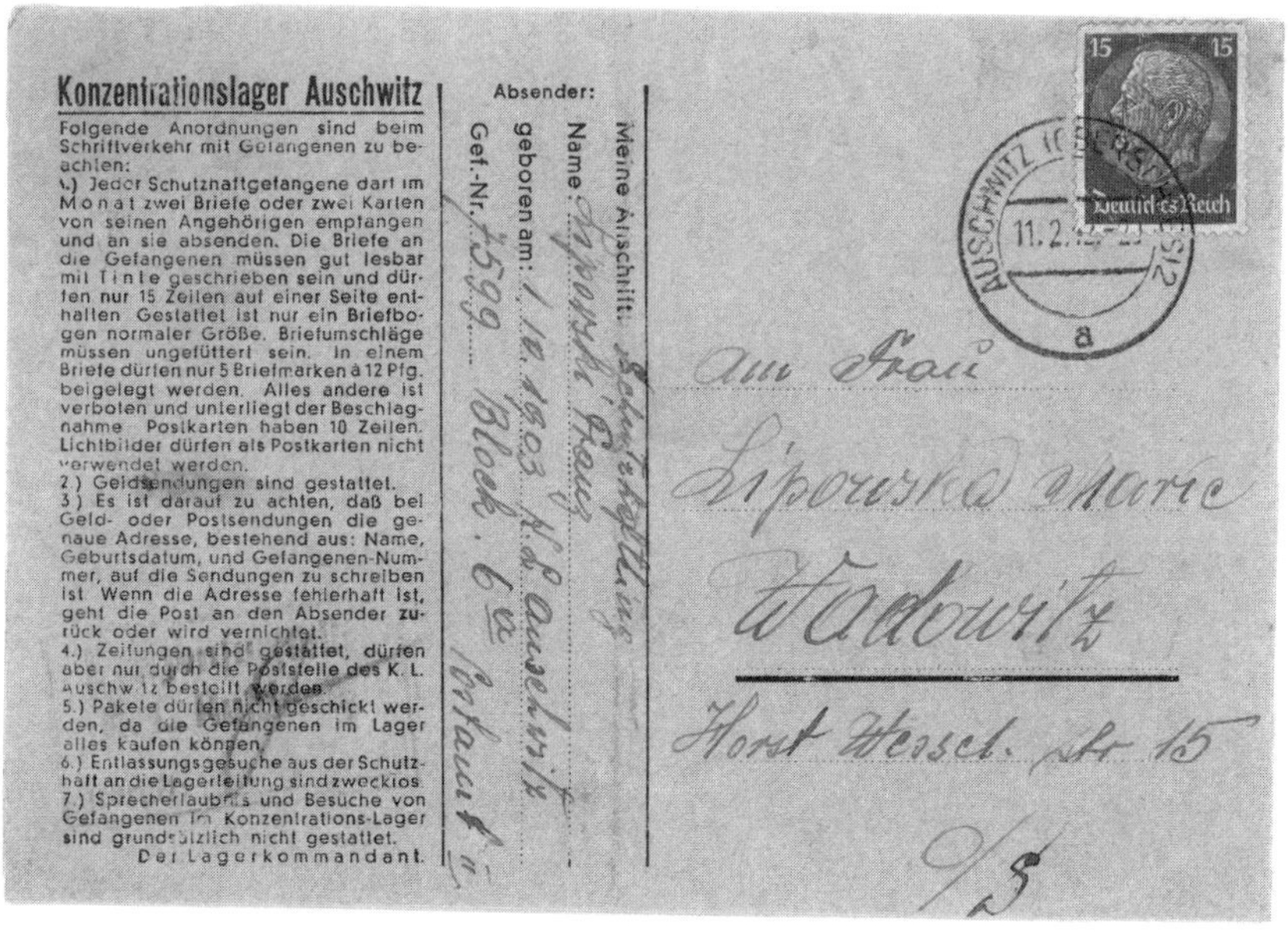

図11　1942年2月11日の消印が押されている収容者用の封筒。

書の様式は、大まかに、タイプ1〜3に分類することができる。

このうち、タイプ1の葉書（図10の葉書もこのタイプである）は、収容所の銘が“Konzentrationslager Auschwitz”となっているもので、注意書の文言や差出人の氏名とリターン・アドレスを書くためのフォーマットは封筒の内容をほぼ踏襲しているが、七項目の注意書きのうちの第一項については、封筒に印刷されている規定では「収容者は一月に二通の手紙もしくは二枚の葉書を親族に送り、または親族から受け取ることができる」となっているのに対して、この葉書では「収容者は親族から一月に二回郵便物を受け取り、月に一回郵便を送ることができる」として収容者側が差し出せる郵便の回数が制限されている。戦況の悪化に加え、収容者の数が激増したため、以前と同じペースで収容所から郵便を発送することが不可能になったということなのだろう。

図12はタイプ1の使用例で、一九四二年五月十日（消印は十九日付）、クラクフ宛に差し出された。前述の図10の葉書の場合は、葉書が書かれてから郵便局が引き受けるまでの期間は約二週間だったから、所内の手続きには十日から二週間くらいかかるのが通例だったのだろう。

図12の葉書の文面は両親に宛てたもので、要約すると

①両親宛に書いた葉書の返信が来ないので待ち遠しい

②自分は特に変わりない

③早く再会したい

という趣旨の内容である。

収容者の差し出す郵便物はすべて検閲を受けているので、文面も当たり障りのない内容だと言えばそれまでだが、①の部分からは、収容者が何度か葉書を書く機会があったことがわかるし、③の再開を望む文面からは、収容者が収容所から生還する希望を（少なくとも建前としては）捨てていなかったことがうかがえる。

また、貼られている切手も、ヒンデンブルクの切

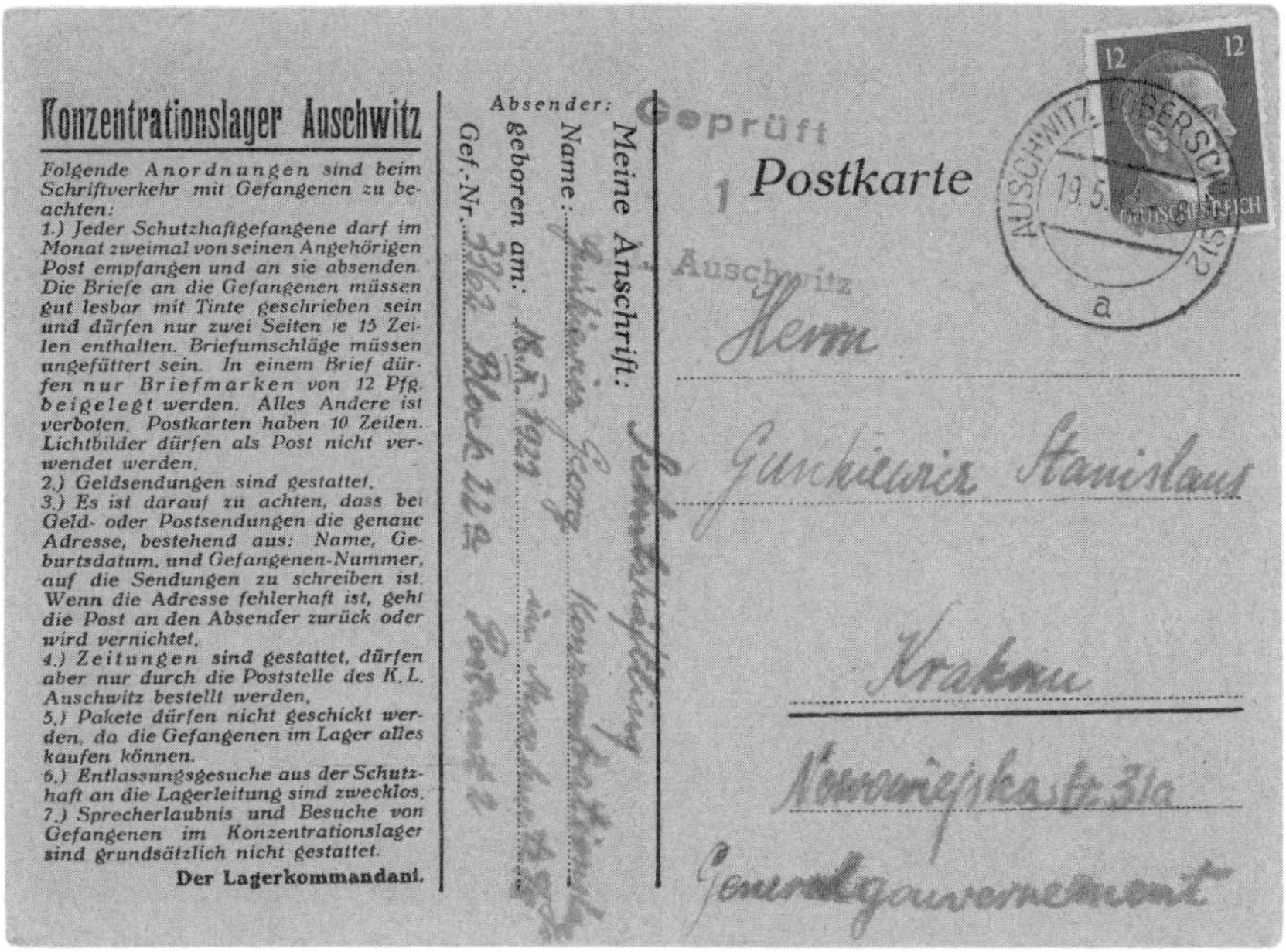

Konzentrationslager Auschwitz

Folgende Anordnungen sind beim Schriftverkehr mit Gefangenen zu beachten:
1.) Jeder Schutzhaftgefangene darf im Monat zweimal von seinen Angehörigen Post empfangen und an sie absenden. Die Briefe an die Gefangenen müssen gut lesbar mit Tinte geschrieben sein und dürfen nur zwei Seiten je 15 Zeilen enthalten. Briefumschläge müssen ungefüttert sein. In einem Brief dürfen nur Briefmarken von 12 Pfg. beigelegt werden. Alles Andere ist verboten. Postkarten haben 10 Zeilen. Lichtbilder dürfen als Post nicht verwendet werden.
2.) Geldsendungen sind gestattet.
3.) Es ist darauf zu achten, dass bei Geld- oder Postsendungen die genaue Adresse, bestehend aus: Name, Geburtsdatum, und Gefangenen-Nummer, auf die Sendungen zu schreiben ist. Wenn die Adresse fehlerhaft ist, geht die Post an den Absender zurück oder wird vernichtet.
4.) Zeitungen sind gestattet, dürfen aber nur durch die Poststelle des K.L. Auschwitz bestellt werden.
5.) Pakete dürfen nicht geschickt werden, da die Gefangenen im Lager alles kaufen können.
6.) Entlassungsgesuche aus der Schutzhaft an die Lagerleitung sind zwecklos.
7.) Sprecherlaubnis und Besuche von Gefangenen im Konzentrationslager sind grundsätzlich nicht gestattet.

Der Lagerkommandant.

Absender:
Meine Anschrift:
Name:
geboren am:
Gef.-Nr.

Geprüft
1
Auschwitz

Postkarte

AUSCHWITZ (OBERSCHL.) 2
19.5.
a

12 DEUTSCHES REICH 12

Herrn
Gunkiewicz Stanislaus
Krakau
Nowowiejskastr. 31a
Generalgouvernement

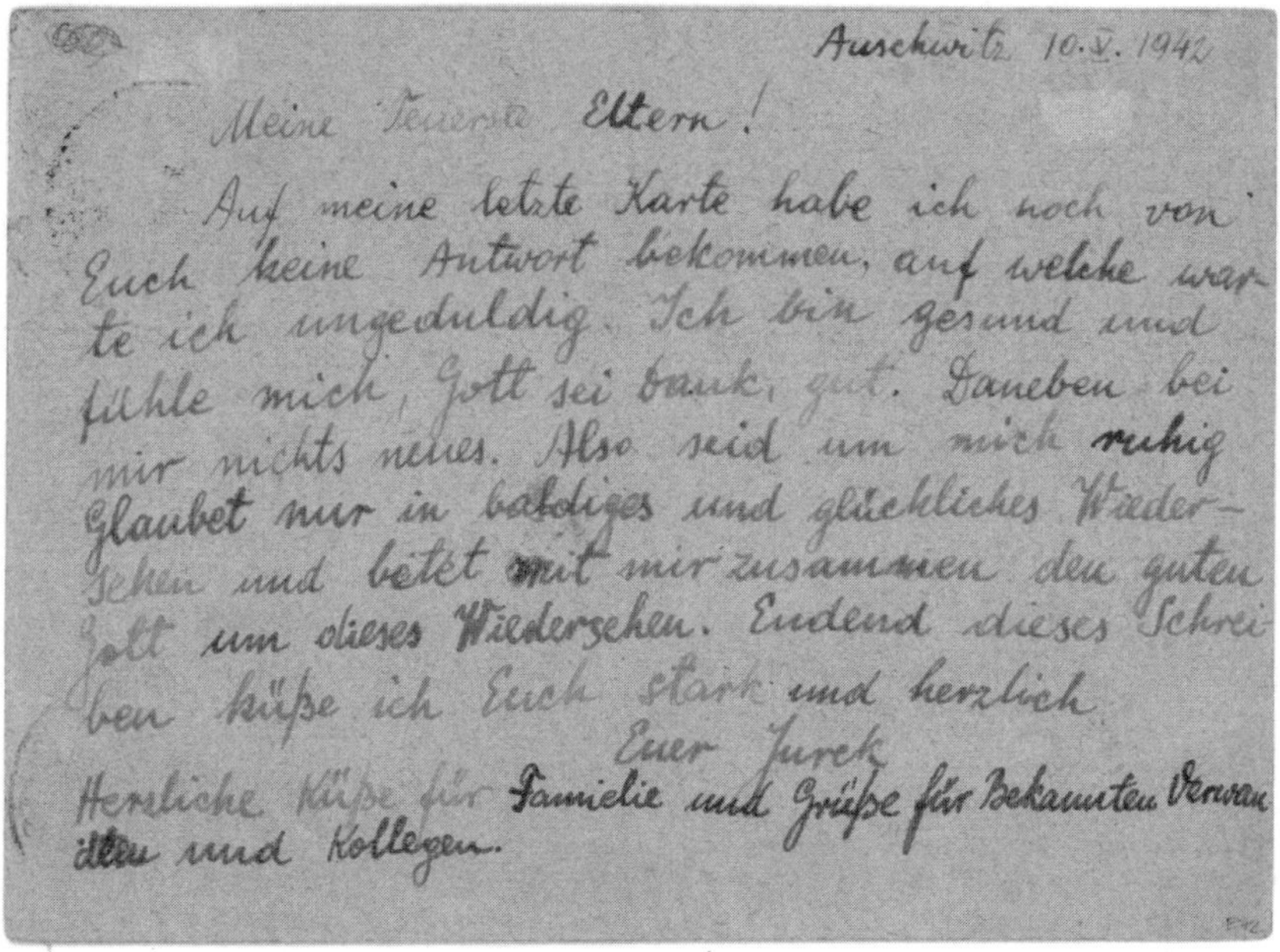

Auschwitz 10.V.1942

Meine Teuerste Eltern!

Auf meine letzte Karte habe ich noch von Euch keine Antwort bekommen, auf welche warte ich ungeduldig. Ich bin gesund und fühle mich, Gott sei Dank, gut. Daneben bei mir nichts neues. Also seid um mich ruhig. Glaubet nur in baldiges und glückliches Wiedersehen und betet mit mir zusammen den guten Gott um dieses Wiedersehen. Endend dieses Schreiben küße ich Euch stark und herzlich

Euer Jurek

Herzliche Küße für Familie und Grüße für Bekannten Verwandten und Kollegen.

図 12　収容所の銘が “**Konzentrationslager Auschwitz**” となっているタイプ 1 の葉書とその文面。

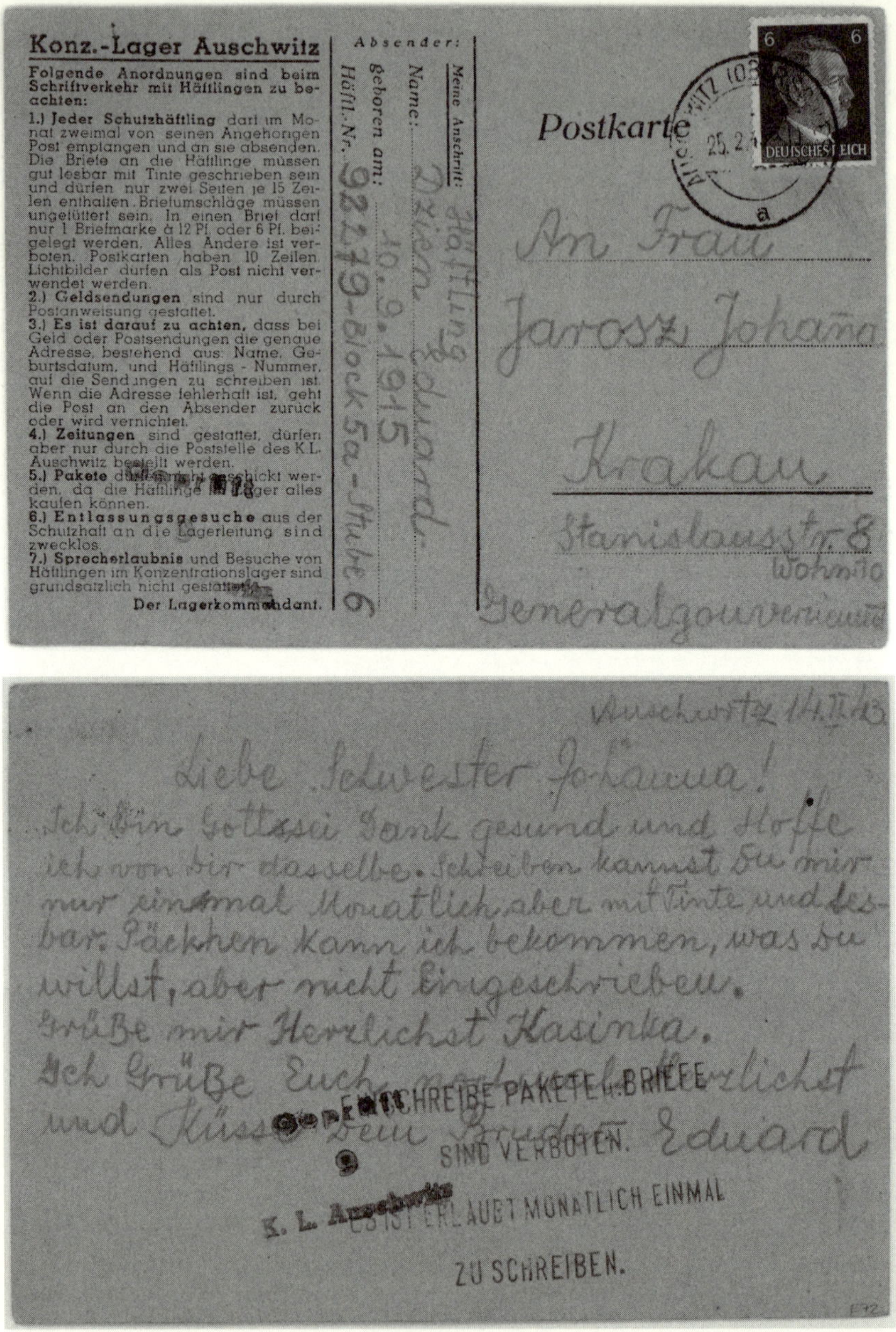

Konz.-Lager Auschwitz

Folgende Anordnungen sind beim Schriftverkehr mit Häftlingen zu beachten:

1.) Jeder Schutzhäftling darf im Monat zweimal von seinen Angehörigen Post empfangen und an sie absenden. Die Briefe an die Häftlinge müssen gut lesbar mit Tinte geschrieben sein und dürfen nur zwei Seiten je 15 Zeilen enthalten. Briefumschläge müssen ungefüttert sein. In einen Brief darf nur 1 Briefmarke à 12 Pf. oder 6 Pf. beigelegt werden. Alles Andere ist verboten. Postkarten haben 10 Zeilen. Lichtbilder dürfen als Post nicht verwendet werden.
2.) Geldsendungen sind nur durch Postanweisung gestattet.
3.) Es ist darauf zu achten, dass bei Geld oder Postsendungen die genaue Adresse, bestehend aus: Name, Geburtsdatum, und Häftlings - Nummer, auf die Sendungen zu schreiben ist. Wenn die Adresse fehlerhaft ist, geht die Post an den Absender zurück oder wird vernichtet.
4.) Zeitungen sind gestattet, dürfen aber nur durch die Poststelle des K.L. Auschwitz bestellt werden.
5.) Pakete dürfen nicht geschickt werden, da die Häftlinge im Lager alles kaufen können.
6.) Entlassungsgesuche aus der Schutzhaft an die Lagerleitung sind zwecklos.
7.) Sprecherlaubnis und Besuche von Häftlingen im Konzentrationslager sind grundsätzlich nicht gestattet.

Der Lagerkommandant.

Absender:
Meine Anschrift: Häftling
Name: Dzien Eduard
geboren am: 10.9.1915
Häftl. Nr. 92279-Block 5a-Stube 6

Postkarte

AUSCHWITZ (O.S.) 25.2.
6 DEUTSCHES REICH 6

An Frau
Jarosz Johaña
Krakau
Stanislausstr. 8 Wohn. 10
Generalgouvernement

Auschwitz 14.II.43

Liebe Schwester Johanna!
Ich bin Gottsei Dank gesund und Hoffe ich von dir dasselbe. Schreiben kannst Du mir nur einmal Monatlich, aber mit Tinte und lesbar. Päckhen kann ich bekommen, was du willst, aber nicht Eingeschrieben.
Grüße mir Herzlichst Kasinka.
Ich Grüße Euch, nochmal Herzlichst und Küsse Dein Bruder Eduard

Geprüft
K. L. Auschwitz

EINSCHREIBE PAKETE u. BRIEFE SIND VERBOTEN.
ES IST ERLAUBT MONATLICH EINMAL ZU SCHREIBEN.

図 13　収容所の銘が “Konz.-Lager Auschwitz” となっているタイプ2の葉書とその文面。

手に代わり、一九四一年に発行されたヒトラーの一二ペニヒ切手が貼られている。一二ペニヒという料金は書状の基本料金で、葉書料金は六ペニヒのはずだが、この時点では、家族から収容者に差し入れできる切手は一二ペニヒ切手に限られていたから、差出人もそれをそのまま使うしかなかったのだろう。

　これに対して、タイプ2の葉書（図13）は、収容所の銘が“Konz.-Lager Auschwitz”と省略形になっており、文字のフォントも変更されている。

　注意事項の文面では、封筒とタイプ1の葉書では収容者（複数形）を示す語として“Gefangenen”が用いられていたのに対して、タイプ2の葉書では“Häftlingen”の語が用いられている点が異なっているが、これは文意を大きく変えるものではない。

　内容的な変更としては、第一項のうち、封筒とタイプ1の葉書では、収容者宛の郵便物に同封できる切手が〝一二ペニヒのみ〟とされているのに対して、タイプ2の葉書では〝一二ペニヒまたは六ペニヒ〟に変更されており、収容者が葉書を差し出すことを想定した改定になっている（じっさい、この葉書に貼られている切手も六ペニヒ切手である）。

図14　アウシュヴィッツの収容者宛に送金した郵便為替の送金票。

　また、第二項の送金方法についても、封筒とタイプ1の葉書ではただ単に「送金は認められる」として送金方法については特に指示や制限がなかったのに対して、タイプ2の葉書では、送金方法は「郵便為替のみ」とする指示が加わっている（図14）。

　さて、図13の葉書は一九四三年二月十四日に書かれているが、郵便物に押されている消印は二十五日付となっており、図13同様、約十日のタイムラグがある。

文面は、自分が健康であることを伝えたうえで、

①手紙は月に一回しか差し出せない

②手紙の文章はインクで明瞭に書かなければならない

③小包はなんでも送ってもらっても構わないが、書留便は不可能である

という内容になっている。

このうち、特に注目したいのは、収容者に送る小包には制限がないという③の記述であろう。

ピレツキの報告によると、一九四二年のクリスマス以降、収容者宛に食糧の小包をおくることが解禁されると、収容所には、毎日、膨大な量の食糧小包が届けられるようになった。ちなみに、小包は一人週五キロまで一個と決められており、既定の大きさを超えるものは没収されたが、二五〇グラム以下のものについては個数の制限はなく、食糧の差し入れは月に一度に限られていた。

小包は、連日万単位で収容所に届けられたため、その処理のため、収容者を選別して〝小包班〟が新設され、昼夜交替二十四時間体制で作業が行われた。作業は、事務部門の親衛隊員が小包の宛先を収容者番号に従ってチェックするが、その際、収容者の生死も併せて確認され、記録される。

前述のように、収容者は定期的に家族に手紙を書いていたため、それが届かなくなると家族は収容者の身に何かがあったと察知するのだが、それでも、正式な死亡通知が届くまでは、収容者宛に荷物を送り続けることが多かった。このため、死者宛の小包も相当な数に上ったが、それらを〝役得〟として自分の懐に入れる者がいる一方で、所内での工作活動を行っていたピレツキは、死んだ収容者宛の小包を生きている仲間の収容者に〝転送〟することで、同志を確保していったという。

ピレツキの報告を読む限り、収容所に届いた小包は（少なくとも収容者で構成される現場の作業員レベルでは）誠実に収容者の手元に届けられていたようだが、そうした事情を知らない送り手の側として

は、自分の送った小包が確実に収容者の手に届くかどうか、不安があったために書留にするケースが少なからずあったのだろう。しかし、ただでさえ膨大な量の小包を処理しなくてはならないのに、それが書留便であれば担当者が受領証にサインをしなければならなくなり、作業の負担はさらに重くなる。

図13の葉書の差出人が、書留郵便を送ってはいけないと文面に記すだけでなく、それを補強するかのように、収容所当局が念を入れてその旨を記載したスタンプを押しているのも、少しでも省力化を図ろうという意図の表れだったと考えられよう。

差出地を偽装した葉書

ところで、一九四二年一月の「ユダヤ人問題の最終解決」以降、ナチス・ドイツは本格的にユダヤ人絶滅政策に着手していくのだが、彼らは、自ら行っているユダヤ人の大量虐殺の事実が明るみに出て、国際社会の指弾を受けることについてはできる限り避けたいと考えており、そのためのさまざまな偽装工作が行われた。

その代表例が、ベーメン・メーレン保護領（ドイツによって併合・分割されたチェコスロヴァキアのうち、一九三九年三月十五日、ボヘミアとモラビアの主要部分に設置された）のボヘミア地方に置かれていたテレージエンシュタット（チェコ語名テレジーン）収容所であろう。

テレージエンシュタットは、もともとは、十八世紀後半にオーストリアが建設した要塞で、その名は女帝マリア・テレジアにちなんで命名された。

ところで、一九四一年十月、ベーメン・メーレン保護領副総督にして国家保安本部長官だった親衛隊大将のラインハルト・ハイドリヒ（図15）は、同年末までに保護領を〝ユーデンライン（ユダヤ人が存在しない地）〟にすると宣言し、十一月二十六日から十二月三日にかけてプラハとブルノのユダヤ人五〇〇〇人をリッツマンシュタット・ゲットーへ追放しようとしたが、リッツマンシュタットの行政当局は同地のユダヤ人の受け入れは限界に達しているとしてこれを拒否。このため、保護領のユダヤ人を一時的に収容する中継収容所が必要となり、一九四一年十一月に建設されたのが、テレージエンシュタット強制収容所である。

　この収容所は、国際赤十字の視察調査を受け入れるための施設という色彩が強かったため、他の収容所より外観を丁寧に整えるなど、収容者を優遇していることを装う風が整えられていた。その一環として、一九四三年七月には、テレージエンシュタット

図15　ハイドリッヒは、1942年6月4日、英国政府およびロンドンのチェコスロヴァキア亡命政府が送り込んだチェコ人部隊により暗殺されたため、ドイツでは彼のデスマスクを描く追悼切手を発行した。

図16　テレージエンシュタット収容所で発行された切手。

収容所から発送する小包用として、図16のような切手も発行されている。

　もっとも、じっさいのテレージエンシュタット収容所には、一九四一年十一月二十四日から一九四五年四月二十日までの間、総計一四万人以上のユダヤ人が収容され、そのうち三万三〇〇〇人以上が亡くなっている。この数字は、他の収容所よりは多少ましだったのかもしれないが、それでも、過酷な状況であったことに変わりはない。

　また、『夜と霧』の作者、ヴィクトール・フランクルを含む八万八〇〇〇人は、ここからさらにアウシュヴィッツなどへ移送されており、テレージエンシュタットは、欧州各地から移送した収容者を次の目的地に送るまでの中継地点、すなわち、〝通過収容所〟としての性格も強かった。

ちなみに、ヴィクトール・フランクルは、一九〇五年、ウィーン生まれ。ウィーン大学在学中よりアドラー、フロイトに師事して精神医学を学び、ウィーン大学医学部精神科教授、ウィーン市立病院神経科部長等を歴任したが、一九三八年の〝独墺合邦〟以後、〝ユダヤ人〟であるがゆえにドイツ人の治療を禁じられて解任され、一九四二年に家族とともにテレージエンシュタットに送られた。その後、一九四四年十月、アウシュヴィッツを経てテュルクハイムに移送され、一九四五年四月、米軍により解放されている。

フランクルの名は、その代表作である『夜と霧』とともに、しばしば、アウシュヴィッツと関連付けて語られることが多いのだが、じっさいにフランクル本人がアウシュヴィッツに滞在していたのは三日間だけでしかない。それゆえ、あえてフランクルゆかりの地を選ぶとするなら、アウシュヴィッツよりもテレージエンシュタットの方が相応しいのではないかと筆者は思う。

さて、外部世界に対するショウ・ウィンドウとしてテレージエンシュタット収容所を作ってまで、自分たちの残虐行為を秘匿しようとしていたナチス・ドイツにとっては、最大規模の絶滅収容所である、ビルケナウのアウシュヴィッツ第二収容所は、その存在さえ、外部には知られたくないものであった。このため、アウシュヴィッツ・ビルケナウの存在そのものの秘匿工作の一環として、一九四二年八月以降、〝RSHA郵便工作〟と呼ばれる偽装工作が展開された。ちなみに、RSHAとは、ナチス親衛隊の一二本部のうち、ドイツ本国およびドイツ占領地の敵性分子を諜報・摘発・排除する政治警察機構の司令塔であった〝国家保安本部（Reichssicherheitshauptamt der SS）〟の略称である。

RSHA郵便工作では、新たにアウシュヴィッツに到着した収容者に手紙を書かせる際、通常の収容者の葉書のように注意事項が印刷されてない用紙を支給し、差出人の住所としては強制収容所の施設名として一般に使われる〝Konzentlationslager〟ではなく、労働者が集団生活を行っているという意味で"Arbeitslager"が用いられている。

工作活動の一環として書かされた手紙であるから、内容面でも、収容者の健康状態が良好である、食事や居住環境などに不満はない、労働面でも厚遇されているといった類のもので、収容所におけるユダヤ人迫害を否定し、ナチスの〝人道的措置〟をアピールするものとなっている。この種の葉書を受け取ったユダヤ人の中には、同朋からの手紙の内容を信じて、アウシュヴィッツに行けばゲットーの中にいるよりも生活状況が改善されると思わされて、自らアウシュヴィッツ行を希望してしまった者さえ少なからずあった。

なお、ＲＳＨＡ郵便工作では、テレージエンシュタット収容所からビルケナウ収容所に移送されてきたばかりの収容者にこうした手紙を書かせたという。上述のように、テレージエンシュタットの収容者の待遇は、他の収容所に比べれば比較的良好であったから、その経験の上に、ビルケナウでも屋内の軽作業に従事させてから手紙を書かせれば、「(他の人々の劣悪きわまる悲惨な状況に比べれば)自分たちは良い条件の下で働いている」との手紙の文面は、あながちウソではないとの収容所側の強弁も成立しないわけではない。しかしながら、そうした手紙を書き終えた後、収容者たちの生活環境は一挙に暗転するのが常であった。

さて、ＲＳＨＡ郵便工作の葉書はビルケナウからいったんベルリンに送られた後、そこで検閲を受けるとともに、いまだ収容所に移送されていない受取人の住所氏名をチェックしたうえで、返信時の注意を記した紫色の印を押されてた。

紫色の印の文面は、「葉書についての返信はドイツ語で、ベルリン市N65、イラニッシェ通り二番地のドイツ帝国ユダヤ人協会を通じてのみ受付る(Rückantwort nur auf/ Postkarten in deutscher Sprache/ über die/ Reichsvereinigung der Juden in Deutschland./ Berlin N65, Iranische Straße 2)」というものだが、じっさいに、このルートで収容所の収容

Absender: Schneider Hermann
geb. 11. XII. 1921
Arbeitslager Birkenau
Post Neuberun
Ober-Schlesien
Birkenau

Nahrung ist Waffe
Postkarte
6 DEUTSCHES REICH 6
BERLIN-CHARLOTTENBURG
ac

Schneider Oskar
Brünn
Fritz Todtstrasse 46.
(Stromgasse)
Mähren

Rückantwort nur auf
Postkarten in deutscher Sprache
über die
Reichsvereinigung der Juden in Deutschland
Berlin N 65, Iranische Straße

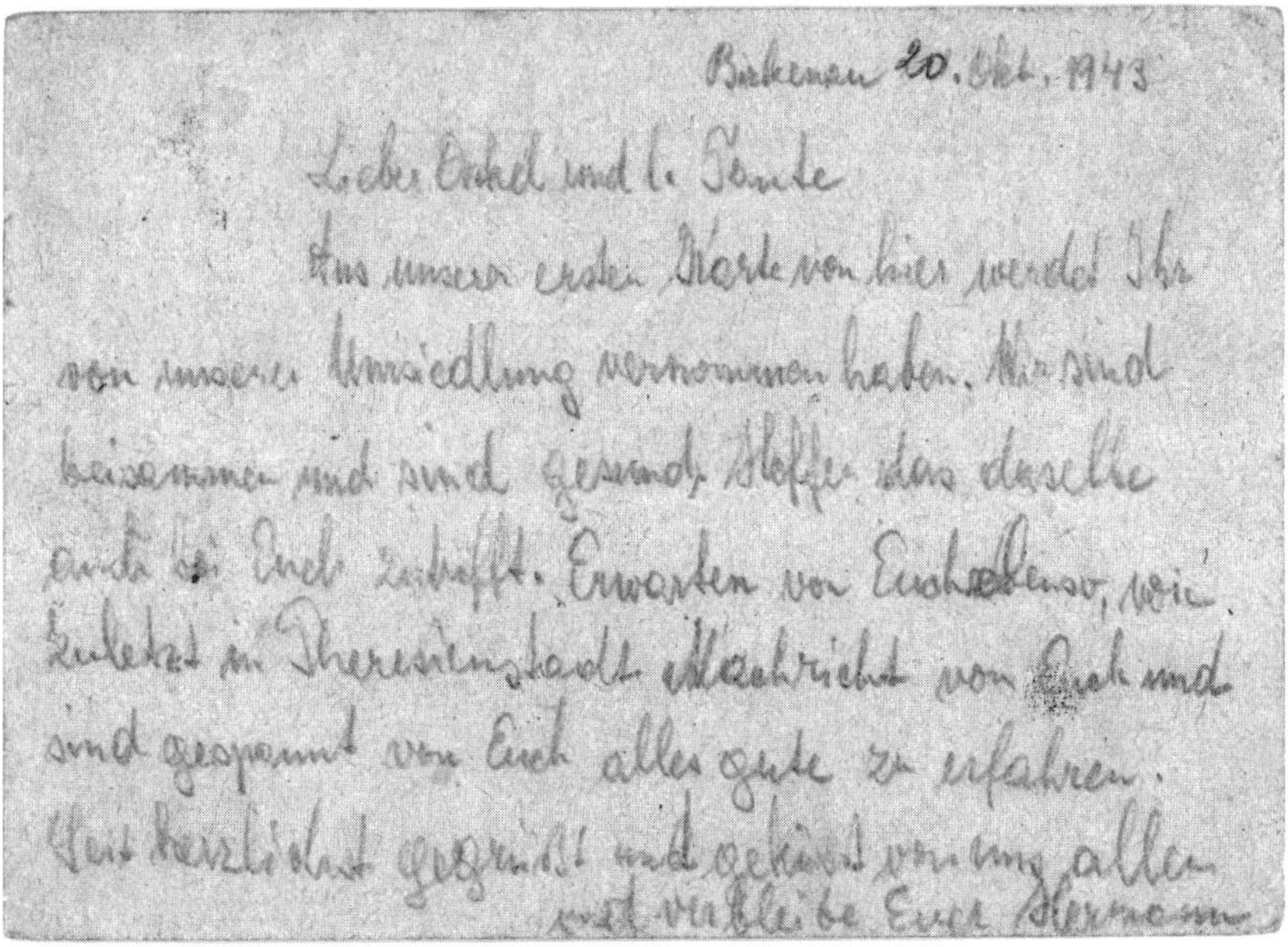
Birkenau 20. Okt. 1943

Liebe Onkel und l. Tante
Aus unserer ersten Karte von hier werdet Ihr von unserer Umsiedlung vernommen haben. Wir sind beisammen und sind gesund. Hoffe das dasselbe auch bei Euch zutrifft. Erwarten von Euch ebenso, wie zuletzt in Theresienstadt Nachricht von Euch und sind gespannt von Euch alles Gute zu erfahren.
Seit herzlichst gegrüßt und geküsst von uns allen und verbleibe Euer Hermann

図 17　RSHA 郵便工作によるビルケナウの収容者が差し出した葉書とその裏面。

者に届けられた郵便物は確認されていない。なお、ドイツ帝国ユダヤ人協会は、オーストリアとベーメン・メーレン保護領を除くドイツ本国の〝全ユダヤ人〟が強制的に加入させられた組織で、一九三九年七月四日に創設され、国家保安本部が管轄した。

郵便工作による郵便物は、一連の手続きを経た後、国家保安本部によって六ペニヒ切手を貼られた後、ベルリン・シャルロッテンブルク2郵便局から発送された。

図17はそうした郵便工作によってビルケナウの収容者がブリュン宛に差し出した葉書で、葉書が書かれたのは一九四三年十月二十日、シャルロッテンブルク郵便局の消印は同年十一月十五日である。

宛先のブリュンは現在のチェコ共和国ブルノのこと。第一次大戦以前はハプスブルク帝国が支配していたが、戦間期にはチェコスロヴァキア領に編入された。モラヴィアの中心都市であったが、ナチス・ドイツによるチェコスロヴァキア解体によりベーメン・メーレン保護領に編入された。歴史的にはドイツ系住民が多かったため、周囲をチェコ語圏に囲まれたドイツ語の言語島を構成していたが、第二次大戦後、この地域に住んでいたドイツ系住民は復活したチェコスロヴァキア政府により国外追放処分となった。

なお、上述のように、テレージエンシュタットの強制収容所は、もともと、プラハとブルノのユダヤ人五〇〇〇人を収容するために建設されたものであったから、この葉書の差出人が、テレジンシュタットからビルケナウに移送された後、彼の故郷であるブルノの関係者にこの葉書を差し出したというのも十分にありうる話であろう。

なお、葉書に押されている消印には、「食糧は武器だ（Nahrung ist Waffe）」と戦時下の食糧増産を訴えるスローガンが入っており、この点からも当時の世情がうかがえるのが興味深い。

女性収容所からの葉書

さて、RSHA郵便工作で用いられた葉書は、一見、強制収容所から差し出されたものとはわからないようなものが使われていたが、アウシュヴィッツの収容所当局が収容者に対して支給した葉書のうち、収容所の葉書であることが明示されている第三のタイプが、ビルケナウの女性収容者用の葉書（以下、タイプ3）である。

タイプ3の葉書は、収容所の銘が“F. K. L. Auschwitz”となっているが、この“F. K. L.”は、女性強制収容所を意味する“Frauen Konzentrationslager”の略号である。

第二次大戦が始まった時点で、ドイツの強制収容所のうち、主として女性収容者を拘束していたのは、ベルリンの北方約八〇キロ、メクレンブルク州のラーフェンスブリュック収容所であった。

同収容所は、一九三八年末からザクセンハウゼン収容所の収容者を動員して建設が開始され、一九三九年五月十三日、最初の収容者としてドイツ人女性八六〇人、オーストリア人女性七人が移送されてきた。その後、九月の開戦を経て、同年末の時点で収容者数は一一六八人となったが、さらに戦線が拡大していったことで収容者の数も増加の一途をたどり、最終的には、総計二三ヵ国一二万三〇〇〇人の女性がラーフェンスブリュック収容所に登録された。

このように、ラーフェンスブリュック収容所のキャパシティが限界に迫っていったことに加え、戦時下での労働力不足が深刻になっていたという状況もあり、当初は、“労働力にならない”として無条件に抹殺の対象となっていたユダヤ人女性に対しても、男性同様の“選別”の結果、強制労働が課されることになった。

かくして、一九四二年三月二十六日、ラーフェンスブリュックから九九人の“犯罪者と反社会分子”の女性（非ユダヤ人）がアウシュヴィッツに移送され、ひとまず、第一収容所一号棟から一〇号棟に入れられた。そして、同年八月初旬、ビルケナウの第

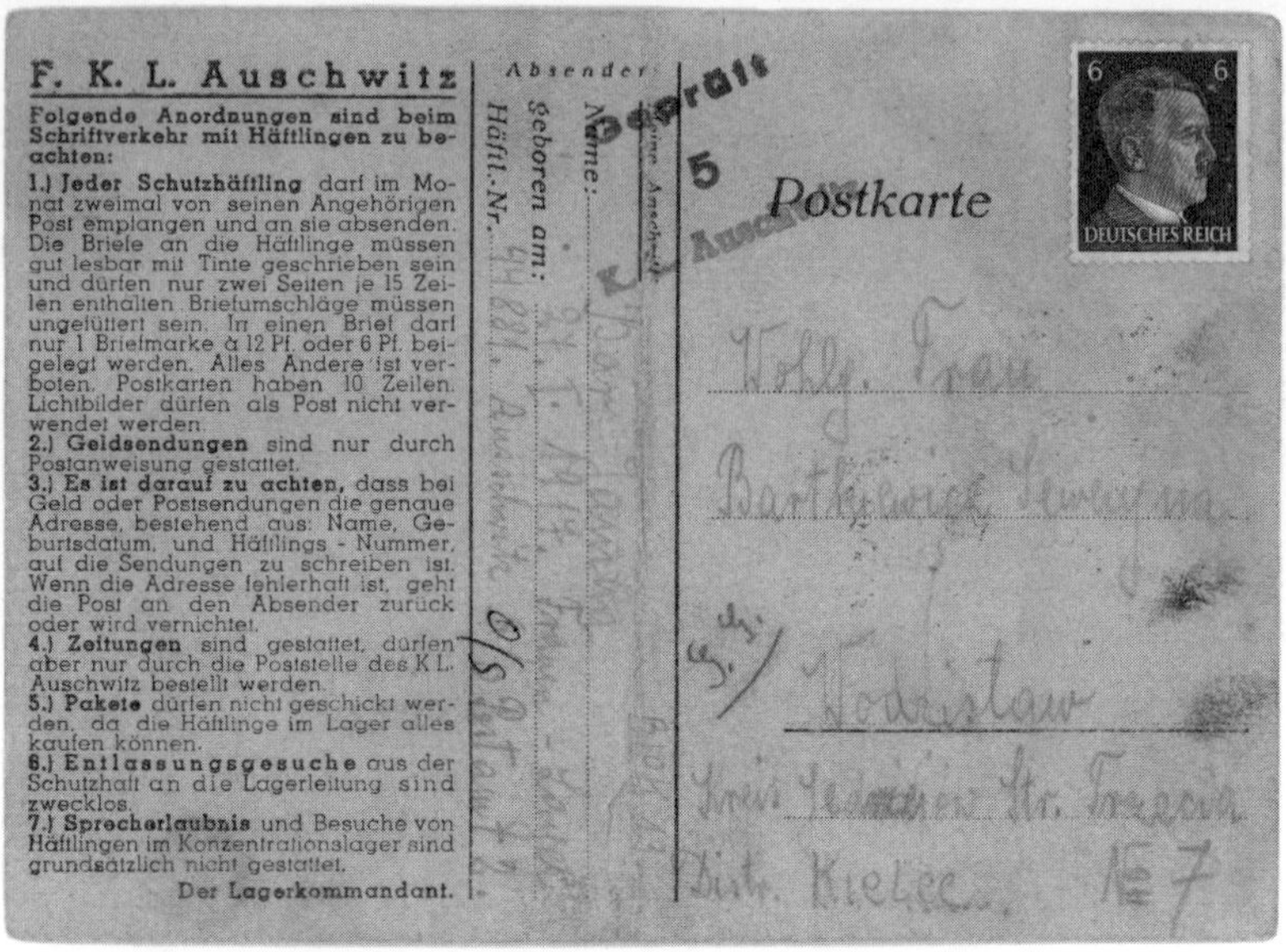
F. K. L. Auschwitz

Folgende Anordnungen sind beim Schriftverkehr mit Häftlingen zu beachten:

1.) **Jeder Schutzhäftling** darf im Monat zweimal von seinen Angehörigen Post empfangen und an sie absenden. Die Briefe an die Häftlinge müssen gut lesbar mit Tinte geschrieben sein und dürfen nur zwei Seiten je 15 Zeilen enthalten. Briefumschläge müssen ungefüttert sein. In einen Brief darf nur 1 Briefmarke à 12 Pf. oder 6 Pf. beigelegt werden. Alles Andere ist verboten. Postkarten haben 10 Zeilen. Lichtbilder dürfen als Post nicht verwendet werden.

2.) **Geldsendungen** sind nur durch Postanweisung gestattet.

3.) **Es ist darauf zu achten,** dass bei Geld oder Postsendungen die genaue Adresse, bestehend aus: Name, Geburtsdatum, und Häftlings - Nummer, auf die Sendungen zu schreiben ist. Wenn die Adresse fehlerhaft ist, geht die Post an den Absender zurück oder wird vernichtet.

4.) **Zeitungen** sind gestattet, dürfen aber nur durch die Poststelle des K.L. Auschwitz bestellt werden.

5.) **Pakete** dürfen nicht geschickt werden, da die Häftlinge im Lager alles kaufen können.

6.) **Entlassungsgesuche** aus der Schutzhaft an die Lagerleitung sind zwecklos.

7.) **Sprecherlaubnis** und Besuche von Häftlingen im Konzentrationslager sind grundsätzlich nicht gestattet.

Der Lagerkommandant.

Absender:
Name:
Geboren am:
Häftl.-Nr.:

Geprüft
5
K.L. Auschwitz

6 DEUTSCHES REICH 6

Postkarte

Wohlg. Frau
Bartkiewicz Seweryna
Wodzisław
Kreis Jędrzejów Str. Trzecia
Distr. Kielce № 7

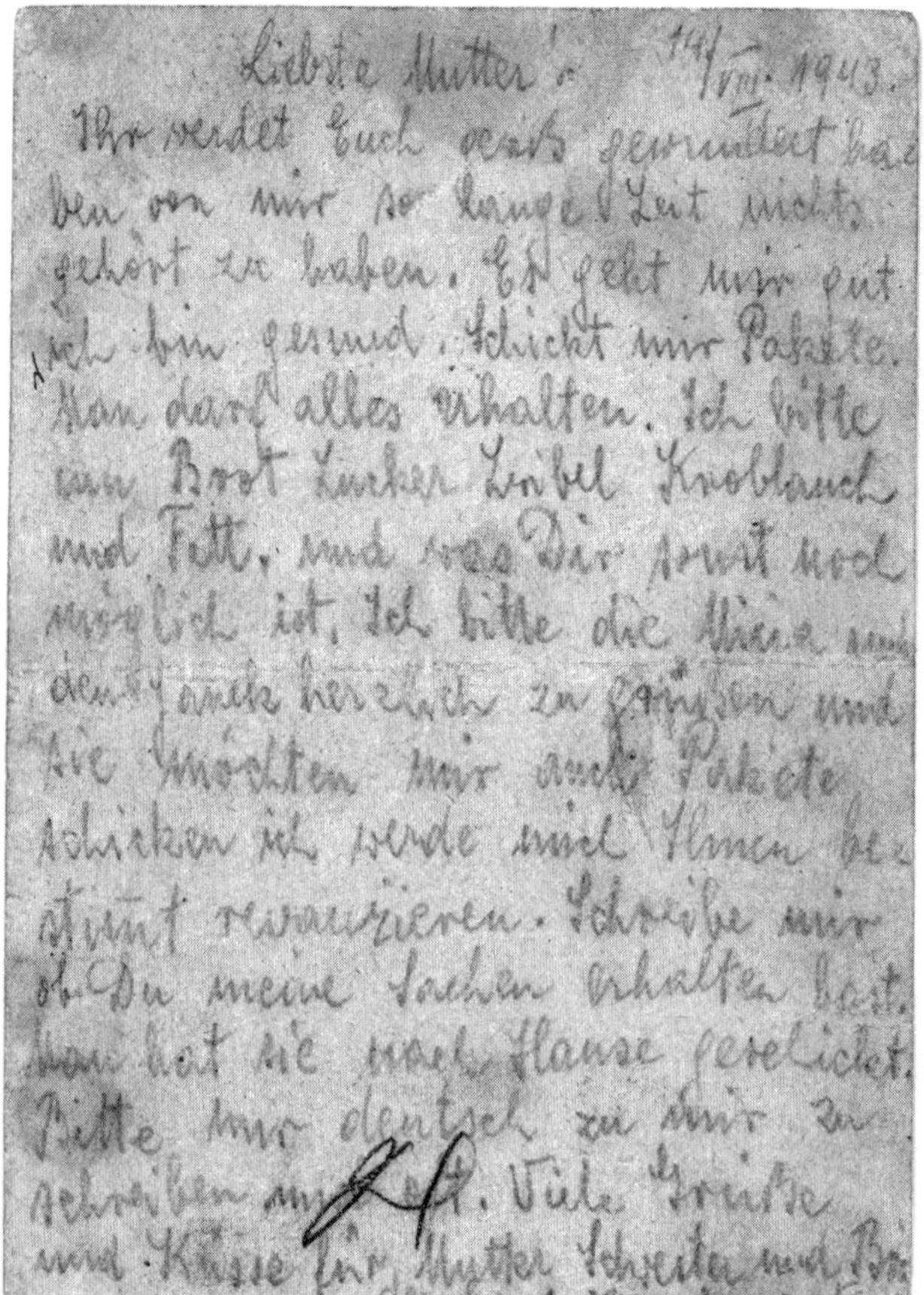
Liebste Mutter! 14/VIII. 1943.
Ihr werdet Euch bereits gewundert haben von mir so lange Zeit nichts gehört zu haben. Es geht mir gut ich bin gesund. Schickt mir Pakete. Man darf alles erhalten. Ich bitte um Brot Zucker Zwibel Knoblauch und Fett, und was Dir sonst noch möglich ist. Ich bitte die Mania und den Janek herzlich zu grüßen und sie möchten mir auch Pakete schicken ich werde mich Ihnen bestimmt revanchieren. Schreibe mir ob Du meine Sachen erhalten hast. Man hat sie nach Hause geschickt. Bitte mir deutsch zu schreiben. Viele Grüße und Küsse für Mutter Schwester und Brüder

図18　ビルケナウの女性収容所から差し出された葉書とその裏面。

二収容所内のＢⅠａ区域に三〇棟の収容棟が完成すると、最初に到着した九九人を囚人頭として、一万三〇〇〇人の女性がそこに移送された。その後、一九四三年七月以降、ビルケナウではＢⅠｂ区域が女性の収容区域となる。

　ビルケナウの女性収容者は、収容所内の事務作業のほか、麦・野菜の栽培などの農作業や魚の養殖、家畜の飼育などを主として担当したが、屋外での作業は過酷で、働けなくなったと見なされると収容所内二五号棟のガス室で殺された。また、妊娠が判明するとフェノール注射で殺されたほか、人体実験の材料とされることもあった。

　図18は、一九四三年八月十四日、ビルケナウの女性収容者が差し出した葉書で、残念ながら消印は押されていない。なお、葉書の左側に印刷されている注意書等は、文字のフォントも含めてタイプ2の葉書と同じなので、両者はほぼ同時期に作成したのではないかと推測できる。

一九四三年のレターシート

　ピレツキの報告によると、一九四三年に入ると収容所内の環境は大きく変化したという。

　その背景には、一九四二年を境に戦況がドイツ軍の不利に大きく傾き、一九四三年一月にはスターリングラードでドイツ第六軍の司令官フリードリヒ・パウルスがスターリングラードでソ連軍に降伏した。こうした戦況の変化は、当然のことながら、アウシュヴィッツにも少なからぬ影響を及ぼした。

　もちろん、クレマトリウムの建設作業は進められ、ビルケナウでは多くのユダヤ人たちがフル稼働で虐殺され続けていたが、収容所を管理していた親衛隊員のなかから前線に送られるものが増えてきたことで、それ以前と比べて収容所のシステムはあらゆる面で簡素化され始める。たとえば、一九四二年までは収容者の点呼は一日三回行われていたが、一九四三年の春ごろにはそれが夕方の一回のみになったという。

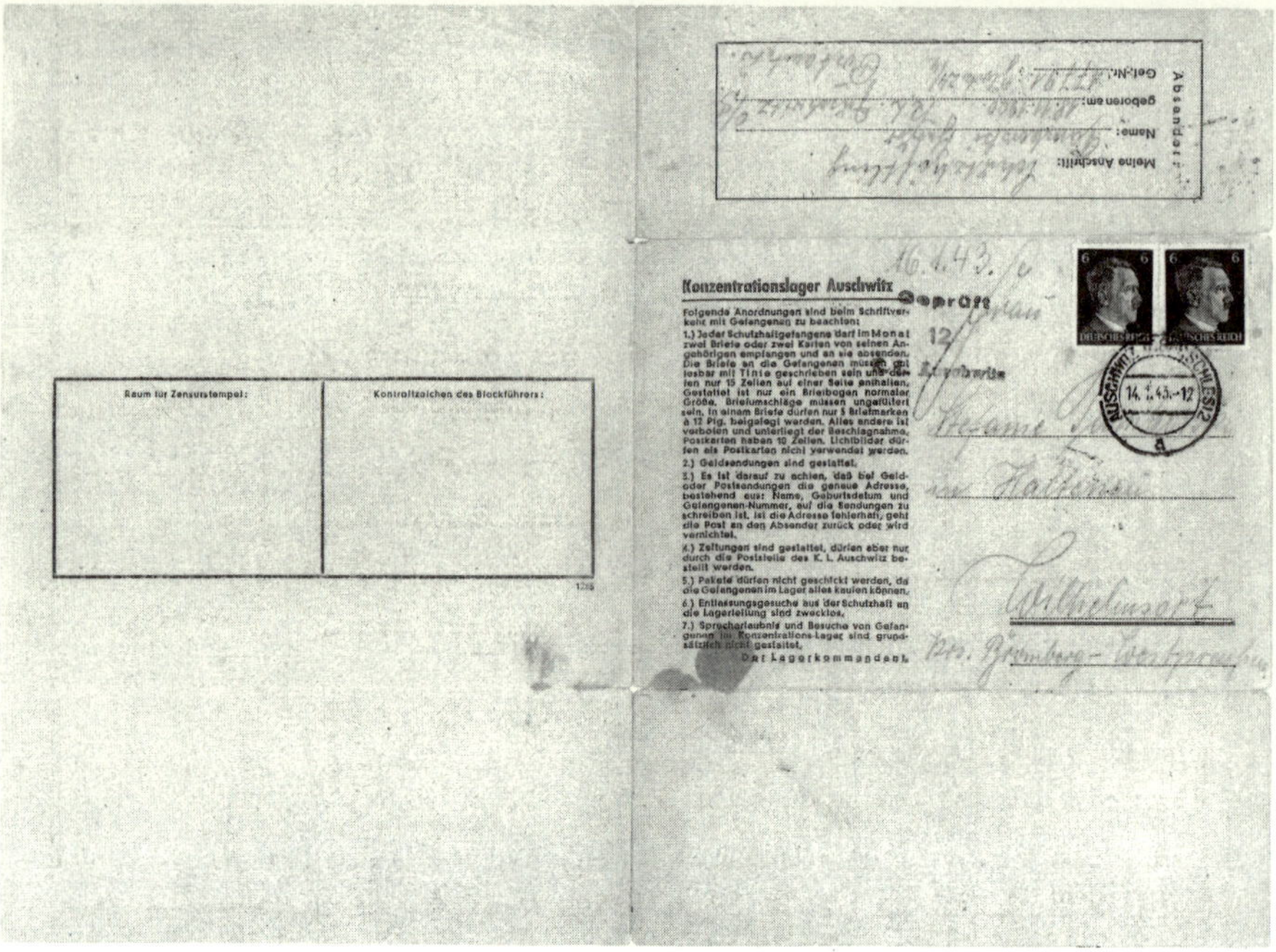
Absender:
Meine Anschrift:
Name:
geboren am:
Gef.-Nr.:
Raum für Zensurstempel:
Kontrollzeichen des Blockführers:
Konzentrationslager Auschwitz
Folgende Anordnungen sind beim Schriftverkehr mit Gefangenen zu beachten:
1.) Jeder Schutzhaftgefangene darf im Monat zwei Briefe oder zwei Karten von seinen Angehörigen empfangen und an sie absenden. Die Briefe an die Gefangenen müssen gut lesbar mit Tinte geschrieben sein und dürfen nur 15 Zeilen auf einer Seite enthalten. Gestattet ist nur ein Briefbogen normaler Größe. Briefumschläge müssen ungefüttert sein. In einem Briefe dürfen nur 5 Briefmarken à 12 Pfg. beigelegt werden. Alles andere ist verboten und unterliegt der Beschlagnahme. Postkarten haben 10 Zeilen. Lichtbilder dürfen als Postkarten nicht verwendet werden.
2.) Geldsendungen sind gestattet.
3.) Es ist darauf zu achten, daß bei Geld- oder Postsendungen die genaue Adresse, bestehend aus: Name, Geburtsdatum und Gefangenen-Nummer, auf die Sendungen zu schreiben ist. Ist die Adresse fehlerhaft, geht die Post an den Absender zurück oder wird vernichtet.
4.) Zeitungen sind gestattet, dürfen aber nur durch die Poststelle des K. L. Auschwitz bestellt werden.
5.) Pakete dürfen nicht geschickt werden, da die Gefangenen im Lager alles kaufen können.
6.) Entlassungsgesuche aus der Schutzhaft an die Lagerleitung sind zwecklos.
7.) Sprecherlaubnis und Besuche von Gefangenen im Konzentrations-Lager sind grundsätzlich nicht gestattet.
Der Lagerkommandant.
Geprüft
12
DEUTSCHES REICH
14.1.43.-12
AUSCHWITZ

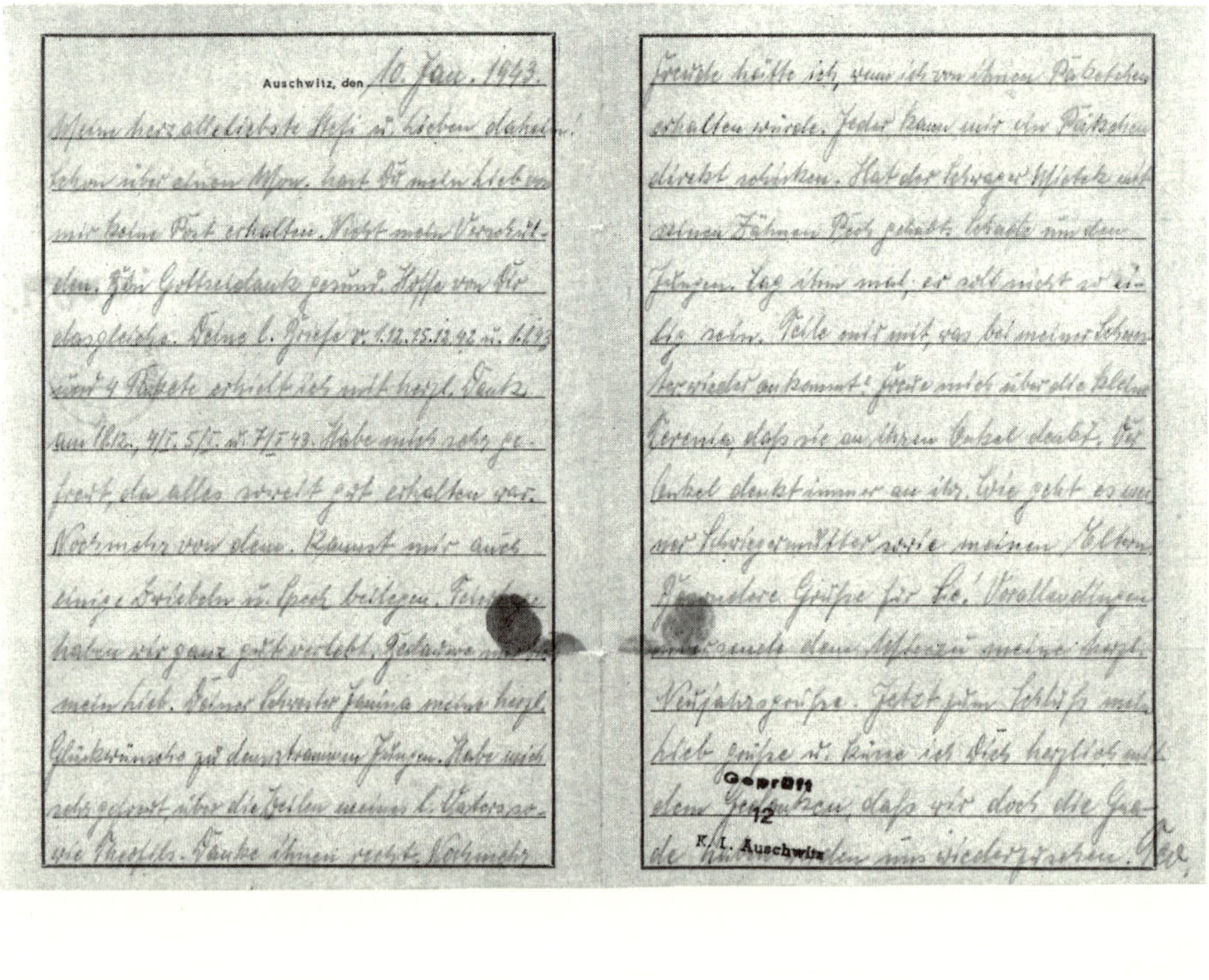
Auschwitz, den 10. Jan. 1943.
Geprüft
12
K. L. Auschwitz

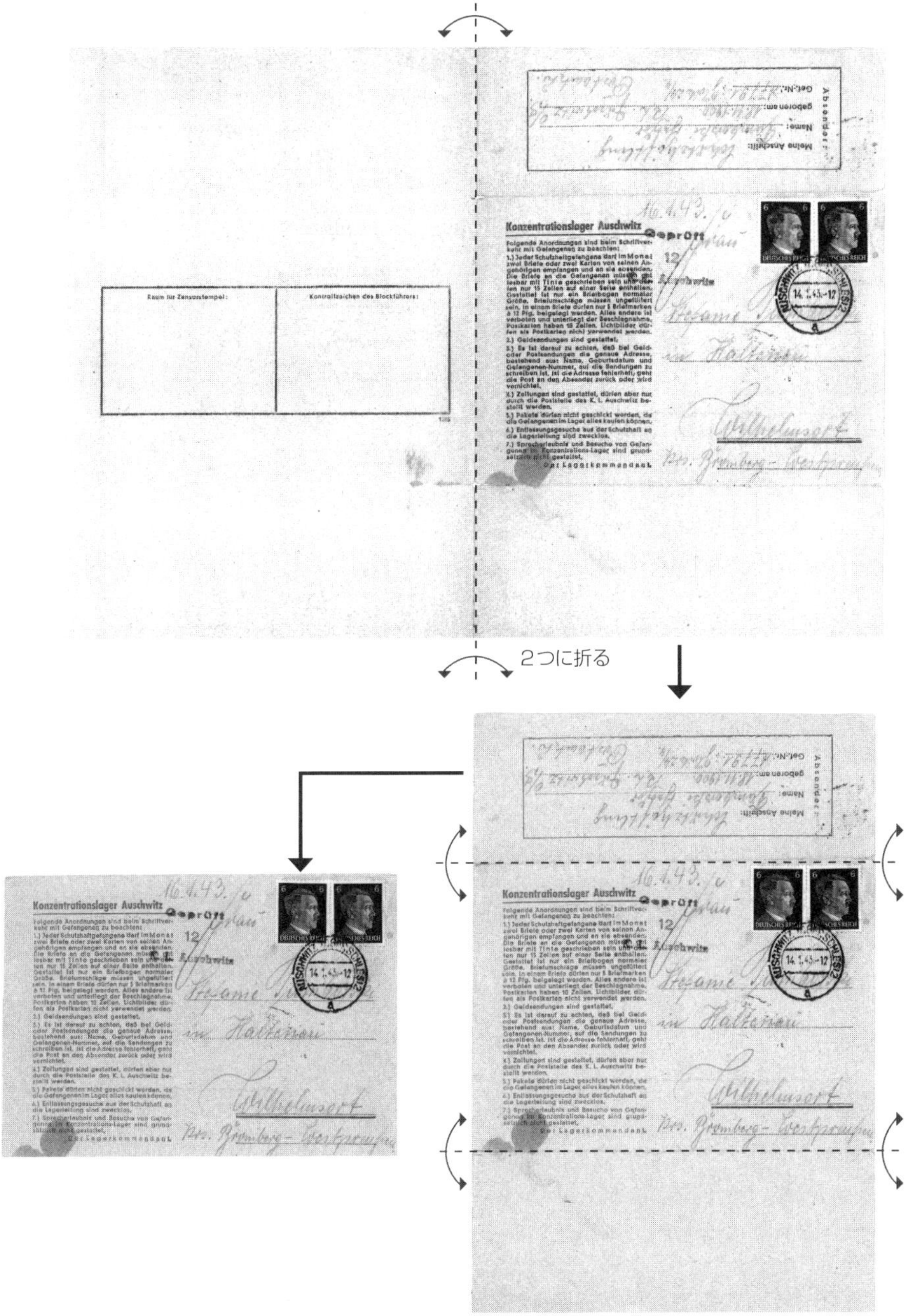

図 19　収容者に支給されたレターシートの両面（126 頁）と、それを折りたたむプロセス。このレターシートは 1943 年 1 月に差し出されたもので、レターシートとしては、かなり早い時期の使用例である。

収容者の郵便用に支給される用紙が、製造コストのかかる厚手用紙の葉書から、日本でいう藁半紙のような品質の紙を用いた便箋兼用のレターシート形式の簡易書簡に変更されたのも、そうした事情を反映してのことと考えてよい。また、郵便を差し出す収容者の側にとっても、葉書に比べてレターシートの方が文章を書くスペースは大きいから、この変更は歓迎すべき面もあったと言えるのかもしれない。

レターシートは大きめの用紙の片面を便箋として利用し、それを折り曲げて封筒を作り、外側に宛先や差出人の情報を書き、切手を貼って差し出すという形式になっており（図19）、左側に印刷されている注意書が七項目のものと六項目のものの二タイプがある。

このうち、注意書が七項目のシートの場合、注意書の文言は、封筒と便箋が別個に支給されていた時代の封筒に印刷されているものと同じである。ただし、一九四二年のクリスマス以降、収容者に対して差し入れの小包を送ることが解禁されていたにもかかわらず、「収容者は収容所内で何でも買うことができるので、収容者宛に小包を送ることは認められない」という規定がそのまま残されているのは実態と合致しない。また、差出人の氏名や誕生日、収容者番号などを記入するスペースは、注意書の脇ではなく、折りたたんだ状態で裏面になる場所に印刷されている。

なお、注意書が七項目のシートは、収容者数がピークを迎えた一九四三年を中心に使われていたこともあって、残存数は比較的豊富である。以下、その中から、特に興味深いと思われるものをいくつか紹介してみたい。

1　一九四三年三月十四日差し出し（消印は同二十五日）、リッツマンシュタット宛（図20）

このシートはリッツマンシュタットのゲットー宛のもので、差出時のアウシュヴィッツ収容所のみならず、到着時のリッツマンシュタットでもゲシュタポの検閲を受けたことを示す印が宛名の真上に押さ

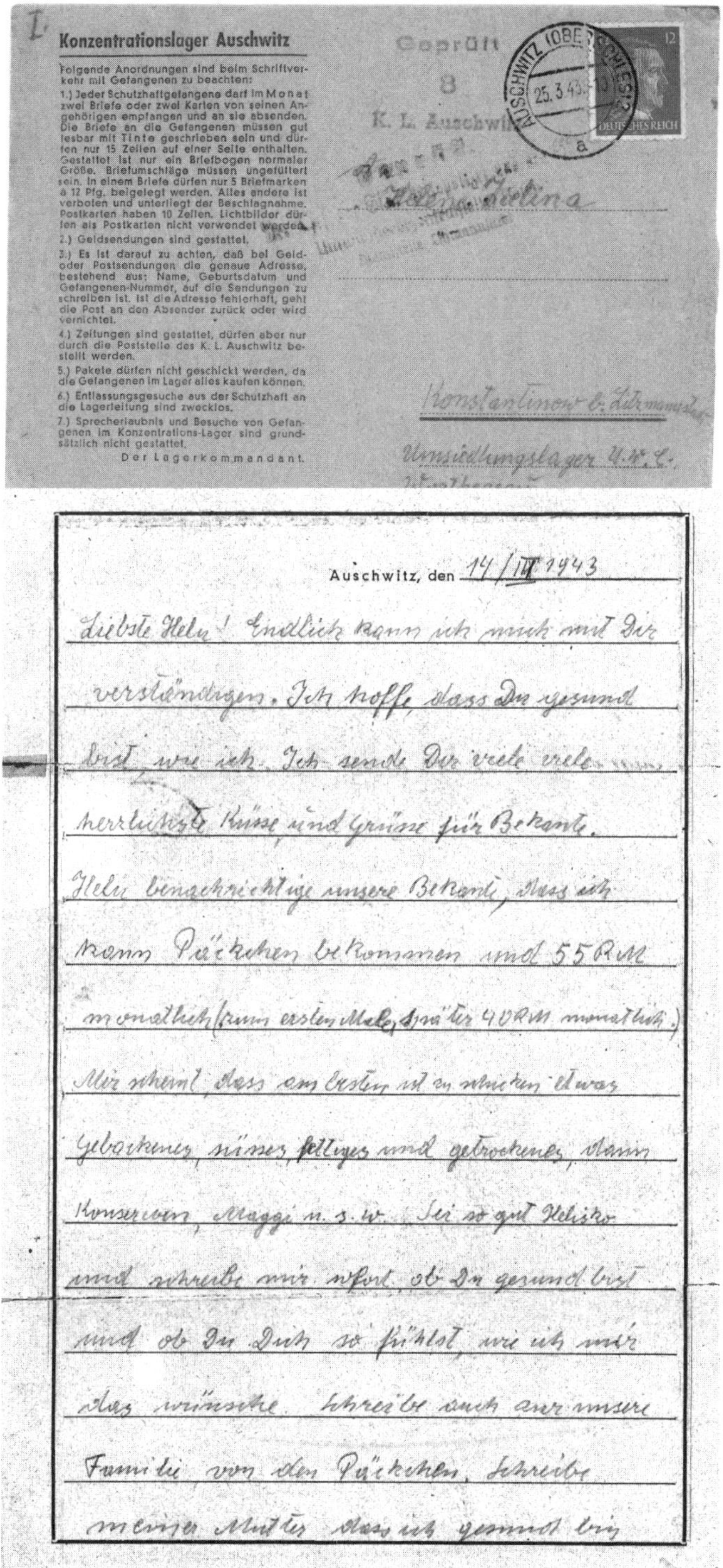

Konzentrationslager Auschwitz

Folgende Anordnungen sind beim Schriftverkehr mit Gefangenen zu beachten:

1.) Jeder Schutzhaftgefangene darf im Monat zwei Briefe oder zwei Karten von seinen Angehörigen empfangen und an sie absenden. Die Briefe an die Gefangenen müssen gut lesbar mit Tinte geschrieben sein und dürfen nur 15 Zeilen auf einer Seite enthalten. Gestattet ist nur ein Briefbogen normaler Größe. Briefumschläge müssen ungefüttert sein. In einem Briefe dürfen nur 5 Briefmarken à 12 Pfg. beigelegt werden. Alles andere ist verboten und unterliegt der Beschlagnahme. Postkarten haben 10 Zeilen. Lichtbilder dürfen als Postkarten nicht verwendet werden.

2.) Geldsendungen sind gestattet.

3.) Es ist darauf zu achten, daß bei Geld- oder Postsendungen die genaue Adresse, bestehend aus: Name, Geburtsdatum und Gefangenen-Nummer, auf die Sendungen zu schreiben ist. Ist die Adresse fehlerhaft, geht die Post an den Absender zurück oder wird vernichtet.

4.) Zeitungen sind gestattet, dürfen aber nur durch die Poststelle des K. L. Auschwitz bestellt werden.

5.) Pakete dürfen nicht geschickt werden, da die Gefangenen im Lager alles kaufen können.

6.) Entlassungsgesuche aus der Schutzhaft an die Lagerleitung sind zwecklos.

7.) Sprecherlaubnis und Besuche von Gefangenen im Konzentrations-Lager sind grundsätzlich nicht gestattet.

Der Lagerkommandant.

Geprüft 8 K. L. Auschwitz

AUSCHWITZ (OBERSCHLESIEN) 25.3.43 a

12 DEUTSCHES REICH

Konstantinow b. Litzmannstadt

Umsiedlungslager U.W.Z.

Auschwitz, den 14/III 1943

Liebste Helu! Endlich kann ich mich mit Dir verständigen. Ich hoffe, dass Du gesund bist, wie ich. Ich sende Dir viele viele herzlichste Küsse und Grüsse für Bekante. Helu benachrichtige unsere Bekante, dass ich kann Päckchen bekommen und 55 RM monatlich (zum ersten Male, später 40 RM monatlich.) Mir scheint, dass am besten ist zu schicken etwas Gebackenes, süsses, fettiges und getrocknetes, dann Konserven, Maggi u.s.w. Sei so gut Helisko und schreibe mir sofort, ob Du gesund bist und ob Du Dich so fühlst, wie ich mir das wünsche. Schreibe auch an unsere Familie von den Päckchen. Schreibe meiner Mutter dass ich gesund bin

図20　一九四三年三月、リッツマンシュタット宛に差し出されたレターシート。

れている。

リッツマンシュタットはポーランド語名ウッチ。ポーランド中央部の都市で、第一次大戦以前はロシア帝国の支配下に置かれていたが、第一次大戦中の一九一五―一八年のドイツ占領時代を経て、大戦後はポーランド第二共和国に編入された。

第二次大戦が勃発すると、一九三九年九月八日に占領され、ドイツ語名のリッツマンシュタットに改称された。これは、第一次大戦中、この地を占領したドイツ軍の歩兵大将カール・リッツマンにちなむ命名である。

一九四〇年四月に設定されたリッツマンシュタットのゲットーには、もともと市内在住だった六万余のユダヤ人に加え、周辺からも約一〇万人のユダヤ人が移送され、五〇〇〇人のロマを含む一六万人以上が有刺鉄線の鉄条網に囲まれた空間に押し込められた。ゲットーには監視塔と検問所も置かれ、出入りは厳しく制限されており、ドイツによってユダヤ人評議会議長に任命されたモルデハイ・ハイム・ルムコフスキの下、統制経済が行われていた。事実上、外界から隔離された環境の中で、当初から食糧・医薬品は慢性的に不足しており、飢餓と疫病（結核、赤痢、チフスなど）が蔓延していたが、一九四一年末にドイツ本国のみならずオーストリア・ルクセンブルク・ベーメン・メーレン保護領などから二万五〇〇〇人のユダヤ人が移送されてきたため、事態はさらに悪化した。前述のように、ラインハルト・ハイドリヒがプラハとブルノのユダヤ人をリッツマンシュタットへ追放しようとしたものの、リッツマンシュタット側から拒絶されたという背景には、こうした事情があったのである。

文面を要約すると、以下のようになる。

① 長い間、あなた（名宛人）の所在が分からなかったが、ようやく分かったので連絡した

② 自分は健康である

③ （アウシュヴィッツでは）月に一回、小包を受け取ることができるので皆にそのことを知らせてほしい

④　通常、月給は四〇マルクだが、自分は五五マルク受け取っている
⑤（そのお金で）焼き菓子、ナッツ、乾物などを（収容所内の売店で）購入して食べている
⑥　あなたの様子を知らせてほしい

この文面を読む限り、差出人はリッツマンシュタットのゲットーが飢餓と疫病の蔓延する悲惨な状況にあるとは思っておらず、むしろ、名宛人の環境はアウシュヴィッツよりもはるかにましだと考え、自分に食糧など差し入れの小包を送ることが可能だと思っていたようにも受け取れる。また、通常よりも多くの自分が多くの給与を得ているとの記述は、それが事実であるかどうかはともかく、RSHA郵便工作の葉書と同様の効果を読む者に与えたのではないかと思われる。さらに、封筒やレターシートの注意書には「収容者は収容所内で何でも買うことができる」との記述があるが、この手紙の文面では、具体的に収容者が購入できる品目が挙げられているのも興味深い。

2　一九四三年七月二日差し出し（消印は同九日）、リマノバ宛（図21）

このシートは、ポーランド南部のリマノバ宛で、通常は注意書のある面の右上に切手を貼るところを、裏面の封緘代わりにヒトラーの一二ペニヒ切手が貼られている。手紙は収容所にいる娘から母親宛に差し出されたもの。この時期には、前述の図18に示すように、女性収容者用の葉書も使われていたが、これと並行して女性収容者に対してもレターシートが支給されていたようだ。

宛先のリマノバは、第一次大戦以前はハプスブルク帝国の支配下にあったガリシアの小都市だったが、ポーランド第二共和国に編入された。第二次大戦が勃発するとドイツ軍に占領され、ポーランド総督府の支配下でユダヤ人のゲットーも設定された。一九四五年までのドイツの占領時代には、多くの住民が処刑もしくは強制収容所送りとなり、ユダヤ人の犠牲者は三〇五三人にも上るという。

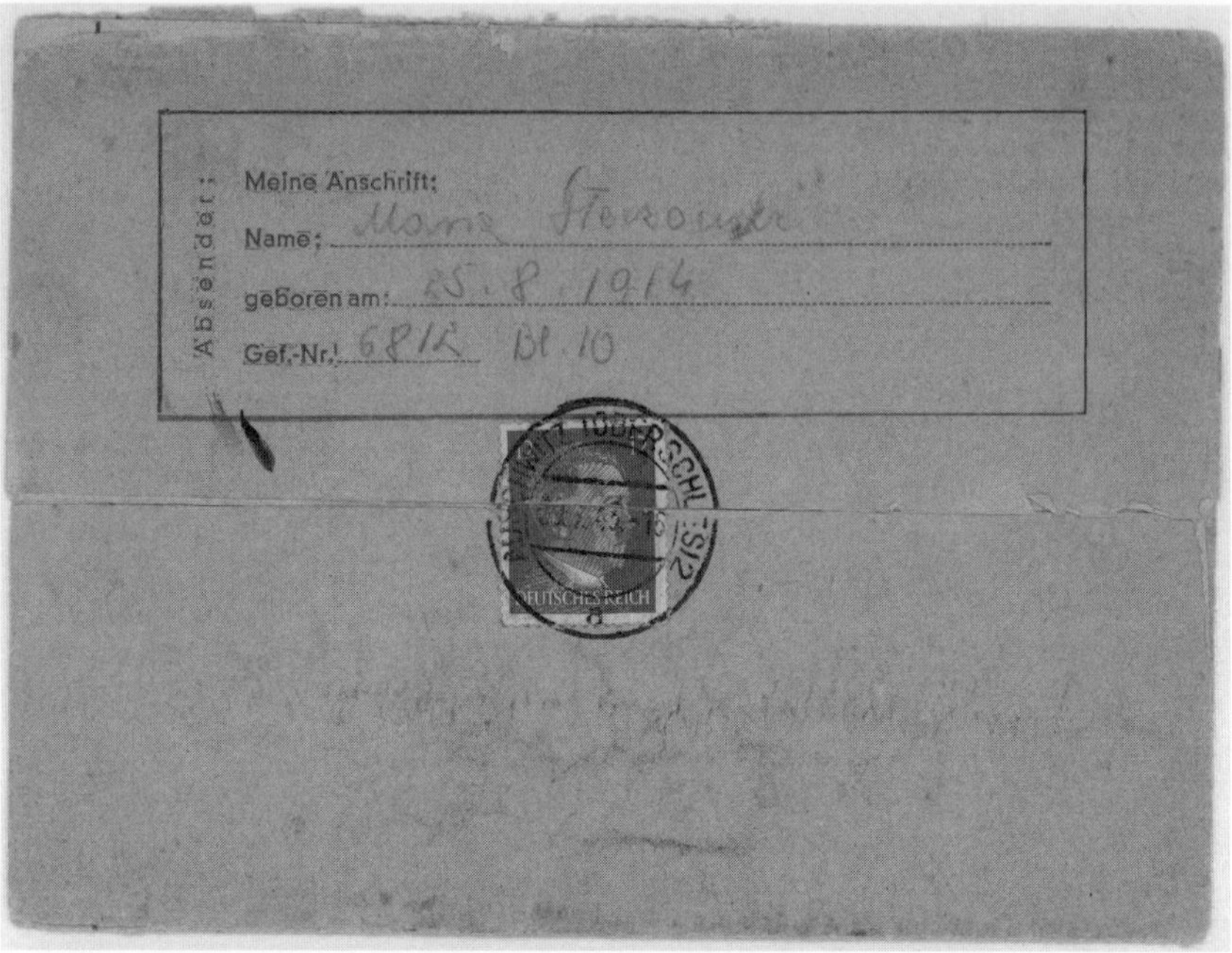
Absender:
Meine Anschrift:
Name:
geboren am: 25.8.1914
Gef.-Nr.: 6812 Bl. 10
DEUTSCHES REICH

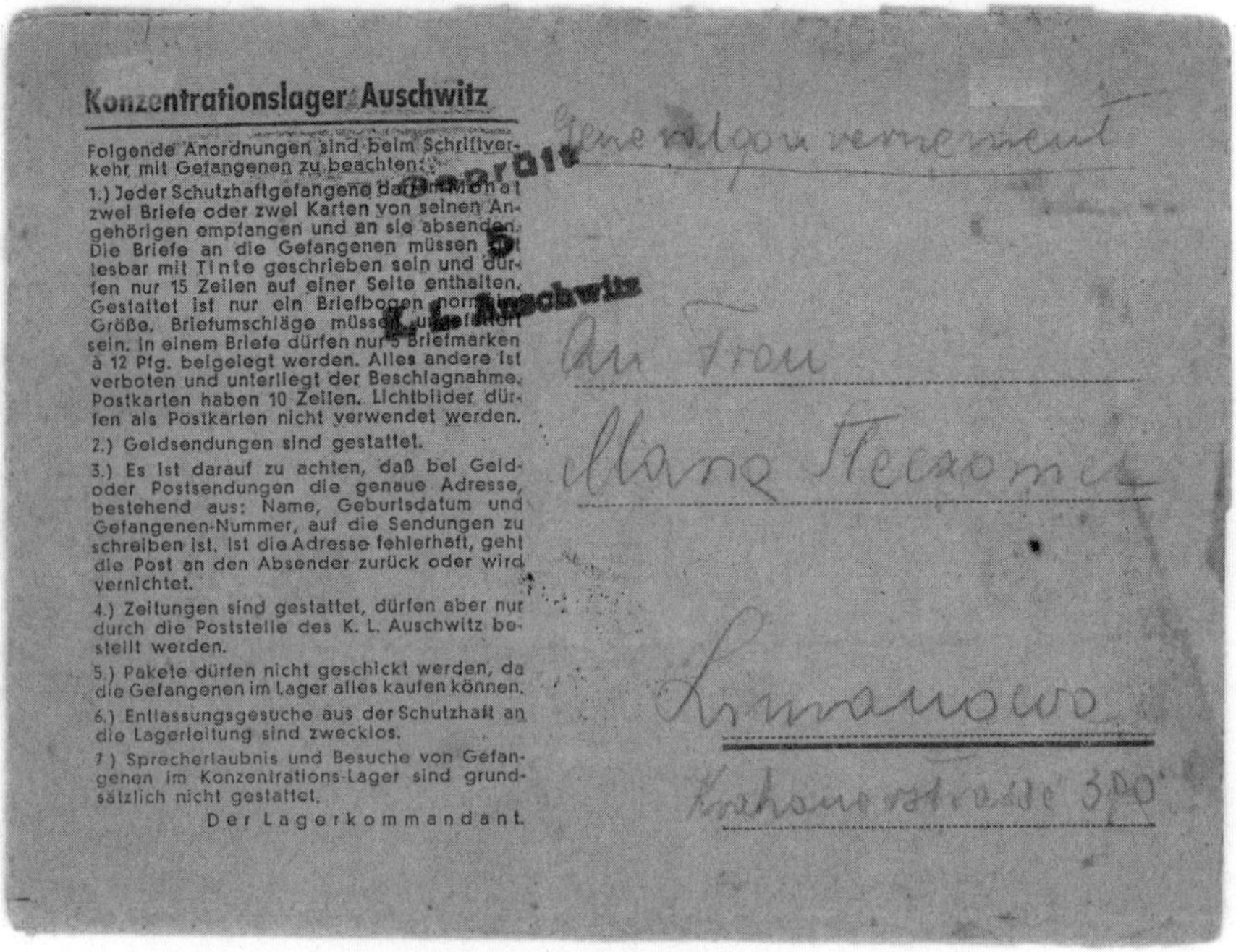
Konzentrationslager Auschwitz
Folgende Anordnungen sind beim Schriftverkehr mit Gefangenen zu beachten:
1.) Jeder Schutzhaftgefangene da[…] Monat zwei Briefe oder zwei Karten von seinen Angehörigen empfangen und an sie absenden. Die Briefe an die Gefangenen müssen gut lesbar mit Tinte geschrieben sein und dürfen nur 15 Zeilen auf einer Seite enthalten. Gestattet ist nur ein Briefbogen nor[…] Größe. Briefumschläge müssen u[…] sein. In einem Briefe dürfen nur 5 Briefmarken à 12 Pfg. beigelegt werden. Alles andere ist verboten und unterliegt der Beschlagnahme. Postkarten haben 10 Zeilen. Lichtbilder dürfen als Postkarten nicht verwendet werden.
2.) Geldsendungen sind gestattet.
3.) Es ist darauf zu achten, daß bei Geld- oder Postsendungen die genaue Adresse, bestehend aus: Name, Geburtsdatum und Gefangenen-Nummer, auf die Sendungen zu schreiben ist. Ist die Adresse fehlerhaft, geht die Post an den Absender zurück oder wird vernichtet.
4.) Zeitungen sind gestattet, dürfen aber nur durch die Poststelle des K. L. Auschwitz bestellt werden.
5.) Pakete dürfen nicht geschickt werden, da die Gefangenen im Lager alles kaufen können.
6.) Entlassungsgesuche aus der Schutzhaft an die Lagerleitung sind zwecklos.
7.) Sprecherlaubnis und Besuche von Gefangenen im Konzentrations-Lager sind grundsätzlich nicht gestattet.
Der Lagerkommandant.
Geprüft
5
K.L. Auschwitz
Generalgouvernement
An Frau
Limanowa

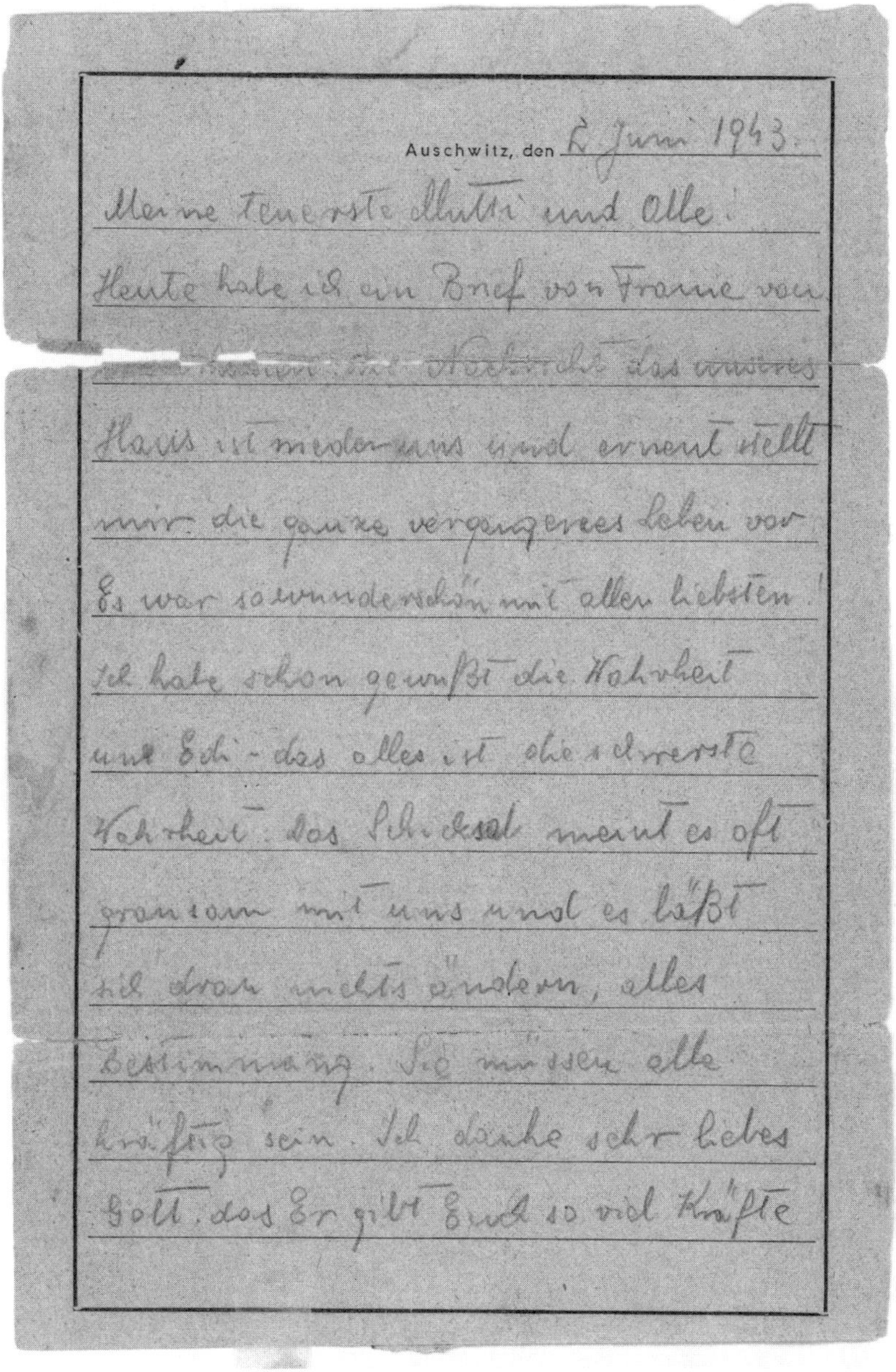
Auschwitz, den 2 Juni 1943.

Meine teuerste Mutti und Alle!
Heute habe ich ein Brief von Franne von
[illegible] bekommen, die Nachricht das unseres
Haus ist wieder uns und erneut stellt
mir die ganze vergangenes Leben vor
Es war so wunderschön mit allen Liebsten!
Ich habe schon gewußt die Wahrheit
und Ich - das alles ist die schwerste
Wahrheit. Das Schicksal meint es oft
grausam mit uns und es läßt
sich dran nichts ändern, alles
Bestimmung. Sie müssen alle
kräftig sein. Ich danke sehr liebes
Gott, das Er gibt Euch so viel Kräfte

図21　1943年7月、リマノバ宛に差し出されたレターシート。
右上：表面、右下：裏面、左、文面。

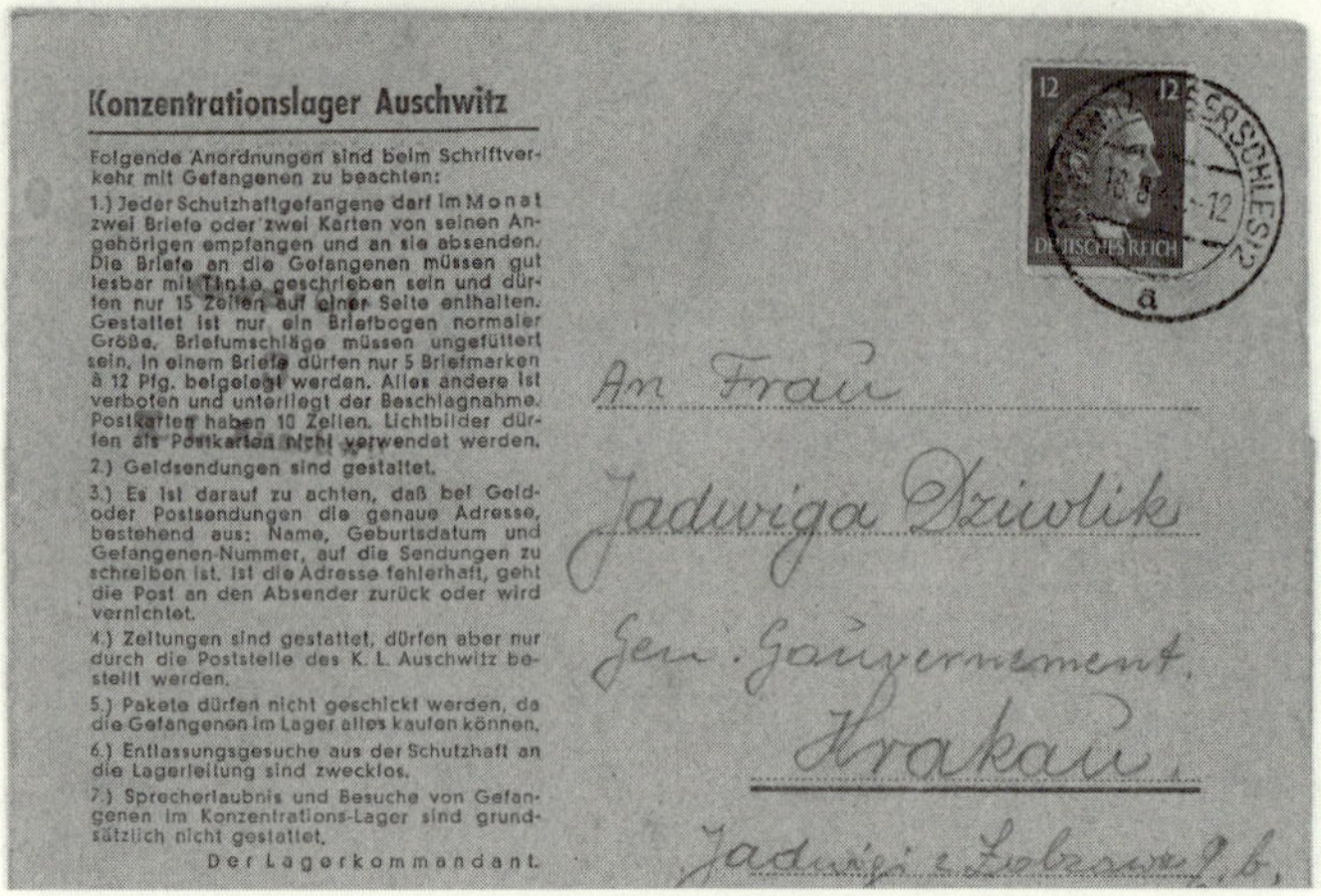

Konzentrationslager Auschwitz

Folgende Anordnungen sind beim Schriftverkehr mit Gefangenen zu beachten:

1.) Jeder Schutzhaftgefangene darf im Monat zwei Briefe oder zwei Karten von seinen Angehörigen empfangen und an sie absenden. Die Briefe an die Gefangenen müssen gut lesbar mit Tinte geschrieben sein und dürfen nur 15 Zeilen auf einer Seite enthalten. Gestattet ist nur ein Briefbogen normaler Größe. Briefumschläge müssen ungefüttert sein. In einem Briefe dürfen nur 5 Briefmarken à 12 Pfg. beigelegt werden. Alles andere ist verboten und unterliegt der Beschlagnahme. Postkarten haben 10 Zeilen. Lichtbilder dürfen als Postkarten nicht verwendet werden.

2.) Geldsendungen sind gestattet.

3.) Es ist darauf zu achten, daß bei Geld- oder Postsendungen die genaue Adresse, bestehend aus: Name, Geburtsdatum und Gefangenen-Nummer, auf die Sendungen zu schreiben ist. Ist die Adresse fehlerhaft, geht die Post an den Absender zurück oder wird vernichtet.

4.) Zeitungen sind gestattet, dürfen aber nur durch die Poststelle des K. L. Auschwitz bestellt werden.

5.) Pakete dürfen nicht geschickt werden, da die Gefangenen im Lager alles kaufen können.

6.) Entlassungsgesuche aus der Schutzhaft an die Lagerleitung sind zwecklos.

7.) Sprecherlaubnis und Besuche von Gefangenen im Konzentrations-Lager sind grundsätzlich nicht gestattet.

Der Lagerkommandant.

12 DEUTSCHES REICH 12

An Frau
Jadwiga Dziwlik
Gen. Gouvernement.
Krakau.
Jadwigi z Łobzowa 9. b.

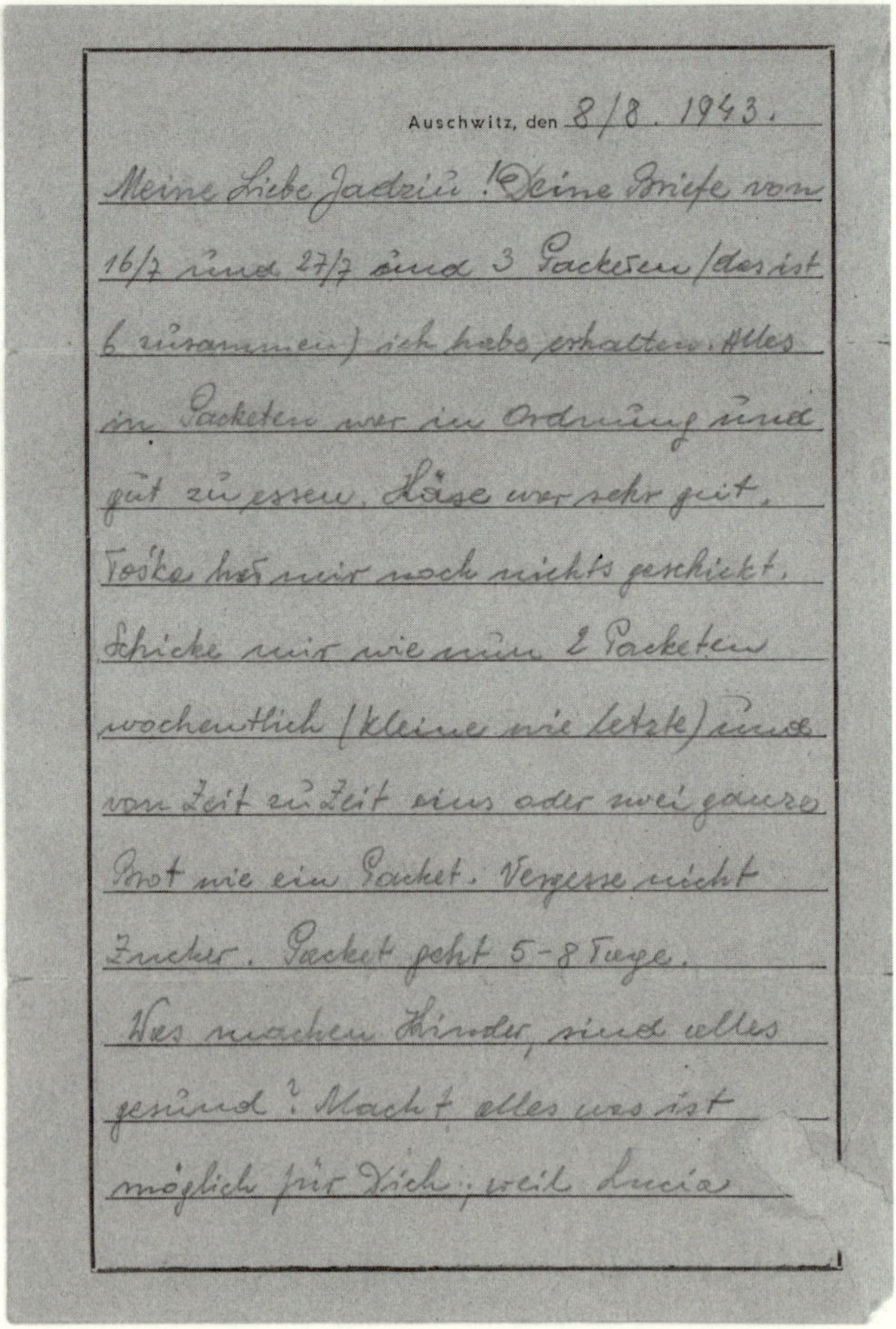

Auschwitz, den 8/8. 1943.

Meine Liebe Jadziu! Deine Briefe von
16/7 und 27/7 und 3 Packeten (das ist
6 zusammen) ich habe erhalten. Alles
in Packeten war in Ordnung und
gut zu essen. Käse war sehr gut.
Toška hat mir noch nichts geschickt.
Schicke mir wie nun 2 Packeten
wochentlich (kleine wie letzte) und
von Zeit zu Zeit eins oder zwei ganze
Brot wie ein Packet. Vergesse nicht
Zucker. Packet geht 5-8 Tage.
Was machen Kinder, sind alles
gesund? Macht alles was ist
möglich für Dich, weil Lucia

図22　一九四三年八月、クラクフ宛に差し出されたレターシート。

このシートは、文面からすると、収容所にいる娘からリマノバに残った母親宛に差し出したもので、文面の要約は以下の通りである。

① 手紙と小包は受け取った
② またもとのようにみんなで一緒に生活したい
③ 身内の人間についての〝事実〟については、手紙を受け取る前からすでに知っていた
④ 受け取った荷物は卵やソーセージなどで、野菜は受け取れなかった
⑤ 自分は元気である
⑥ どんなニュースでも良いので、知らせてほしい

収容者宛の小包が解禁された後の収容者からの発信では、手紙や小包をきちんと受け取っていることを名宛人に知らせているケースが多い。その場合、このシートでも、具体的な品目を挙げているので、じっさいに、小包は収容者の元へ届けられていたことが確認できる。また、③の〝事実〟については、その直後に「運命というのは厳しく、決められたものので、どうすることも出来ない」との一文があるので、おそらく、身内の人間が亡くなったことを意味するものと思われる。こうした情報は収容所当局から収容者に対して直接通知されることはないが、収容されている同胞のネットワークを通じて、口コミで情報を把握することも可能だったのだろう。

3　一九四三年八月八日差し出し（消印は十八日）、クラクフ宛（図22）

収容者からクラクフの妻に宛てて差し出されたもの。文面の要約は以下の通りである。

① 七月十六日、二十二日の手紙と三つの小包を受け取った
② チーズと黒パンを受け取ることができてうれしかった
③ 小包を送る際には差出人名を忘れないように
④ 月に二回、小包を送ってほしい

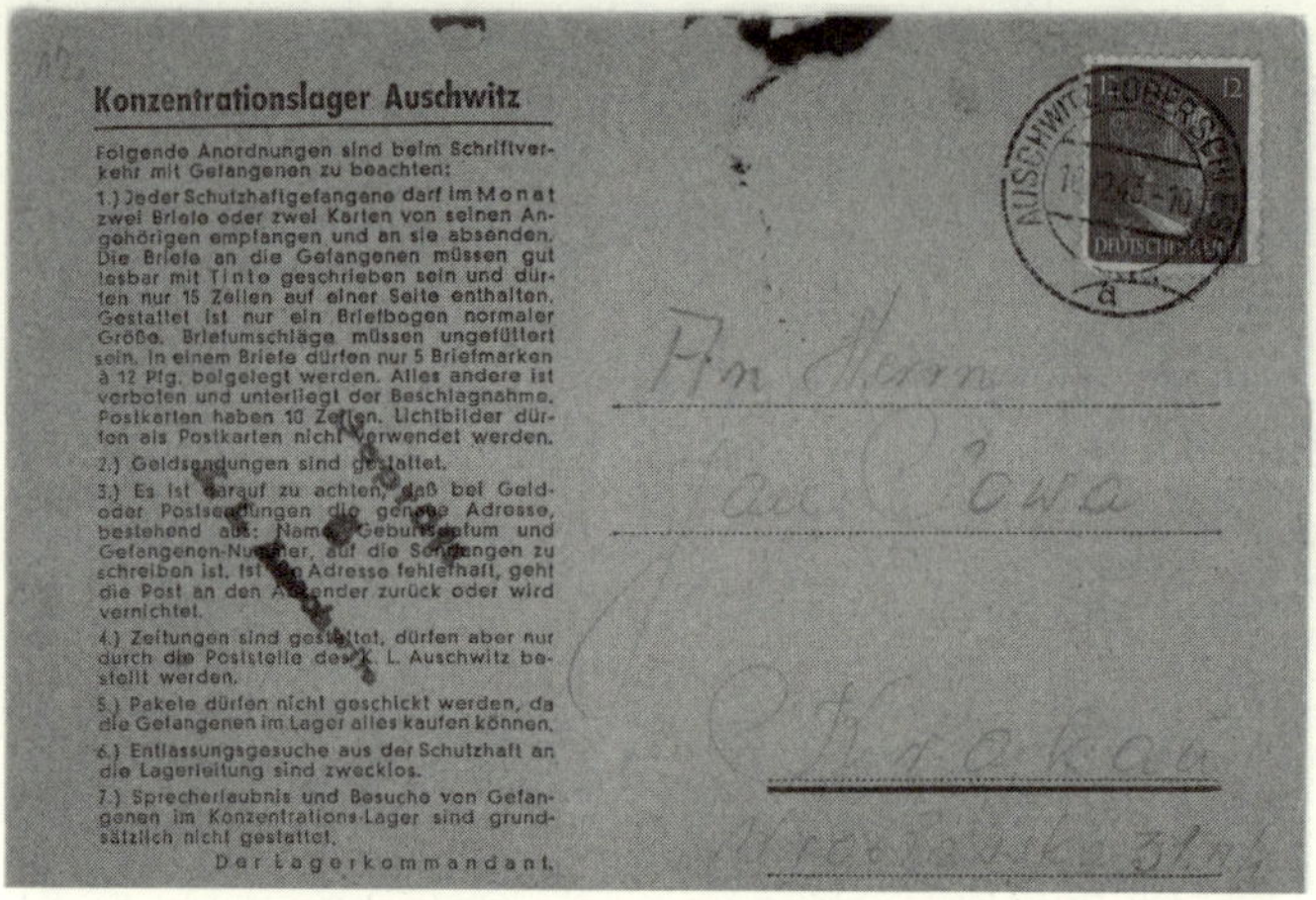

Konzentrationslager Auschwitz

Folgende Anordnungen sind beim Schriftverkehr mit Gefangenen zu beachten:

1.) Jeder Schutzhaftgefangene darf im Monat zwei Briefe oder zwei Karten von seinen Angehörigen empfangen und an sie absenden. Die Briefe an die Gefangenen müssen gut lesbar mit Tinte geschrieben sein und dürfen nur 15 Zeilen auf einer Seite enthalten. Gestattet ist nur ein Briefbogen normaler Größe. Briefumschläge müssen ungefüttert sein. In einem Briefe dürfen nur 5 Briefmarken à 12 Pfg. beigelegt werden. Alles andere ist verboten und unterliegt der Beschlagnahme. Postkarten haben 10 Zeilen. Lichtbilder dürfen als Postkarten nicht verwendet werden.

2.) Geldsendungen sind gestattet.

3.) Es ist darauf zu achten, daß bei Geld- oder Postsendungen die genaue Adresse, bestehend aus: Namen, Geburtsdatum und Gefangenen-Nummer, auf die Sendungen zu schreiben ist. Ist die Adresse fehlerhaft, geht die Post an den Absender zurück oder wird vernichtet.

4.) Zeitungen sind gestattet, dürfen aber nur durch die Poststelle des K. L. Auschwitz bestellt werden.

5.) Pakete dürfen nicht geschickt werden, da die Gefangenen im Lager alles kaufen können.

6.) Entlassungsgesuche aus der Schutzhaft an die Lagerleitung sind zwecklos.

7.) Sprecherlaubnis und Besuche von Gefangenen im Konzentrations-Lager sind grundsätzlich nicht gestattet.

Der Lagerkommandant.

AUSCHWITZ (OBERSCHLES.) 10.12.43-10 a

An Herrn

Jan [illegible]owa

Krakau

Krowoderska 31/4

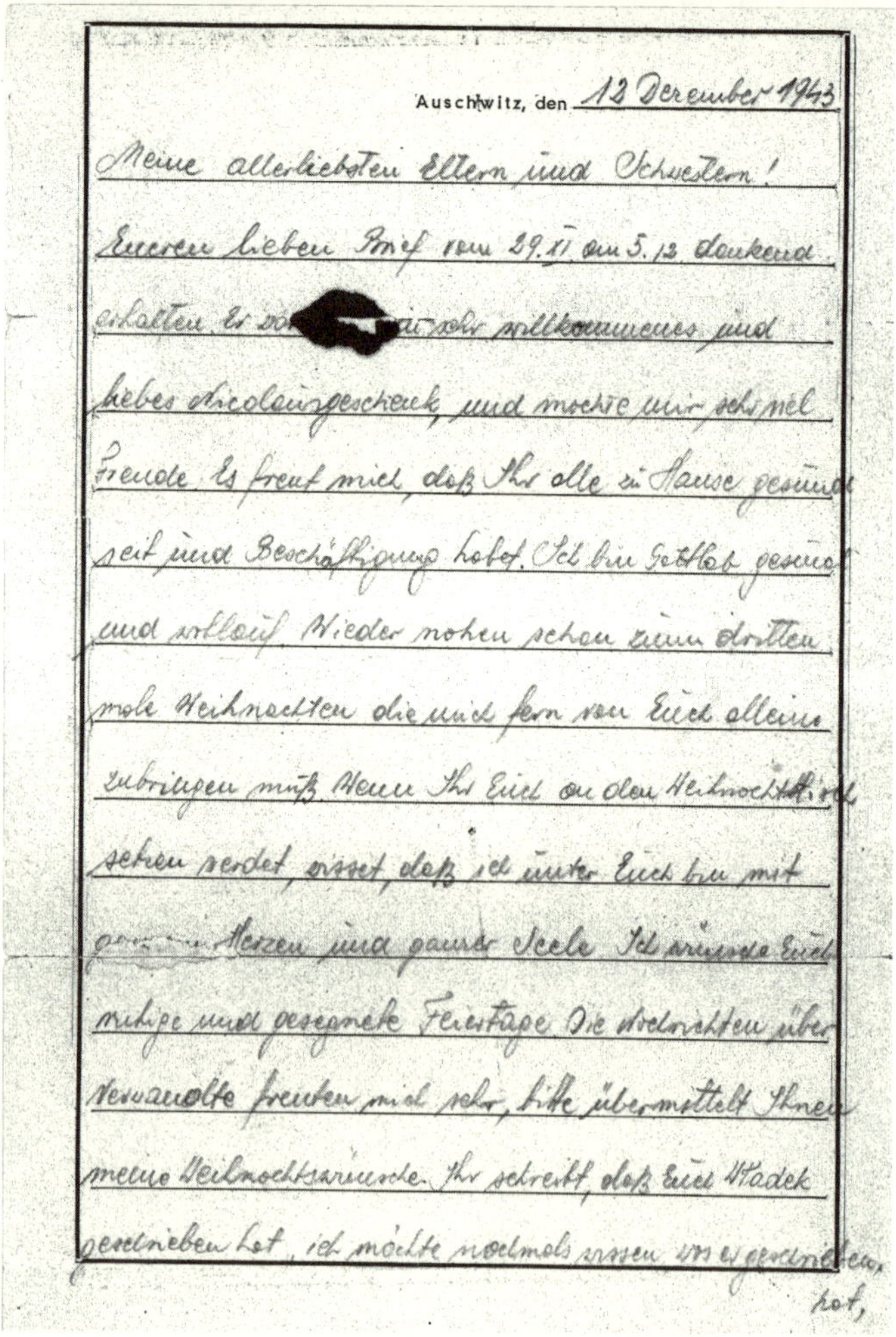

Auschwitz, den 12 Dezember 1943

Meine allerliebsten Eltern und Schwestern!

Eueren lieben Brief vom 29.XI am 5.12 dankend erhalten. Es [illegible] ein sehr willkommenes und liebes Nicolausgeschenk, und machte mir sehr viel Freude. Es freut mich, daß Ihr alle zu Hause gesund seit und Beschäftigung habet. Ich bin Gottlob gesund und wohlauf. Wieder nahen schon zum dritten male Weihnachten die ich fern von Euch alleine zubringen muß. Wenn Ihr Euch an den Weihnachtstisch setzen werdet, wisset, daß ich unter Euch bin mit ganzem Herzen und ganzer Seele. Ich wünsche Euch ruhige und gesegnete Feiertage. Die Nachrichten über Verwandte freuten mich sehr, bitte übermittelt Ihnen meine Weihnachtswünsche. Ihr schreibt, daß Euch Wladek geschrieben hat, ich möchte nochmals wissen wo er geschrieben hat,

図23　一九四三年十二月、クラクフ宛に差し出されたレターシート。

⑤　大きさは前回と同じくらいのものが良い。パンは一つの荷物になるようにまとめて送ってほしい
⑥　小包が到着するまでは五～八日かかる
⑦　子供たちは元気かどうか
⑧　子供にはできるだけのことをしてやってほしい
⑨　子供の様子を知らせてほしい
⑩　国内宛の切手を五枚くらい送ってほしい
⑪　子供に伝えてほしい「パパに何か送ってくれるものはないの？」と

文中にあるパンについて補足しておくと、収容所の体験者の証言によると、収容者にとっては、パンは堅い皮の部分が重要だったという。白い中身の部分はすぐに口の中で溶けてしまったのに対して、皮の部分は比較的長時間味わうことができたためである。

4　一九四三年十二月十二日差し出し（消印は十八日？）、クラクフ宛（図23）

前述のように、収容所の中でも、ポーランド人などクリスチャンの場合は、クリスマスを祝うことが認められていた。このため、収容者が発信したレターシートのうち、十二～一月に差し出されたものの中には、クリスマスについての記述がみられるものも多い。

このシートもその一例で、関連する文面は以下の通りである。

十一月二十九日の手紙は十二月五日に無事届きました。聖ニコラウスのプレゼントをどうもありがとう。みんなが家で元気で、すべきことがあるのは良いことです。私は神様のおかげで元気です。もうすぐみんなと離れて三回目のクリスマスがきます。私たちが（みんなと一緒に）いるかのように、たくさん食べてくださいね。素敵なクリスマスを過ごしてください。ク

リスマスには親戚みんなに会うでしょうから、親戚みんなによろしく。（誰かが書いた）手紙の内容を詳しく知りたいので、次の手紙で書いてください。写真を送ることはできるのでルイスとあなたの写真を送ってください。手書きのお絵描きも嬉しかった。ＸＸ（判読不能）の名前の日がもうすぐなので、おめでとう。皆さんの名前の日も。四つの小包と、手書きの内容リストもありがとう。神様が再会までの時間を短くしてくれますように。

文面について、順次解説を加えておくと、聖ニコラウスの日というのは、サンタクロースのモデルとなったとされる聖人〝ミオのニコラオス〟の命日にあたる十二月六日のことである。

ミオのニコラオスについては、貧しさのあまり三人の娘を身売りさせざるを得なくなった家を夜中に訪れ、ひそかに、暖炉に下げられていた靴下に金貨を入れ、娘の身売りを防いだという逸話があり、こ

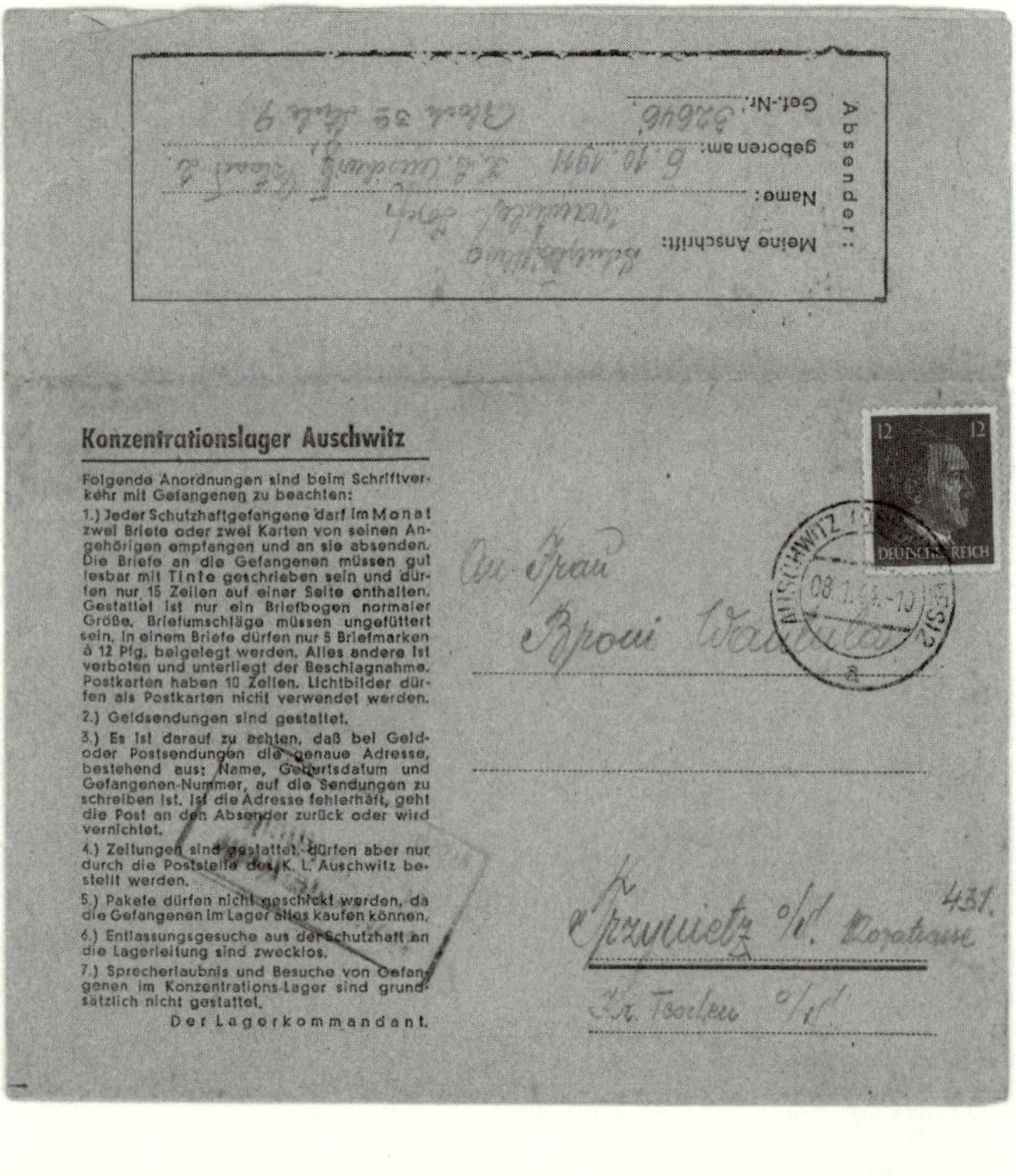

Absender:
Meine Anschrift:
Name:
geboren am: 6.10.1911
Gef.-Nr.: 32646

Konzentrationslager Auschwitz

Folgende Anordnungen sind beim Schriftverkehr mit Gefangenen zu beachten:

1.) Jeder Schutzhaftgefangene darf im Monat zwei Briefe oder zwei Karten von seinen Angehörigen empfangen und an sie absenden. Die Briefe an die Gefangenen müssen gut lesbar mit Tinte geschrieben sein und dürfen nur 15 Zeilen auf einer Seite enthalten. Gestattet ist nur ein Briefbogen normaler Größe. Briefumschläge müssen ungefüttert sein. In einem Briefe dürfen nur 5 Briefmarken à 12 Pfg. beigelegt werden. Alles andere ist verboten und unterliegt der Beschlagnahme. Postkarten haben 10 Zeilen. Lichtbilder dürfen als Postkarten nicht verwendet werden.

2.) Geldsendungen sind gestattet.

3.) Es ist darauf zu achten, daß bei Geld- oder Postsendungen die genaue Adresse, bestehend aus: Name, Geburtsdatum und Gefangenen-Nummer, auf die Sendungen zu schreiben ist. Ist die Adresse fehlerhaft, geht die Post an den Absender zurück oder wird vernichtet.

4.) Zeitungen sind gestattet, dürfen aber nur durch die Poststelle des K. L. Auschwitz bestellt werden.

5.) Pakete dürfen nicht geschickt werden, da die Gefangenen im Lager alles kaufen können.

6.) Entlassungsgesuche aus der Schutzhaft an die Lagerleitung sind zwecklos.

7.) Sprecherlaubnis und Besuche von Gefangenen im Konzentrations-Lager sind grundsätzlich nicht gestattet.

Der Lagerkommandant.

12 DEUTSCHES REICH 12

AUSCHWITZ 08.1.44-10

431.

図24　チェシン宛の一九四四年の年賀状。

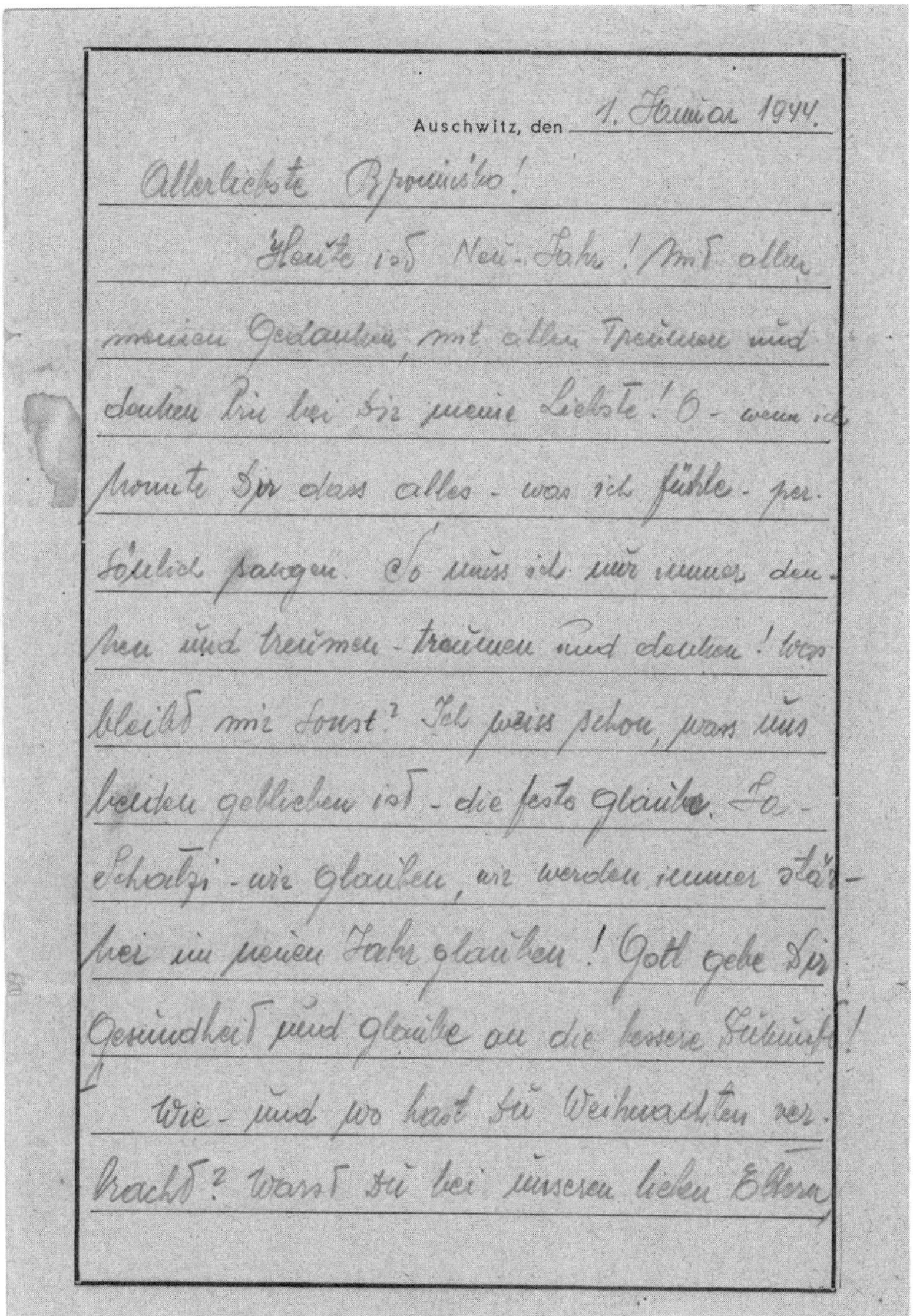

Auschwitz, den 1. Januar 1944.

Allerliebste Bronisko!

Heute ist Neu-Jahr! Mit allen
meinen Gedanken, mit allen Träumen und
denken bin bei Dir meine Liebste! O - wenn ich
konnte Dir das alles - was ich fühle - per-
sönlich sagen. So muss ich nur immer den-
ken und treumen - träumen und denken! Was
bleibt mir sonst? Ich weiss schon, was uns
beiden geblieben ist - die feste glaube. Ja -
Schatzi - wir glauben, wir werden immer stär-
ker im neuen Jahr glauben! Gott gebe Dir
Gesundheit und glaube an die bessere Zukunft!

Wie - und wo hast du Weihnachten ver-
bracht? Warst du bei unseren lieben Eltern,

図24の文面。

れが現在のサンタクロースのモデルになったとされている。ここから、ドイツなどでは十二月六日にもプレゼントの交換が行われる。前日の五日に届いたというのは、このタイミングに合わせてのことであろう。

なお、ニコラオスは無実の人々を処刑の寸前で救ったことから、〝無実の罪に苦しむ人〟の守護聖人ともされている。アウシュヴィッツの収容者たちの多くは、まさに〝無実の罪に苦しむ人〟であったから、彼らとその家族にとっては、さぞかし聖ニコラオスにすがりたい思いであっただろう。

また「みんなと離れて三回目のクリスマス」との記述もあるから、この収容者は一九四一年から収容所で生活していたこともわかる。

5　一九四四年一月一日差し出し（消印は一月八日）、チェシン宛（図24）

クリスマスが過ぎ、新年を収容所で迎えた収容者が書いた年賀状である。文面は以下の通り。

今日は新年です。全ての考え、夢は貴方と一緒です。私が感じていることを、面と向かって話せたら良いのですが、夢見たり考えることしかできません。それ以外なにができるというのでしょう。私たちに残るのは、信仰することだけです。この新年、私たちは信仰心をもっと強めると信じます。神様は健康と未来を与えてくれます。クリスマスはどこでどう過ごしましたか。私たちの愛する両親は元気ですか。親戚たちにもよろしく。私はクリスマスを元気に過ごしましたが、少し泣けてきました、というのも、もう四年になるからです。みんな元気でいてください。no.9の小包と手紙を受け取りました。蜂蜜と、XX（判読不能）も。心からの挨拶を

この収容者の場合は、収容所生活が四年の長きにわたっており、信仰を強く持つことで過酷な環境を耐え続けていることがうかがえる。なお、差出人の

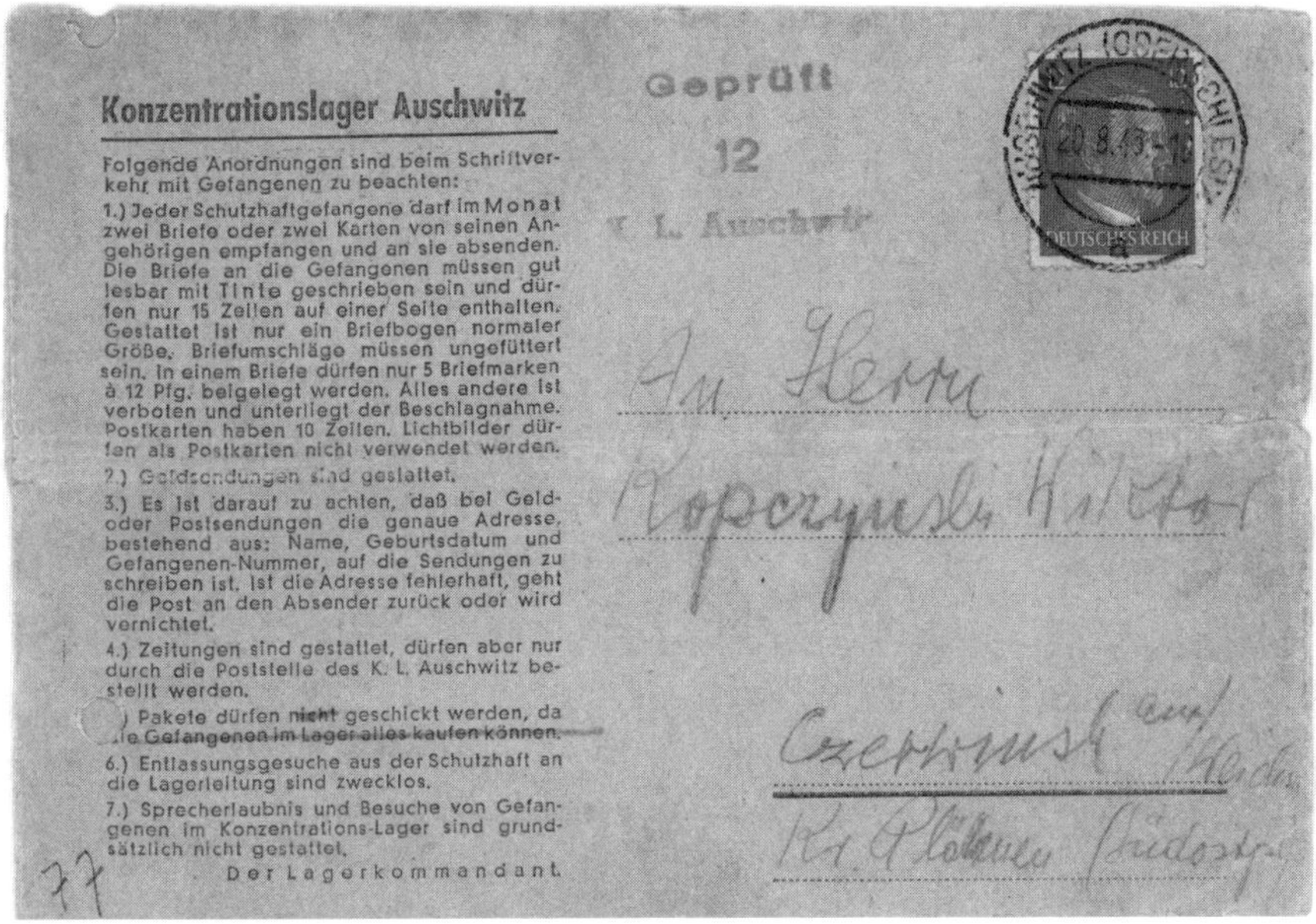

Konzentrationslager Auschwitz

Folgende Anordnungen sind beim Schriftverkehr mit Gefangenen zu beachten:

1.) Jeder Schutzhaftgefangene darf im Monat zwei Briefe oder zwei Karten von seinen Angehörigen empfangen und an sie absenden. Die Briefe an die Gefangenen müssen gut lesbar mit Tinte geschrieben sein und dürfen nur 15 Zeilen auf einer Seite enthalten. Gestattet ist nur ein Briefbogen normaler Größe. Briefumschläge müssen ungefüttert sein. In einem Briefe dürfen nur 5 Briefmarken à 12 Pfg. beigelegt werden. Alles andere ist verboten und unterliegt der Beschlagnahme. Postkarten haben 10 Zeilen. Lichtbilder dürfen als Postkarten nicht verwendet werden.

2.) Geldsendungen sind gestattet.

3.) Es ist darauf zu achten, daß bei Geld- oder Postsendungen die genaue Adresse, bestehend aus: Name, Geburtsdatum und Gefangenen-Nummer, auf die Sendungen zu schreiben ist. Ist die Adresse fehlerhaft, geht die Post an den Absender zurück oder wird vernichtet.

4.) Zeitungen sind gestattet, dürfen aber nur durch die Poststelle des K. L. Auschwitz bestellt werden.

) Pakete dürfen ~~nicht~~ geschickt werden, ~~da die Gefangenen im Lager alles kaufen können.~~

6.) Entlassungsgesuche aus der Schutzhaft an die Lagerleitung sind zwecklos.

7.) Sprecherlaubnis und Besuche von Gefangenen im Konzentrations-Lager sind grundsätzlich nicht gestattet.

Der Lagerkommandant

Geprüft
12
K. L. Auschwitz

DEUTSCHES REICH

図25　注意書の一部を抹消して、収容者宛に小包を送ることを認めるよう規定を変更したレターシート。1943年8月8日差出（消印は20日）、ワルシャワから60キロの地点にあるポーランド中東部のチェルヴィンスク（ヴィスワ川に面していることから、チェルヴィンスク・ナト・ヴィスウォンとも呼ばれる）宛。

データを記す欄の枠線がこのシートでは極端に歪んでいる。状況の悪化に伴い、レターシートの製造工程も粗雑になってきたということの表れだろうか。

一九四四年のレターシート

すでに繰り返し述べているように、収容者宛に差し入れの小包を送ることは、じっさいには盛んに行われていたにもかかわらず、レターシートの表面に印刷されている注意書きでは禁止されているという状況が続いていた。

このため、一九四三年の段階で、一部の収容者の発信については、注意書第五項の「収容者に小包を送ることは認められない」の一部を鉛筆で抹消して「認められる」と変更したレターシートが使われることもあったが（図25）、一九四四年春頃から、その部分の変更を含め、注意書を六項目にまとめ直したレターシートが使われるようになった。

注意書が六項目のレターシートでは、収容者を示す単語が“Gefangenen”ではなく“Häftlingen”となっているほか、それまでの第二項と第三項をまとめて、新たな第二項として「収容者への送金は郵便為替のみ認められる。送金や郵便を送る場合には収容者の誕生日と収容者番号を正確に記すこと。宛先に不備がある場合には郵便物は差出人に返送または破棄される」と記されている。

新聞についての規定は第四項から第三項に移動し、新たな第四項では「収容者は食糧の小包を受け取ることができる。液体・気体、薬物は認められない」として、ようやく、小包の受け取りが正式に認められた。

そのほか、釈放などの嘆願や収容者への面会等が認められないというのは、いままでの規定と同じである。

図26は、注意書きが六項目となったレターシートの使用例で、一九四四年五月十三日、チェシン宛に差し出されたものである（消印は五月二十日）。

手紙の内容としては、

①手紙と小包を受け取って嬉しかった
②また小包を送ってほしい
③自分は元気だが、あなたもそうだと嬉しい

としたうえで、手紙の相手のことを次のように思っている。

あなたは一日中なにをしていますか？きっと、ずっと外にいるでしょうね。なぜなら、今は綺麗で温かく、緑が美しい時期ですから。お父さんはあなたたちと一緒にいて、家でやることがたくさんあるでしょうから……。

アウシュヴィッツの収容所が解放されるのは、この手紙が差し出されてから約八ヵ月後のことだが、差出人が、そこまで無事に生き延びて、ふたたび、家族とともに綺麗で温かく、緑の美しい時期に屋外で過ごすことができたかどうかは不明である。

このレターシートが差し出された一九四四年春は、ブラジル出身の親衛隊員、ペリー・ブロードが

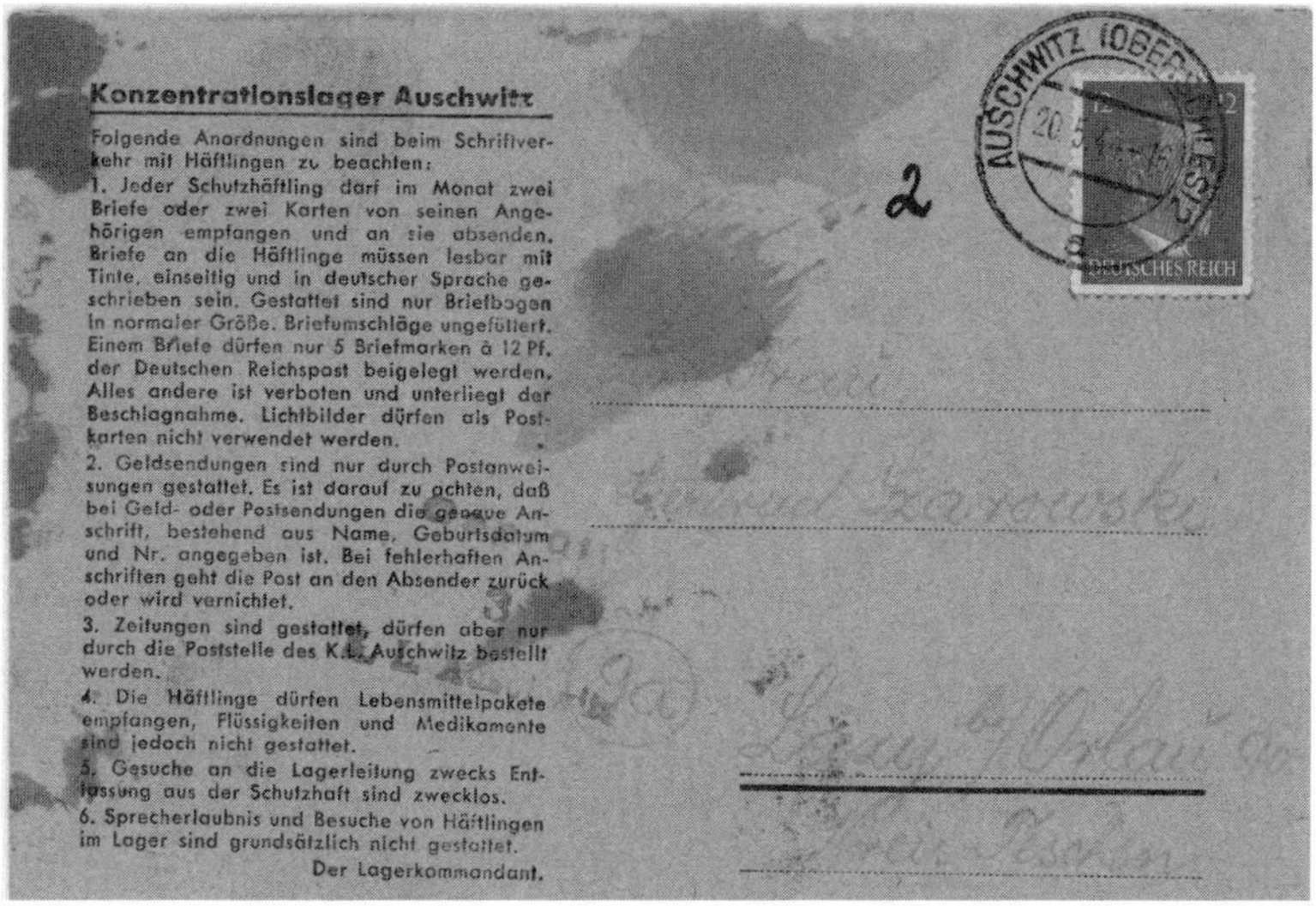

Konzentrationslager Auschwitz

Folgende Anordnungen sind beim Schriftverkehr mit Häftlingen zu beachten:
1. Jeder Schutzhäftling darf im Monat zwei Briefe oder zwei Karten von seinen Angehörigen empfangen und an sie absenden. Briefe an die Häftlinge müssen lesbar mit Tinte, einseitig und in deutscher Sprache geschrieben sein. Gestattet sind nur Briefbogen in normaler Größe. Briefumschläge ungefüttert. Einem Briefe dürfen nur 5 Briefmarken à 12 Pf. der Deutschen Reichspost beigelegt werden. Alles andere ist verboten und unterliegt der Beschlagnahme. Lichtbilder dürfen als Postkarten nicht verwendet werden.
2. Geldsendungen sind nur durch Postanweisungen gestattet. Es ist darauf zu achten, daß bei Geld- oder Postsendungen die genaue Anschrift, bestehend aus Name, Geburtsdatum und Nr. angegeben ist. Bei fehlerhaften Anschriften geht die Post an den Absender zurück oder wird vernichtet.
3. Zeitungen sind gestattet, dürfen aber nur durch die Poststelle des K.L. Auschwitz bestellt werden.
4. Die Häftlinge dürfen Lebensmittelpakete empfangen, Flüssigkeiten und Medikamente sind jedoch nicht gestattet.
5. Gesuche an die Lagerleitung zwecks Entlassung aus der Schutzhaft sind zwecklos.
6. Sprecherlaubnis und Besuche von Häftlingen im Lager sind grundsätzlich nicht gestattet.

Der Lagerkommandant.

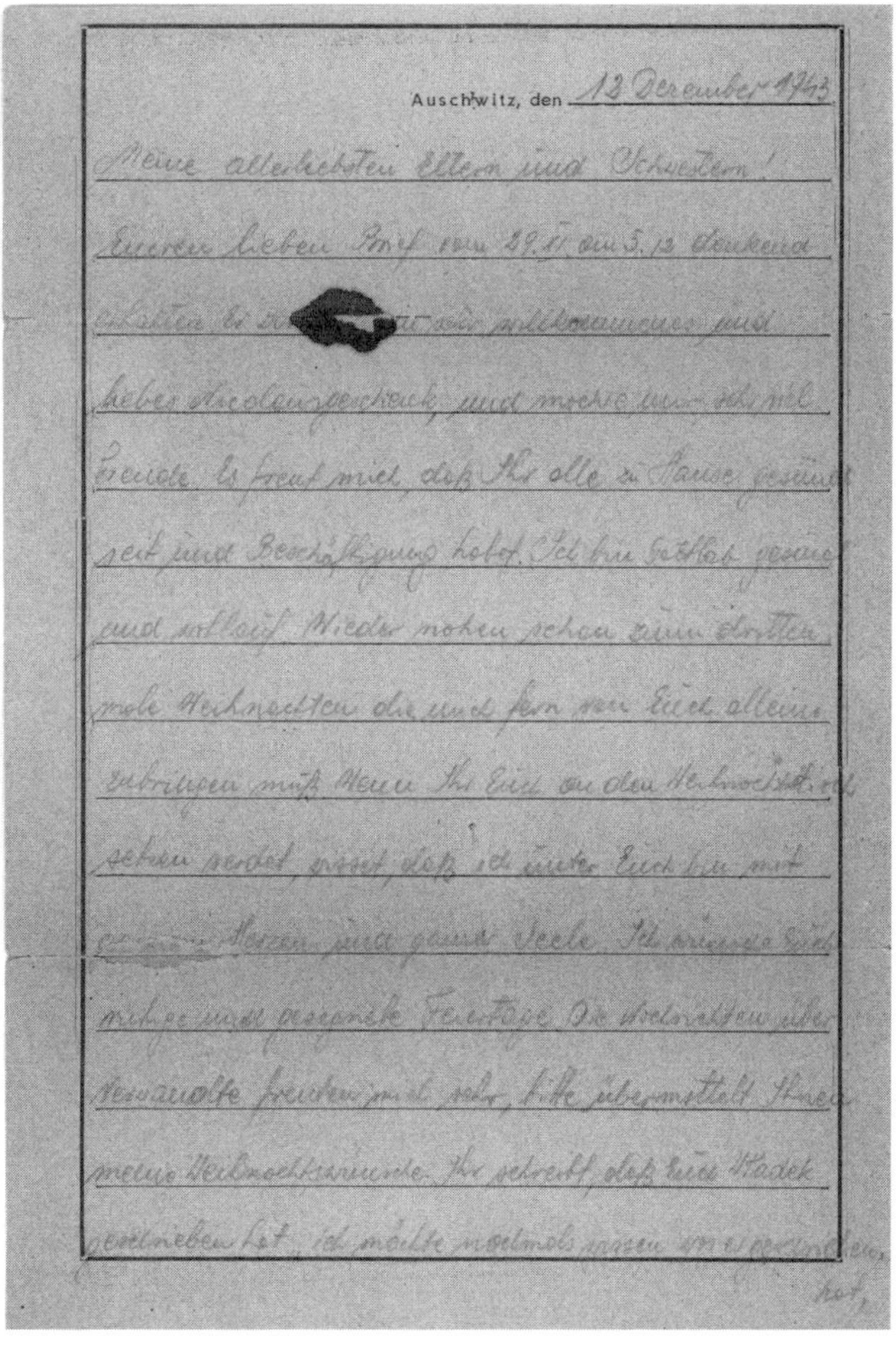

Auschwitz, den 12 Dezember 1943

図26 注意書が6項目となったレターシートの使用例。

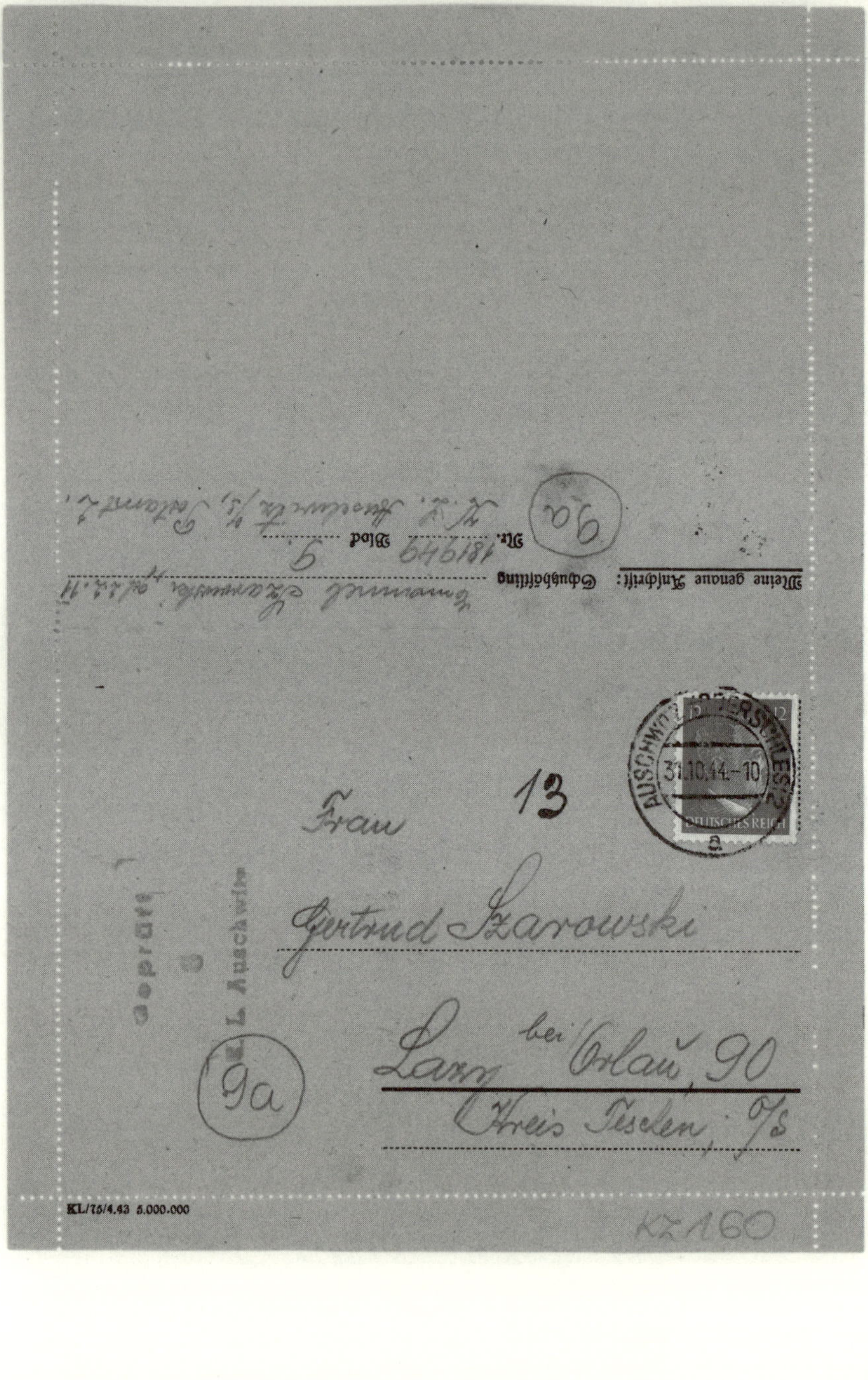
Meine genaue Anschrift: Schutzhäftling
Nr. 181949 Block 9

Frau
13
Gertrud Szarowski
Lazy bei Orlau 90
Kreis Teschen, O/S

Geprüft
K. L. Auschwitz
9a
9a

AUSCHWITZ (OBERSCHLES) 2
31.10.44.–10
DEUTSCHES REICH 12

KL/75/4.43 5.000.000
KZ160

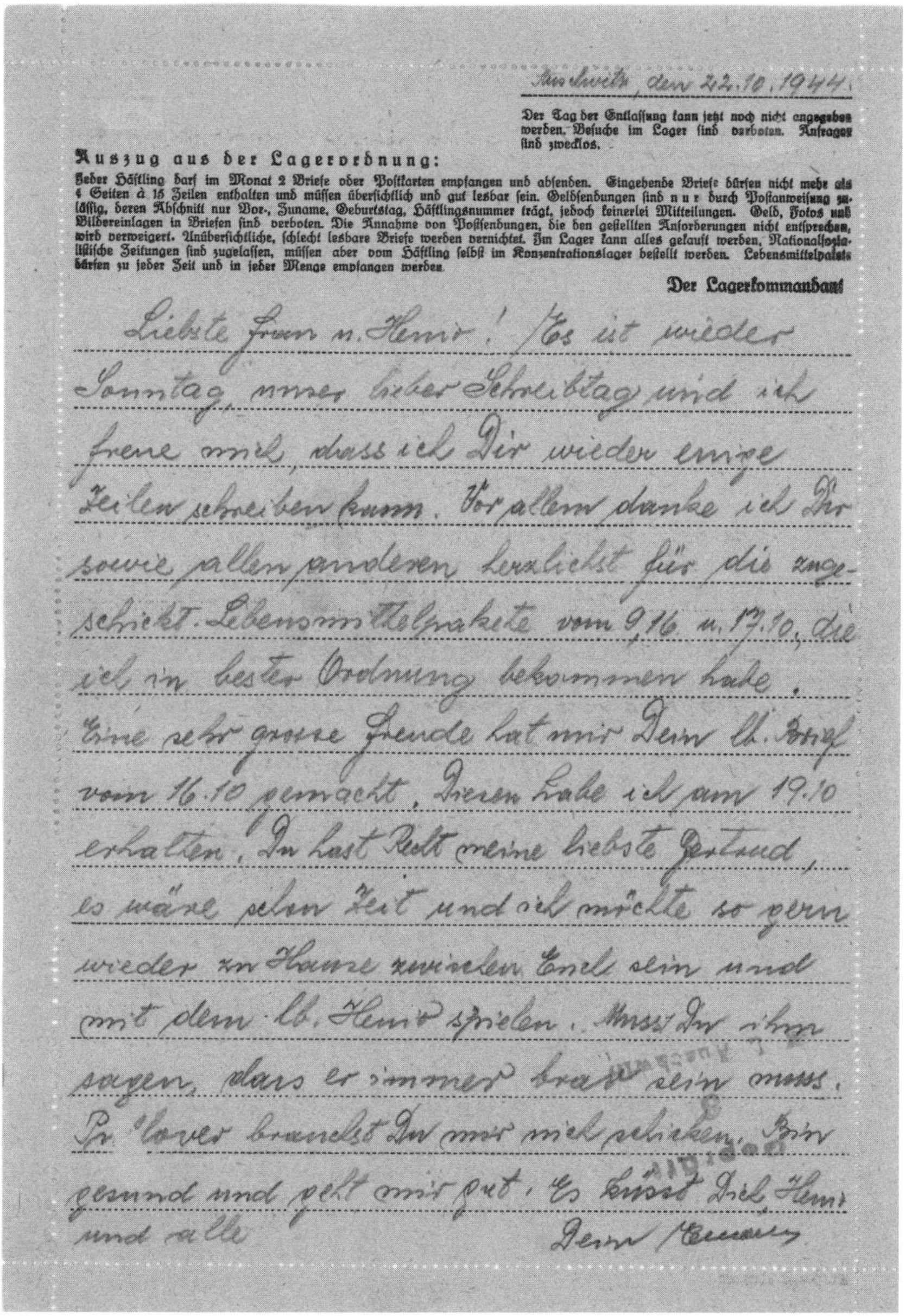

Auschwitz, den 22.10.1944.

Der Tag der Entlassung kann jetzt noch nicht angegeben werden. Besuche im Lager sind verboten. Anfragen sind zwecklos.

Auszug aus der Lagerordnung:

Jeder Häftling darf im Monat 2 Briefe oder Postkarten empfangen und absenden. Eingehende Briefe dürfen nicht mehr als 4 Seiten à 15 Zeilen enthalten und müssen übersichtlich und gut lesbar sein. Geldsendungen sind n u r durch Postanweisung zulässig, deren Abschnitt nur Vor-, Zuname, Geburtstag, Häftlingsnummer trägt, jedoch keinerlei Mitteilungen. Geld, Fotos und Bildereinlagen in Briefen sind verboten. Die Annahme von Postsendungen, die den gestellten Anforderungen nicht entsprechen, wird verweigert. Unübersichtliche, schlecht lesbare Briefe werden vernichtet. Im Lager kann alles gekauft werden. Nationalsozialistische Zeitungen sind zugelassen, müssen aber vom Häftling selbst im Konzentrationslager bestellt werden. Lebensmittelpakete dürfen zu jeder Zeit und in jeder Menge empfangen werden.

Der Lagerkommandant

Liebste Frau u. Heinz! Es ist wieder Sonntag, unser lieber Schreibtag und ich freue mich, dass ich Dir wieder einige Zeilen schreiben kann. Vor allem danke ich Dir sowie allen anderen herzlichst für die zugeschickt. Lebensmittelpakete vom 9.10 u. 17.10., die ich in bester Ordnung bekommen habe. Eine sehr grosse Freude hat mir Dein lb. Brief vom 16.10 gemacht. Diesen habe ich am 19.10 erhalten. Du hast Recht meine liebste Gertrud, es wäre schon Zeit und ich möchte so gern wieder zu Hause zwischen Euch sein und mit dem lb. Heinz spielen. Musst Du ihm sagen, dass er immer brav sein muss. Pullover brauchst Du mir nicht schicken. Bin gesund und geht mir gut. Es küsst Dich, Heinz und alle

Dein Hermann

図 27　二つ折りレターシートとその裏面。1944 年 10 月 22 日（消印の日付は 31 日）、チェシン地域内のオルロヴァー近郊のラジ宛に差し出されたもの。

終戦後の一九四五年に書いた『回想』によれば、「アウシュヴィッツはそのクライマックスを迎えた」という時期にあたっていた。ブロードはその具体的な内容を明らかにはしなかったが、おそらく、同年三月以降、ハンガリーからのユダヤ人の大量移送・虐殺のことを指しているものと考えてよいだろう。

戦況の悪化により親衛隊スタッフの中から前線に送られる者が日々増加し、物資も欠乏する中で、さらに大量のユダヤ人が移送されてきたことで、レターシートの様式も、同年夏頃からいっそう簡略化され、二つ折り形式のレターシート（図27）が導入された。

二つ折りのシートは従来のシートに比べて用紙も小型化されている。差出時には糊で封をすることを想定していたためか、周囲には開封用のミシン目も入れられている。ただし、じっさいに糊付けをして差し出された例は確認されていない。また、注意書の文言は従来のレターシートのように表面には印刷されておらず、通信欄の上部に簡略化して記されているのみで、初期の頃と比べると、明らかに収容所側に余裕がなくなっていることがわかる。

ちなみに、図24のシートが差し出されてから間もない一九四四年十一月、アウシュヴィッツ収容所は撤収に向けての準備を開始した。

アウシュヴィッツに動員されたフランス人

最後に、アウシュヴィッツからの郵便物の中でも異色の存在として、収容所での労働に動員されたフランス人労働者の郵便物を紹介しておきたい。

一九四〇年六月、ドイツに降伏したフランスはパリを含む国土の北部をドイツに占領され、中部の都市ヴィシーに第一次大戦の英雄だったフィリップ・ペタン元帥を元首とする親独政権の〝フランス国〟（ヴィシー政権）が成立した。

一九四一年六月に独ソ戦が始まると、同年十一月、ヴィシー政権は反共フランス義勇軍を派遣（図28）。彼らは、ドイツ陸軍第六三八歩兵連隊としてドイツ陸軍第七歩兵師団に所属し、東部戦線におけるモスクワの戦いに参加したのを皮切りに、ソ連軍と戦った。

一九四二年六月、ヴィシー政権首相のピエール・ラヴァルは、対独協力をさらに進め、共産主義を阻止するためにドイツの勝利を支持すると声明し、ドイツがフランス人捕虜一人解放したらフランス人労働者三人をドイツ国内の工場に送ることを発表する。これは、同年三月から、ドイツの労働力配置総監フリッツ・ザウケルが、軍需大臣アルベルト・シュペーアの要求に応じ、ヨーロッパの占領地区から労働者の強制連行を開始していた動きに呼応するものだった。

一九四三年一月、ザウケルの要求に応じ、一九二〇—二二年生まれの若者(当時の年齢で二十一～二十三歳)二五万人が動員され、ドイツに送られた。その後、一九四四年一月にはドイツ側から一〇〇万人のフランス人労働者を送るよう要求があり、これに対して、フランス側は七月二十一日までに総計六〇～六五万人をドイツに送り込んでいる。

図28　反共フランス義勇軍団に参加した将兵の郵便料金は、20グラムまでは無料で、20グラムから1キロまではヴィシー政権とドイツの協定によって決められていた。彼らの郵便物に貼付するための切手も何種類か発行されたが、これは国防献金を集めるために発行されたシートで、胸に赤星のあるシロクマに見立てたソ連を義勇軍団の正義の剣が打倒するデザインとなっている。

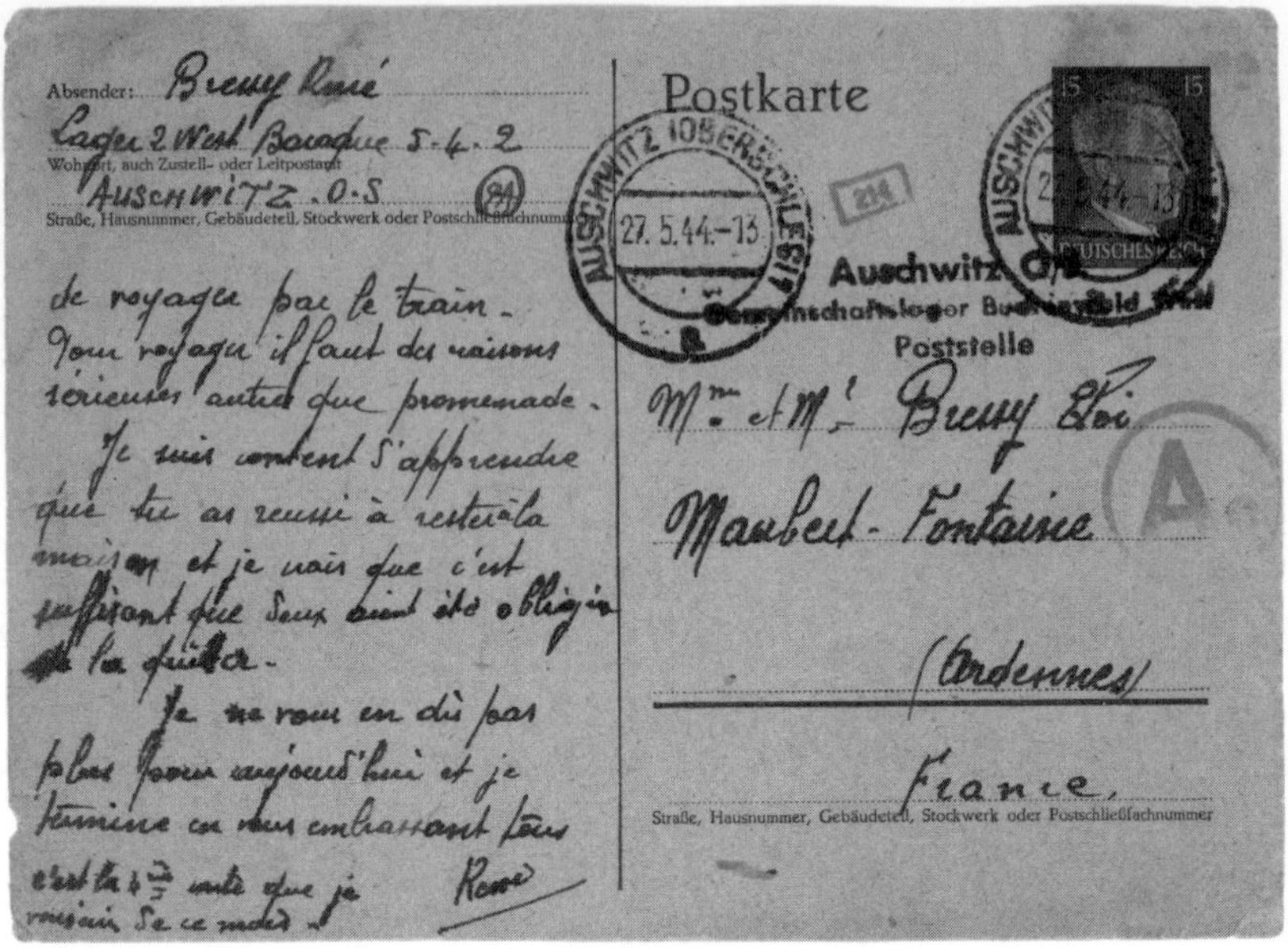
Absender: Breuy René
Lager 2 West Baraque 5-4-2
Wohnort, auch Zustell- oder Leitpostamt
AUSCHWITZ. O-S
Straße, Hausnummer, Gebäudeteil, Stockwerk oder Postschließfachnummer

de voyager par le train.
Pour voyager il faut des raisons
sérieuses autres que promenade.
Je suis content d'apprendre
que tu as réussi à rester à la
maison et je vois que c'est
suffisant que deux aient été obligés
de la quitter.
Je ne vous en dis pas
plus pour aujourd'hui et je
termine en vous embrassant tous
René

Postkarte
AUSCHWITZ (OBERSCHLESIEN) 27.5.44.-13
Auschwitz O/S
Gemeinschaftslager
Poststelle
Mme et Mr Breuy Eloi
Maubert-Fontaine
(Ardennes)
France.
Straße, Hausnummer, Gebäudeteil, Stockwerk oder Postschließfachnummer

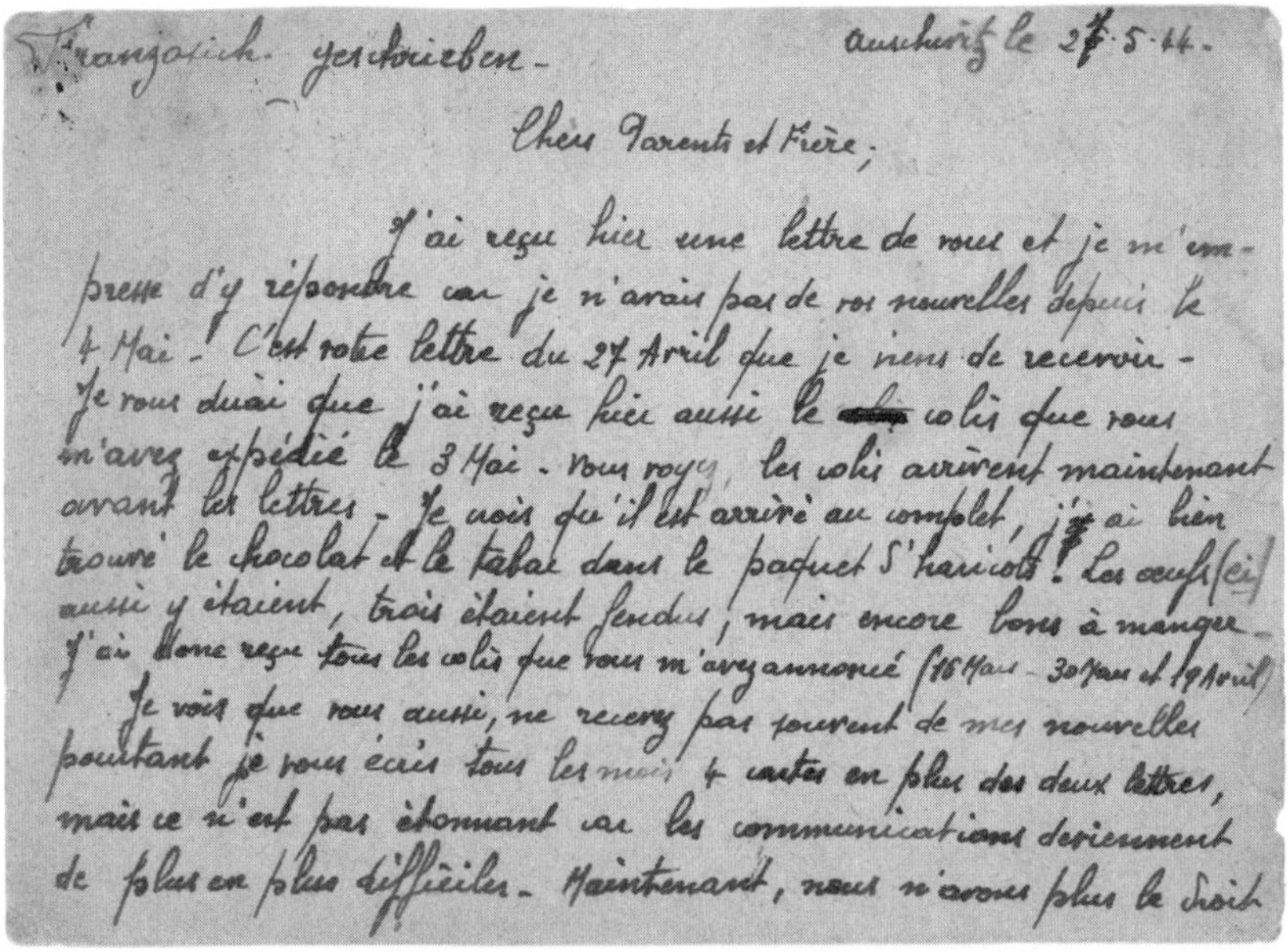
Französisch geschrieben.
Auschwitz le 27.5.44.
Chers Parents et Frère;
J'ai reçu hier une lettre de vous et je m'em-
presse d'y répondre car je n'avais pas de vos nouvelles depuis le
4 Mai. C'est votre lettre du 27 Avril que je viens de recevoir.
Je vous dirai que j'ai reçu hier aussi le colis que vous
m'avez expédié le 3 Mai. Vous voyez, les colis arrivent maintenant
avant les lettres. Je vois qu'il est arrivé au complet, j'ai bien
trouvé le chocolat et le tabac dans le paquet d'haricots! Les oeufs (ei)
aussi y étaient, trois étaient fendus, mais encore bons à manger.
J'ai donc reçu tous les colis que vous m'avez annoncé (18 Mars - 30 Mars et 19 Avril)
Je vois que vous aussi, ne recevez pas souvent de mes nouvelles
pourtant je vous écris tous les mois 4 cartes en plus des deux lettres,
mais ce n'est pas étonnant car les communications deviennent
de plus en plus difficiles. Maintenant, nous n'avons plus le droit

図 29　アウシュヴィッツに動員されていたフランス人労働者が差し出した葉書。

その一部はアウシュヴィッツ収容所での作業に従事させられたが、アウシュヴィッツで働かされた労働者は〝民間人〟として郵便物を差し出すことができた。

図29はその一例で、一九四四年五月二十七日、ビルケナウの第二収容所での労働に従事していた労働者が差し出した葉書である。

葉書には、郵便物の性格を示すものとして、“Auschwitz O/S Gemeinschaftslager Buchenwald West Poststelle”の印が押されているほか、民間人の差し出した郵便物としてアウシュヴィッツ1局の同日付の消印が押されている。収容者の葉書ではないので、アウシュヴィッツでの検閲は受けていないが（このため、葉書に記載された差出日と消印の日付が一致する＝葉書が書かれた後、すぐに郵便局が受けつけている）、一般の外国宛湯便物同様、途中で検閲を受けたことを示す“Ae”の文字が入った円形の印が押されている。

一方、図30は、ほぼ同時期の五月二十日に差し出された封書だが、こちらは、途中で開封・検閲されたため、ドイツの当局者によってナチス・ドイツの国章がある封緘紙で封をされているのが生々しい。

なお、これらの郵便物が差し出されてからほどなくして、一九四四年六月六日、ノルマンディー上陸作戦が開始され、連合軍がフランスに再上陸。八月二十五日にはパリが解放されてフランス共和国臨時政府がパリに移転し、ヴィシー政権は崩壊する。これに伴い、七月二十一日にはフランスからドイツへの労働者の提供も中止された。

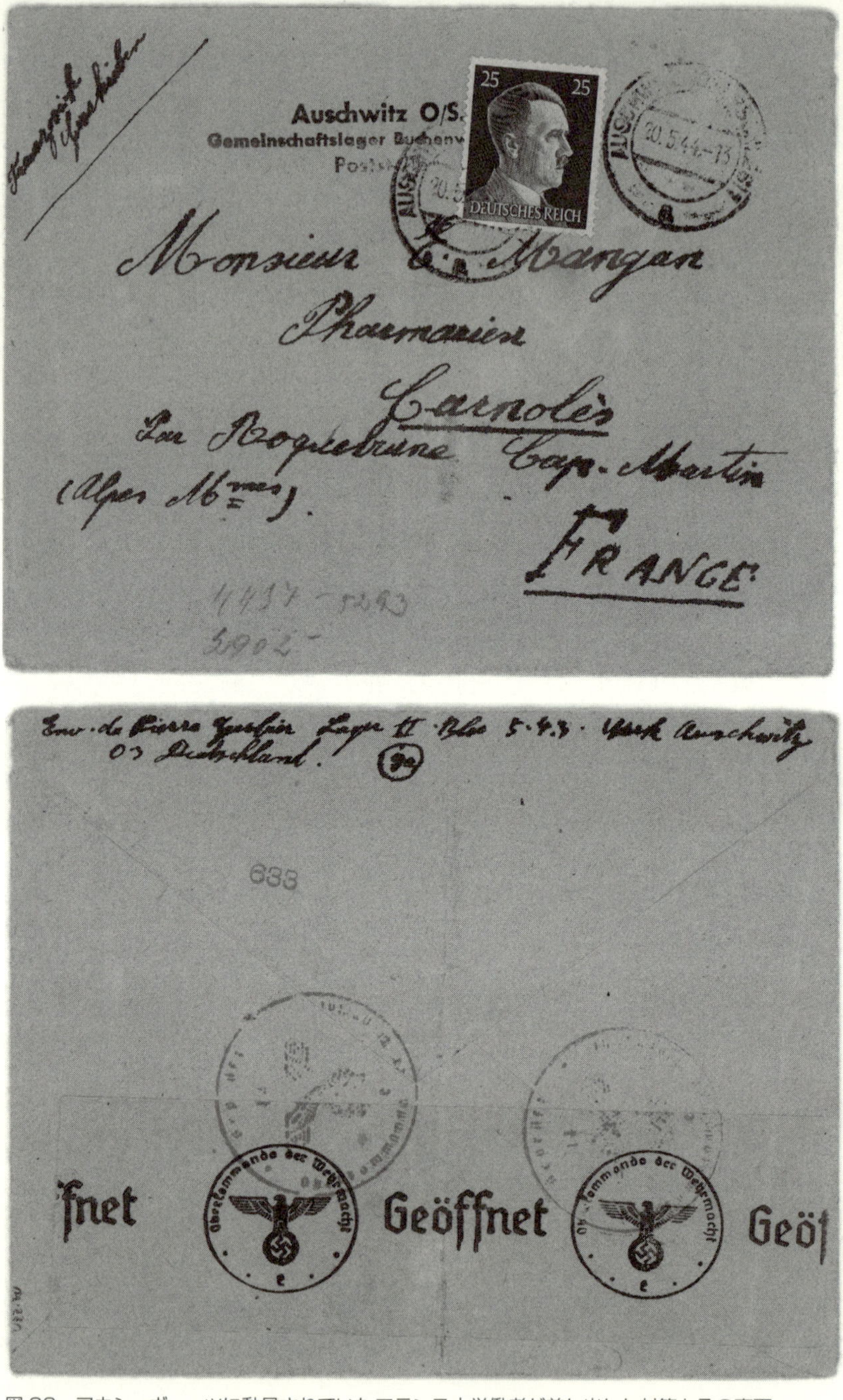

図 30　アウシュヴィッツに動員されていたフランス人労働者が差し出した封筒とその裏面。

Ⅳ　戦後ポーランドとアウシュヴィッツの切手

ベルゲン・ベルゼンとアウシュヴィッツ

アウシュヴィッツ以前にも、一九四四年七月にマイダネク収容所を解放したのを皮切りに、すでにいくつかの収容所を解放していたソ連は、収容所で行われていた残虐行為を撮影し、全世界に配信していた。しかし、それらは多くの国で共産主義陣営によるプロパガンダだとして、ドイツのみならず、米英からもまともには相手にされなかった。

こうしたことに加え、当初、アウシュヴィッツにおけるホロコーストの実態がよくわかっていなかったこともあって、ソ連はアウシュヴィッツを特別視することはなく、その解放を大々的に報じることもなかった。

ところが、四月十五日、英軍がベルゲン・ベルゼン収容所を解放したことで、次第に状況は変化し始める。

ベルゲン・ベルゼンは、北ドイツの主要都市ハノーファーの北東六五キロの地点に位置する収容所で、もともとは、一九四一年、捕虜収容所として開設された。一九四三年四月、親衛隊の管轄下に移管されて強制収容所となり、当初は、外国で拘束されているドイツ人との身柄交換のための〝交換ユダヤ人〟を拘禁するための施設とされていたが、一九四四年三月以降、病人や高齢のユダヤ人を収容する施設となった。しかし、収容所内の衛生状態は劣悪で、結核、赤痢、チフスなどの病気が蔓延していた。

さらに、一九四五年以降、他の収容所の撤収に伴い、受け入れ側の準備がほとんどないまま、大量の収容者がベルゲン・ベルゼンに移送された（一九四四年十二月二日時点で一万五二七七人だった収容者数は一九四五年三月には五万人に急増した）結果、事態はいっそう悪化した。

ちなみに、『アンネの日記』で知られるアンネ・フランクと彼女の家族は、一九四四年八月、ゲシュタポに逮捕され、オランダ北東のヴェステルボルク通過収容所を経て、九月にビルケナウのアウシュヴィッツ第二収容所に送られ、さらに、翌十月、ベルゲン・ベルゼンに移送され、一九四五年三月頃、チフスによりこの地で亡くなった。

進駐してきた英軍は、飢餓と病気が蔓延する阿鼻叫喚の光景を目のあたりにして強い衝撃を受け、その様子を動画に撮影して全世界に発信した。これにより、ようやく、人々はホロコーストの残虐さを深刻に受け止めるようになったという。

図1は、解放直後のベルゲン・ベルゼン強制収容所で、元収容者を対象に提供された無料郵便を利用して、ニューヨークのユダヤ系団体宛に差し出された郵便物である。

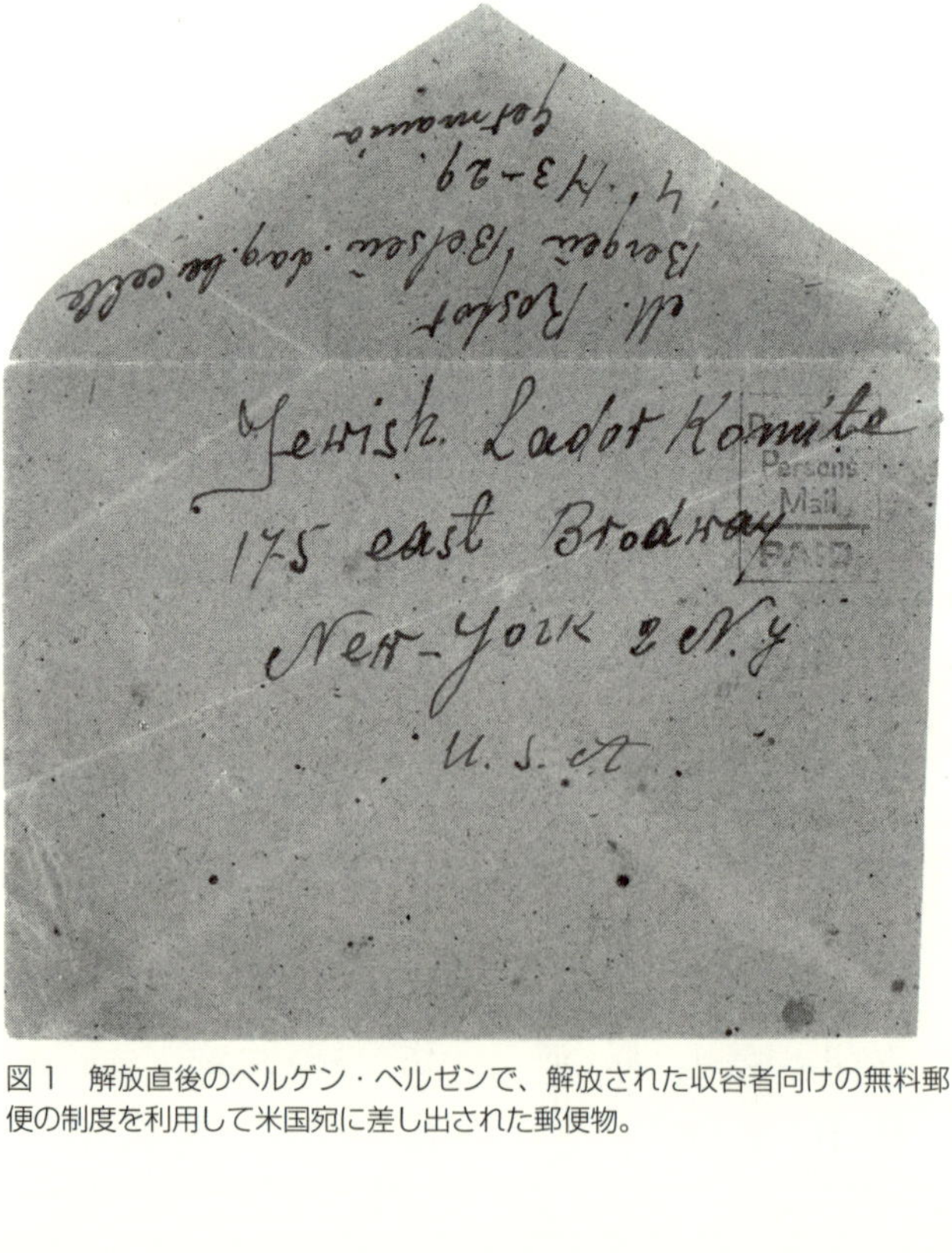

図１　解放直後のベルゲン・ベルゼンで、解放された収容者向けの無料郵便の制度を利用して米国宛に差し出された郵便物。

収容所を解放した米英軍としては、元収容者が親類縁者と連絡を取ったり、各国のユダヤ人団体に親類縁者の安否や所在地を問い合わせたりできるよう、通信手段を提供する必要があった。収容者を対象とした無料郵便はそのためのもので、宛先国などで料金未納の扱いを受けないように、料金支払済を意味する〝ＰＡＩＤ〟角印が押されている。

第二次大戦の終戦直後、米英はこの種の郵便サービスを各地で実施した。

たとえば、図2はその一例で、一九四五年九月、米軍が上海で行った無料郵便である。

一九四五年九月二日に日本が降伏文書に調印した時点では、当時の中国正統政府であった蒋介石の国民政府は内陸の重慶にあったため、各地の日本軍を武装解除するための十分な人員を速やかに派遣することは困難だった。このため、上海に関しては、国民政府に代わって、米軍が日本軍の降伏を受け入れ、旧日本軍の武装解除や収容所の解放を担当。その際、収容所から解放された元収容者のため、郵便物に料

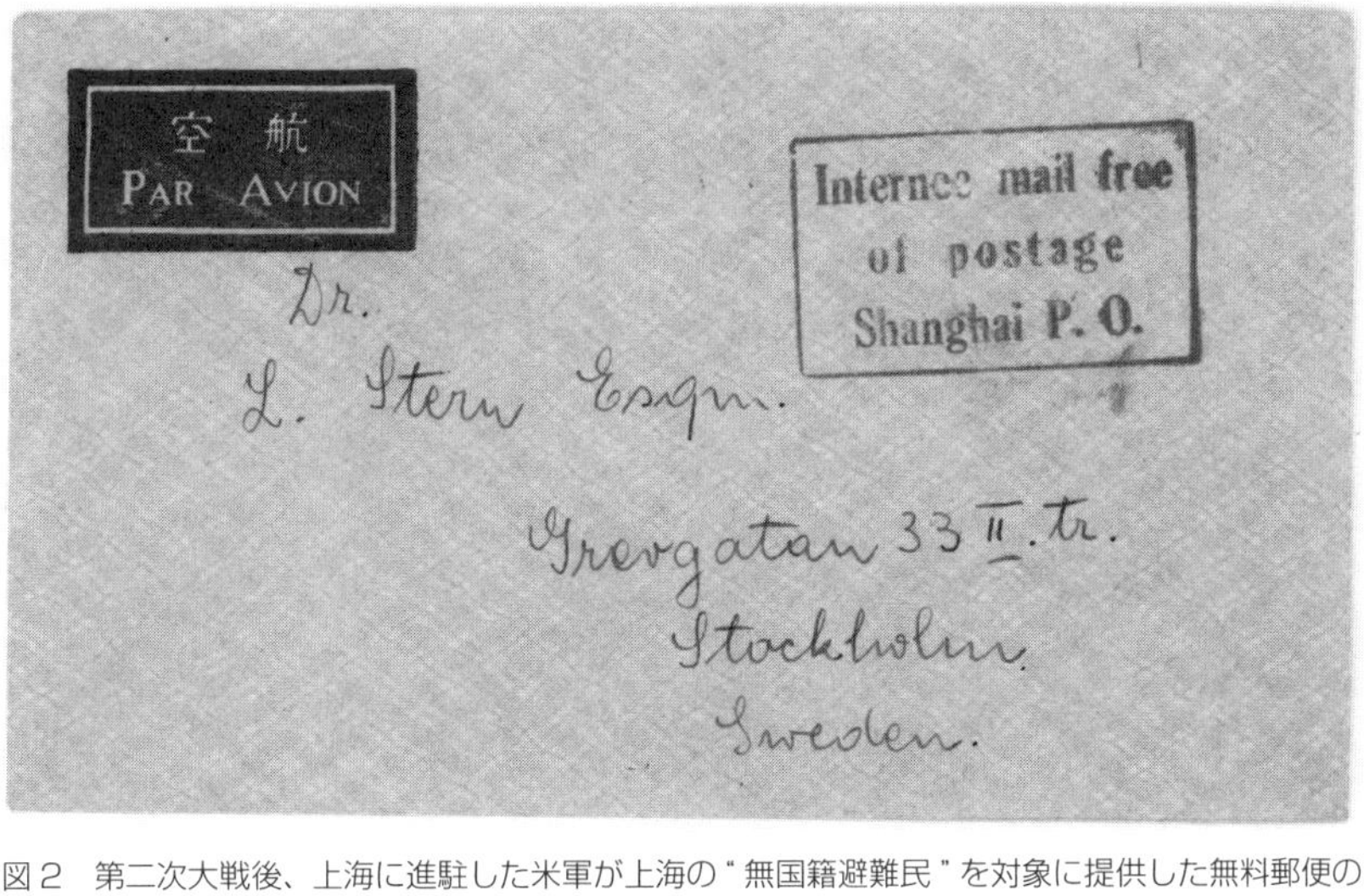

図２　第二次大戦後、上海に進駐した米軍が上海の“無国籍避難民”を対象に提供した無料郵便の封筒。

金無料を示す〝free〟の文字の入った印を押して、無料郵便を提供した。

この無料郵便に用いられた印には紫色と赤色があるが、現存するものの大半は紫色で、ここに示すような赤色のものは少ない。これは、紫色が一般の戦勝国民用の郵便物に使われたのに対して、赤色のものは〝無国籍避難民〟、すなわち、事実上、ユダヤ系の人々の郵便物に使われたため、利用者数が大きく異なっていることによるといわれている。

ナチス・ドイツの迫害を逃れたユダヤ系難民の一定数は、ソ連・日本経由で上海に逃れていたが、一九四一年十二月に日本が〝大東亜戦争〟に踏み切ったことで、日本占領下の上海で生活していたユダヤ人も連合国側の人間と見なされて抑留された。この郵便物の差出人も、そうした経緯を経て、戦後、この無料郵便を差し出すことになったのだろう。

なお、ソ連軍の占領または支配地域では、国際法上、無料で行うことが義務づけられている捕虜郵便を除くと、原則として、こうした制度は行われなかった。このため、アウシュヴィッツから解放された収容者を対象とした無料郵便も実施されていない。このあたりからも、ソ連という国の人権感覚が垣間見えるように思われるのは筆者だけではあるまい。

さて、英軍によるベルゲン・ベルゼンの解放とほぼ時を同じくして、米軍も、一九四五年四月十一日のブーヘンヴァルトを皮切りに、五月五日のマウトハウゼンならびにグーゼンにいたるまで各地の収容所を解放していった。そのたびに、強制収容所の悲惨な実態が白日の下にさらされて世界は戦慄し、あらためて、ナチスの非人道性が糾弾されていくことになる。

こうした状況を踏まえて、五月以降、ようやく、ソ連は一月二十七日に解放していたアウシュヴィッツ収容所についても言及し始めた。

ドイツとの死闘が終わり、勝者による世界分割としての東西冷戦が進行していく中で、米英ソ各国は、それぞれ〝正義の戦争〟で自分たちこそがいかに多くの犠牲を払い、連合国の勝利に大きく貢献したかを強調することによって、勝者としての正統性をアピールするようになる。

この文脈で考えた場合、犠牲者一七万人以上というベルゲン・ベルゼンを解放した英国に対して、自分たちの解放したアウシュヴィッツはそれよりもはるかに規模が大きく、それゆえ、犠牲者の数も多かったとソ連が強調するのも当然のことだった。

特に、第二次大戦後のソ連の外交政策は、一九三九年のポーランド分割によりドイツと直接国境を接するようになったがゆえに、一九四一年以降の血みどろの〝大祖国戦争〟（彼らの呼称でいう独ソ戦のこと）を戦うことになったという反省を踏まえ、自国の周囲を衛星国で固めることにより、彼らを防波堤として、敵国の攻撃が自分たちに直接及ばないようにするということを基本方針としていた。ドイツ軍を駆逐して〝解放〟した東欧の各地で、ソ連が共産党政権を次々に樹立していったのは、その表れである。

したがって、ソ連と東欧の親ソ政権にとっては、西側以上に、ナチス・ドイツは〝絶対悪〟でなければならず、ナチスを打倒してくれたソ連赤軍は〝解放軍〟であるという認識が、国家の正統性の大前提となっていた。

ポーランドの共産化

ここで、第二次大戦後、ポーランドにソ連の勢力が扶植されていくまでの過程について、簡単にまとめておこう。

第二次大戦中、独ソ両国によって分割されたポーランドの旧政府は、当初はパリに、後にロンドンに亡命政権を樹立した。

ドイツの占領下に置かれたポーランド西部のみならず、ソ連占領下のポーランド東部でも多くのポーランド人が捕虜として強制収容所へ送られたが、一九四一年の独ソ戦勃発後は、ポーランド亡命政府はソ連と条約を結び、ポーランド人捕虜を釈放して部隊を編成し、ドイツと戦っていた。

ところで、ソ連占領下のポーランドでは、将校一万人を含む二五万人の軍人と民間人が消息不明となっていたが、じっさいに、ソ連によって対独戦のポーランド人部隊に集められたのは、将校一八〇〇人、下士官と兵士二万七〇〇〇人しかいなかった。このため、亡命政府側はソ連に対して捕虜の即時釈放を要求したが、ソ連側は、事務手続きや輸送の問題で遅れているだけで、すでに捕虜は釈放したと回答する。しかし、じっさいには、四四〇〇人のポーランド人捕虜がスモレンスク近郊のグニェズドヴォの森で銃殺されていたのである。

独ソ戦の勃発後、スモレンスクを占領下に置いたドイツ軍は、一九四三年二月二十七日、カティン近くの森・山羊ヶ丘でポーランド人将校の遺体が埋められているのを発見。国際的に通用しやすい名前であるカティンの名にちなみ、カティン虐殺事件として報告書を作成し、ワルシャワ、ルブリン、クラクフの有力者とポーランド赤十字社に調査を勧告した。これが、四月十三日に世界各国で報じられ、〝カティンの森事件〟は全世界に知られるようになった。

これに対して、ソ連は、ポーランド人の遺体はドイツ軍によって殺害されたものと強弁したが、ソ連側は、それまで、捕虜がスモレンスクにいたことを亡命政府に説明しておらず、亡命政府の調査によれば、ポーランド人捕虜の殺害時期は独ソ戦以前の一九四〇年三～四月であることが判明。このため、ポーランドとドイツの赤十字社はジュネーヴの赤十字国際委員会に中立的な調査団による調査を依頼した。すると、ソ連は亡命政府を猛烈に批判し、亡命政府に対して、〝カティンの森事件〟はドイツの謀略であったと声明することを要求。亡命政府がこれを拒否すると、ソ連は亡命政府と断交する。

一九四四年、ドイツが敗走を重ねる中で、ソ連軍の解放地域がワルシャワ近郊にまで及んでくると、ポーランド亡命政府系の国内軍は、それに呼応する形で八月一日にワルシャワでの武装蜂起を行った。いわゆるワルシャワ蜂起である（図3）。

しかし、戦後のポーランドを衛星国化する意向を

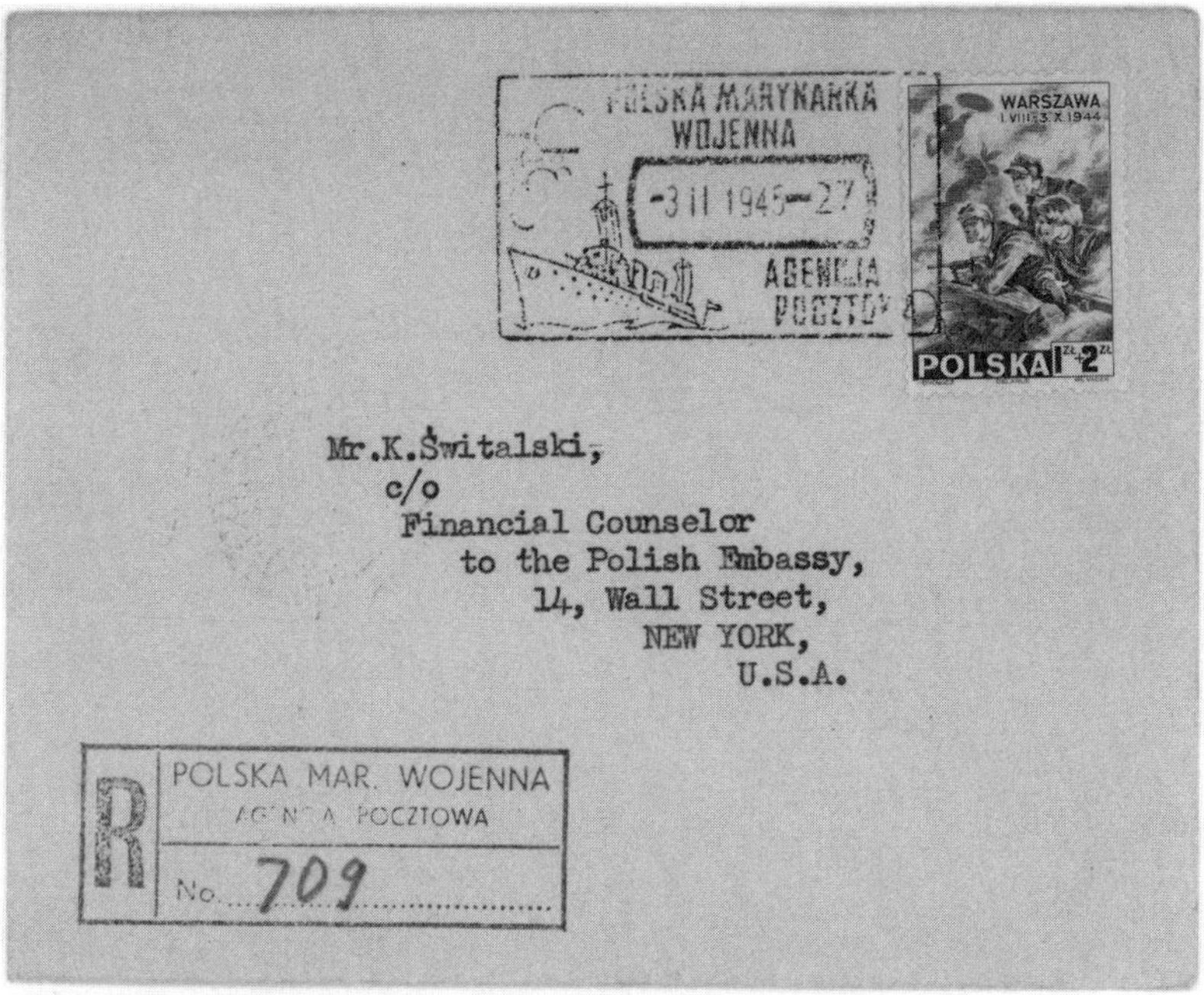

図３　ワルシャワ蜂起を取り上げたポーランド亡命政府の切手が貼られた米国宛の書留便。

既に固めていたソ連は、親英的な亡命政府がポーランドに復活することを望まず、ワルシャワを目前にして進軍を停止。英国の度重なる要請にも関わらず、蜂起を援助しなかったどころか、英国による支援も妨害した。この結果、ワルシャワ蜂起は失敗に終わり、ドイツ軍による懲罰的攻撃によってワルシャワは徹底的に破壊にされ、レジスタンス・市民約二二万人が虐殺された。

　これに先立ち、一九四四年七月、占領地域のルブリンを拠点に親ソ政権を樹立していたソ連は、ワルシャワ蜂起の失敗を受けて、このルブリン政権（図

図４　設立後まもない時期のルブリン政権が発行した切手。

4）を戦後のポーランド政府として育成し、ポーランドを自国の藩屏となる衛星国として確保するための具体的な行動を開始する。

一九四五年二月、戦後の国際秩序を決めたヤルタ会談がはじまると、ロンドンの亡命政権とルブリン政権のどちらを正統政府とするかで、英ソは激しく対立。結局、米国のとりなしで、ポーランドで総選挙を実施し、政体はポーランド国民自身に選ばせることで決着が図られた（図5）。

また、ドイツ降伏後のポツダム会談では、戦前のポーランド領のうち、東部のウクライナ・ベラルーシ西部をソ連に割譲し、かわりにオドラ川以西のシロンスク（戦前はドイツ領）を戦後のポーランド領に編入することが決められ、東を追われたポーランド人が旧ドイツ領から追放されたドイツ人のかわりに西部に定着するという人口の大移動が起こった。

その後、ソ連の息のかかったルブリン政権は警察権を掌握して反対派を実力で排除。一九四五年六月に〝挙国一致政府〟が発足すると、副首相に元亡命政府首相のスタニスワフ・ミコワイチクが就任したものの、親ソ派は首相のオスプカ・モラフスキ以下の重要ポストを独占し、ポーランドの共産化は決定的となった。ちなみに、共産主義憲法を戴くポーランド人民共和国が正式に発足するのは、一九五二年のことである。

図５　ヤルタの三首脳を描いたロシア切手。

戦後ポーランドのポグロムとヘス裁判

こうした経緯を経て発足したポーランドの親ソ派政権だったが、ソ連と戦ったナチス・ドイツが〝絶対悪〟であるという前提には異論はないにしても、当時の状況下では、単純にナチス・ドイツによるユダヤ人迫害を批難すればよいというわけにも行かない事情があった。

一九三九年九月にドイツに占領される以前のポーランドには、推定三四〇万人のユダヤ人が居住していた。これに対して、ポーランド全土が解放された後の一九四五年五月十六日の時点で、ポーランド国内で生存が確認されていたユダヤ人は七万四〇〇〇人だった。その後、領土の変更に伴う移住や終戦に伴う兵士・捕虜の復員などで、ソ連から帰国する者などがあり、一九四六年六月末の時点で、ポーランド国内のユダヤ人口は二五万五〇〇〇人となったから、単純に考えると、帰国者は一八万一〇〇〇人という計算になる。ただし、戦前の三四〇万人に比べると、二五万五〇〇〇人という数字はわずか七・五パーセントにすぎない。

ところで、ユダヤ人の帰国が進行していくなかで、一九四五年六月、ジェシュフでユダヤ人の殺傷を含む反ユダヤ暴動（ポグロム）が発生。以後、ポーランド各地ではポグロムが頻発した。特に、一九四六年七月四日、ポーランド中心部のキェルツェで発生したポグロムでは、白昼、女性・子供を含む四二人のユダヤ人が虐殺されると、自分たちの生命・財産に対する物理的な恐怖を感じたユダヤ人はこぞって国外に脱出するようになる。

戦後のポーランドでユダヤ人に対するポグロムが発生したベースには、戦前からポーランド社会に蔓延していた反ユダヤ主義的な風潮（いわゆる〝水晶の夜〟事件は、一義的にはナチス・ドイツによる犯罪的な行為であるが、ポーランドによるユダヤ人の国籍剥奪と帰国拒否がきっかけになった面があったことも忘れてはならない）が、大戦を通じても、決して払拭されることがなかったということが挙げられる。

たとえば、アウシュヴィッツから脱出してポーランド国内で反独地下活動に従事していたヴィトルト・ピレツキは、マウキニア駅で顔見知りの女性駅員に「トレブリンカ村は変わったみたいだね（ドイツ占領下のトレブリンカにはユダヤ人の抹殺を目的とした絶滅収容所があり、ワルシャワからビャウィストクまでのユダヤ人が広範囲に虐殺された）」と声をかけたところ、駅員は「でも、ユダヤ人がすっかり片付いてせいせいしたわ」とこともなげに応じたという。ちなみに、彼女の反応は、当時のポーランドではごく一般的なものだった。

じっさい、ポグロムの鎮圧を求める市民の声に対して「お前はユダヤ人を救いたいのか」と応じた警察幹部もいたし、キェルツェでのポグロムの一週間後、ユダヤ人を殺害した犯人の一部に死刑判決が下されたというニュースを聞いたウッチ（ドイツ占領下での旧称はリッツマンシュタット）の労働者は、ユダヤ人を殺しても罪に問われないと信じ込んでいたこともあり、実行犯の死刑判決に対する抗議のストライキを行っているほどである。

さらに、こうした反ユダヤ感情に加えて、ドイツの占領下で強制収容所に追い立てられたユダヤ人の住居には、その後、近隣のポーランド人が住みついているケースも少なくなかったから、彼らにとって、ユダヤ人の帰還は〝迷惑〟以外の何物でもなかった。

いずれにせよ、ナチス・ドイツを打倒することで成立した（という建前の）親ソ政権にとっては、規模の大小こそあれ、本質的には彼らと変わらぬユダヤ人迫害・虐殺が国内で横行しているという事態は、ナチスが〝絶対悪〟であるという政権の正統性の根拠を根本から揺るがしかねないものであった。

一九四六年四月二十九日、ポーランド郵政が、アウシュヴィッツではなく、マイダネク収容所を題材とした切手（図6）を発行したのも、そうした国内事情の表れではないかと考えられる。

マイダネク収容所は、一九四二年冬、ルブリン郊外に完成した収容所で、正式名称はルブリン強制収容所。アウシュヴィッツ同様、ガス室を備えており、移送されてきた人々を組織的に虐殺する絶滅収容所としての役割も兼ねていた。

収容所には一九四四年七月、ソ連によって解放されるまでに、五〇万人もの人々が収容された。当初のポーランド側の主張では犠牲者数は三六万人とされていたが、現在では、犠牲者数は七万八〇〇〇人と考えられている。

犠牲者の出自では、非ユダヤ系のポーランド人が最も多く、同ロシア人、ユダヤ人が順に続く。犠牲者数が三六万人とされていた時代、ユダヤ人の犠牲者は五万人と見積もられており、多くのユダヤ人が亡くなったことには違いないのだが、全体から見れば、マイダネクはポーランド人とロシア人を大量に虐殺した収容所という位置づけになる。このため、ポーランド政府としては、マイダネクの悲劇を強調することで、とりあえず、国内の反ユダヤ主義を棚上げにして、ポーランドとソ連がナチス・ドイツから受けた被害を強調するということも可能である。

これに対して、アウシュヴィッツ収容所に関しては、総数一二五万人以上とされる犠牲者のうち一〇〇万人がユダヤ人で、非ユダヤ人は二五万人以上とされているから、あきらかに、ナチスによるユダヤ人迫害の象徴という意味合いが強くなる。

一九四六年四月の時点で、犠牲者が最大のアウシュヴィッツではなく、あえてマイダネクを糾弾する切手が発行されたのも、そうした政治判断が働いたためと推測するのが妥当であろう。

さて、アウシュヴィッツ収容所の所長を務めていたヘスがワルシャワに移送され、ポーランド政府に

図6 マイダネク収容所で毒ガスを散布するナチス親衛隊の死神を描いた1946年の切手。

身柄を引き渡されたのは一九四六年五月二十五日だったが、同年七月、キェルツェとクラクフで相次いでポグロムが発生すると、同月三十日、ヘスはクラクフ・プワシュフ強制収容所の所長だったアーモン・ゲートらとともにクラクフへ移送される。

その後、クラクフでヘスの裁判が進行していく中で、ポーランド政府は、(事実上の)共産主義政権としては例外的に、ユダヤ人の国外への移住に〝寛容〟な態度をとり、ユダヤ人の出国を促した。国民の反ユダヤ感情の原因となっているユダヤ人の存在を、物理的に除去してしまおうという意図があったのは明白である。

この結果、一九四七年二月までに、ソ連からの帰国者の大多数に相当する一六万人のユダヤ人が国外に脱出し、ポーランドのユダヤ人口は九万二〇〇〇人にまで激減した。

そのうえで、同年四月二日、ポーランド最高人民裁判所がヘスに死刑判決を下す。そして、同月十六日、ヘスは彼が大量のユダヤ人を虐殺したオシフィ

図7　1947年12月に発行されたポーランドの葉書は、後ろ手に縛られた収容者を印面に描き、余白にはアウシュヴィッツ収容所の監視塔の写真を印刷している。

エンチム（アウシュヴィッツ）の地で絞首刑を執行された。

こうした前段階を経て、一九四七年六月十四日、一九四〇年にタルヌフからアウシュヴィッツに最初のポーランド系収容者が移送されてきた因縁の日を選んで、ナチスの蛮行を忘れないようにとの趣旨の下、旧収容所跡を国立博物館として保存することが正式に決定され、同年六月と十二月には〝アウシュヴィッツ〟と博物館を題材とした記念葉書も発行された（図7）。

かくして、〝（ユダヤ人が激減することで）民族的に統一されたポーランド〟の政府は、反ユダヤ感情が国民の底流に流れ続けている中で、（ユダヤ人に対するホロコーストの象徴としての）アウシュヴィッツを糾弾するという矛盾に満ちた状況に、彼らなりの折り合いをつけたのである。

ゴムウカ政権下のアウシュヴィッツ切手

一九四八年五月十五日、パレスチナの地にイスラエル国家が建国された。

イスラエルは、全世界に離散したユダヤ人が父祖の地であるエレツ・シオン（シオンの丘、エルサレムのこと）を含む〝民族的郷土〟に自分たちの祖国を建国するというシオニズムを建国の理念としていたから、翌一九四九年、第一次中東戦争（イスラエルにとっては独立戦争）の混乱が収束すれば、ポーランドからも相当数のユダヤ人がイスラエルに移住することが予想された。

ところが、東西冷戦という国際状況の中で、イスラエルが親米国家であるがゆえに、〝社会主義国の首領〟として君臨していたスターリンは反イスラエルの姿勢を取り、一九五〇年十二月、ポーランドからイスラエルへの出国は禁止された。

一九五二年、ポーランドは正式にポーランド人民共和国となり、名実ともにソ連の衛星国となった。

当然のことながら、多くの国民は不満であったが、ボレスワフ・ビェルト率いるポーランド統一労働者党（共産党）政権は、宗主国のスターリンに倣って反体制派を弾圧し、体制を維持していた。

ところが、一九五三年三月にスターリンが亡くなり、一九五六年二月、ソ連共産党大会でフルシチョフがスターリン批判を行うと、宗主国の突然の方針転換にショックを受けたビェルトは心臓発作を起こして三月に急死。エドヴァルト・オハプが党第一書記となった。

こうした状況の下、同年六月、国際見本市が開かれていた西部の都市ポズナンでは、外国特派員の存在を意識して、未払い分の給料の支払いを求める工場労働者のデモが発生。政府が力づくでこれを抑え込もうとすると、反発したデモ隊は暴徒化し、一〇〇名を越える死傷者が発生した。

いわゆるポズナン暴動である。

暴動の発生を受けて、統一労働者党の指導部は守旧派からなるナトーリン派と穏健改革派のプワヴァ派に分裂したが、前者は〝民主化〟の要求には反対しながら、大幅な賃上げとユダヤ系指導者の追放、ヴワディスワフ・ゴムウカの復権などのスローガンを掲げて、大衆の心理に訴えようとした。

ここで、ナトーリン派がユダヤ系指導者の追放をスローガンとして掲げていたのは、ルブリン政権以来の失政の原因をすべてユダヤ人政治家や党員に押し付けることで、同じく党の指導部にいたはずの自分たちへの非難をかわそうとしたものである。

ちなみに、ゴムウカは一九〇五年、ハプスブルク帝国支配下のクロッセン（ポーランド語名クロスノ）近郊生まれ。戦前からの古参共産党員で、第二次大戦後はポーランドでの共産主義体制の樹立に尽力したが、一九四八年に〝右翼民族主義的〟と批判され、翌一九四九年に党を除名され、一九五一年には逮捕・投獄されていた人物である。

ナトーリン派のプロパガンダは、ポーランド国内の眠っていた反ユダヤ主義を刺激する結果となり、ヴロツワフで「ユダヤ人に仕返しをしよう」と主張する男がユダヤ系時計職人のハイム・ヌトコーヴィチを殺害。さらに、ヴァウブジィフでもユダヤ人に対する暴行事件が発生したほか、各地でユダヤ人の住居に「ポーランドから出ていけ」との多数の落書きが発見された。

しかし、ポズナン暴動後の騒然とした空気の中で、こうした動きがポグロムにつながり、社会的な混乱を増幅させることを恐れたポーランド政府は、軍と警察を導入してポグロムの発生を抑え込んでいる。結局、暴動後の十月二十一日、責任を取らされるかたちでオハプは辞任。ゴムウカが党第一書記として復権を果たし、ナトーリン派は（一時的に）指導部から追放された。

権力を掌握したゴムウカは、ワルシャワ条約機構の枠組みは維持するものの、その中での可能な限りの自主路線を模索。具体的には、農業集団化の廃止、ローマ・カトリック教会の迫害の停止、検閲の緩和、ソ連残留ポーランド人（その中には少なからずユダヤ人も含まれていた）の帰国交渉などの改革が行われ、結果的に、スターリン主義的な風潮はかなり緩和された。

これに対して、フルシチョフがスターリン批判を行ったとはいえ、ソ連が衛星国の〝ソ連離れ〟を歓迎するはずもなく、ソ連とポーランドの間には確執が生じたといわれている。

ところで、スターリン没後の一九五五年、ポーランド政府はユダヤ人のイスラエルへの出国制限を緩和していたが、これに、一九五六年のナターリン派による反ユダヤ主義のプロパガンダ等が加わり、ポーランドから脱出するユダヤ人は急増した。その中には、ゴムウカ政権下でソ連からポーランドに〝帰国〟したものの、結果的にポーランド社会（に根づよく残っていた反ユダヤ主義的な傾向）に失望し、時間をおかずにポーランドから脱出していった者も少なくなかった。

せっかく〝ポーランド国民〟としてソ連からユダヤ人を帰国させたとしても、彼らが国内に定着しないのであれば、ゴムウカ政権の面目は丸つぶれである。

このため、一九五七年二月、首相のユーゼフ・ツィランキェヴィチは以下のような声明を発する。

ポーランド国民はその出自、民族、信仰に関わりなく、その権利と義務は平等であるという原則を、我々は完全に守るであろう。何世紀にもわたってポーランドを祖国としてきたユダヤ人住民に対する差別とか、同権の法規をゆるがせる試みに対しては政府とその諸機関は断固とした共同の措置を取る。

また、ほぼ時を同じくして、新聞には、第二次大戦後初めて反ユダヤ主義を批判する記事が掲載され、党中央委員会は地方組織に対して反ユダヤ主義の兆候を見逃さずに反撃するよう、通達を出している。しかし、結果としてユダヤ人の出国は止まず、一九五五～六〇年にポーランド国外に脱出したユダヤの数は五万五〇〇〇人にのぼり、一九六一年の時点で

図８　「1940～45年に強制収容所で亡くなった数百万人を悼むための世界レジスタンス月間」の切手３種が貼られた書留便。アウシュヴィッツを題材とした。

は、ポーランド国内のユダヤ人口は二万五〇〇〇～三万人にまで落ち込んだ。戦前（三四〇万人）の一パーセント以下の水準である。

こうした経緯を経て、一九六二年四月三日、「一九四〇～四五年に強制収容所で亡くなった数百万人を悼むための世界レジスタンス月間」の記念切手の一枚として、アウシュヴィッツを題材とした切手が初めて発行された（図8）。

切手は収容者に支給された縦縞の服（収容者の番号票２４８６７も縫い付けられている）と折られた花をデザインしたもので、額面は四〇グロシュである。三種セットで発行されたもののうち、他の二種はマイダネク収容所を題材とした六〇グロシュ切手（収容所跡の風景を描く）、トレブリンカを題材とした一・五〇ズウォティ切手（一ズウォティ＝一〇〇グロシュ。収容所跡に建てられたモニュメントを描く）である。

一・五〇切手に取り上げられたトレブリンカ収容所は、ワルシャワの北東約九〇キロの地点に、ポーランドのユダヤ人絶滅を目的に建設された絶滅収容所で、一九四二年七月の開所から一九四三年十月に放棄されるまでの約十四ヵ月の間に、七三万人以上のユダヤ人がここで殺害されたとみられている。なお、ナチスの親衛隊は撤退に際して、証拠隠滅のために収容所の建物などを徹底的に破壊したため、当時の建物は現存していない。したがって、切手のデザインとしても記念碑を取り上げざるを得なかったのであろう。

いずれにせよ、強制収容所を扱った三種の切手のうち、主としてユダヤ人が犠牲になった収容所が二種を占めていたことは、反ユダヤ主義が根強く残っていた、当時のポーランド社会の状況を考えると注目してよい。

ところで、一九六〇年代に入ると、統一労働者党内では、新たな派閥としてパルチザン派が台頭する。

パルチザン派は、大戦中にパルチザン活動に従事し、戦後はスターリン主義によって迫害を受けたと主張するグループで、人脈的にはナトーリン派の系譜を継いでいた。したがって、彼らは民族主義的な傾向が強く、時として、ナトーリン派以来の反ユダヤ主義的な主張に対して一定の親和性を持つ傾きがあった。

一九六四年の党・政府人事では、パルチザン派からストシェレツキが政治局員に、モチャルことミコワイ・デムコが内相に就任し、その勢力はゴムウカを脅かすほどにまで伸長する。

したがって、一九六七年四月に〝アウシュヴィッツ〟を題材として発行された切手（図9）が、「ポーランド人民の犠牲と戦いを記念するために」という名目を掲げ、アウシュヴィッツにおけるポーランド人政治犯・捕虜の犠牲を強調するものとなっていた背景にも、パルチザン派の歴史認識が反映されていたと考えてよかろう。

図9　1967年に発行されたオシフィエンチムの記念碑を描く切手。

さらに、この切手が発行されてから間もなく、一九六七年六月には第三次中東戦争が勃発する。

第三次中東戦争は、周辺のアラブ諸国が国境地帯に急速に兵力を集中させたことに危機感を抱いたイスラエルが、アラブ諸国からの攻撃を未然に防ぐとの名目で、先制攻撃を仕掛けたことで勃発した。開戦早々、イスラエル軍はアラブ諸国の空軍を壊滅させ、六日間の戦闘で、ヨルダン川西岸、東エルサレム（ユダヤ教・キリスト教・イスラムの三宗教の聖地がある旧市街を含む）、ガザ地区、シナイ半島、ゴラン高原などを占領するなど、赫々たる戦果を挙げた。

しかし、背景事情はどうあれ、イスラエルが先制攻撃を仕掛けたことには違いなかったから、国際世論の多くはイスラエルを非難し、占領地からの撤兵を要求したが、イスラエルはこれに応じなかった。

アラブ＝イスラエル紛争において、アラブ諸国やパレスチナ解放機構（ＰＬＯ）を支援していたソ連

図10　第3次中東戦争後の1968年、ポーランド当局は、イスラエル領としてのエルサレム旧市街を取り上げた切手を貼ってワルシャワ宛に差し出された郵便物の取り扱いを拒絶、郵便物をイスラエルに返送した。

と東側諸国は、当然のことながら、こうしたイスラエルの姿勢に強く反発。ポーランドとイスラエルの外交関係も緊張した（図10）。

すでに、第三次中東戦争の終結直後から、パルチザン派は、国軍のユダヤ系将校がイスラエルの勝利を祝っていたという噂を流し、反ユダヤ主義キャンペーンを展開していたが、ゴムウカが労働組合全国大会の席上、ユダヤ人はポーランド国家への忠誠心に欠けていると非難の演説を行うと、国内に眠っていた反ユダヤ主義が一挙に噴出。オシフィエンチムのアウシュヴィッツ博物館でも、ユダヤ人の苦難を示す展示場がさっそく閉鎖された。

さらに、一九六八年三月、いわゆる三月事件が発生する。

一九六八年二月末、ワルシャワの国民劇場で上演されていたアダム・ミツキェヴィチ（十九世紀の詩人で、ショパンと並ぶポーランド愛国主義の象徴とされている）の古典詩劇『父祖の祭り』の演出について、ポーランド政府から国民の反露（反ソ）感情を刺激するとのクレームがつき、上演が禁止された。これに対して、ワルシャワ大学の学生が抗議集会を開催。警察の介入により、二七〇〇人が逮捕され、多くの教員が大学を追われた。

パルチザン派はこの機会をとらえて、事件の背後には〝ユダヤ人〟がいると喧伝。魔女狩りを思わせる雰囲気の中で、内務省は公務員やそれに準じる人々の〝人種条項〟を審査し、〝ユダヤ系〟と認定された人々（そのなかには、自分がそこに該当することを知らなかった者も少なくなかったという）は職を奪われ、差別と迫害を受けた。

この結果、ポーランド国内に残っていたユダヤ系市民の三分の二に相当する約一万五〇〇〇人がイスラエルのほか、スウェーデン、デンマークなどに脱出。ポーランド国内のユダヤ人コミュニティは消滅寸前の状況に追い込まれた。

かくして、戦後のポーランド国家は、結果的にナチス・ドイツによる占領時代以上の〝ユーデンライン（ユダヤ人が存在しない土地）〟を実現することになったのである。

アウシュヴィッツの聖者

アウシュヴィッツ収容所を題材とした切手は、その後、一九六七年にチェコスロヴァキア（図11）で、一九七〇年にハンガリーで発行されている（図12）が、収容所跡地があるポーランドでは、一九七五年の収容所解放三〇周年の記念切手（七九頁）まで、アウシュヴィッツ収容所に関する切手は全く発行されなかった。

これに対して、一九七三年五月には、西ドイツが〝アウシュヴィッツの聖者〟として知られるポーランド人司祭、マキシミリアノ・コルベを称える切手を発行している（図13）。

マキシミリアノ・マリア・コルベは、本名ライムンド・コルベ。一八九四年一月八日、ロシア帝国の支配下にあったポーランドのズドゥニスカ・ヴォラに生まれた。

図 11　1967 年にチェコスロヴァキアで発行された“ユダヤ文化シリーズ”のうち、ナチスの収容所名を背景に、ユダヤ教の宗教儀礼で使う燭台が描かれた 1 枚。アウシュヴィッツ／オシフィエンチムはチェコ語で OSVETIM と記されている。

図 12　1970 年にハンガリーで発行されたアウシュヴィッツ・マウトハウゼン・ダッハウ 3 収容所解放 25 周年の記念切手。

図 13　西ドイツで発行されたコルベ神父の切手。

一九〇七年、兄のフランシスコとともにコンベンツァル聖フランシスコ修道会への入会を決意し、同修道会の神学校に入学。一九一〇年、修練院に入り、翌一九一一年、マキシミリアンの名前を与えられたが、一九一四年以降、聖母マリアへの崇敬を示すために、マリアの名前を含めて〝マキシミリアノ・マリア〟を名乗った。

一九一二〜一五年にはローマで哲学、神学、数学および物理学を学び、一九一五年にグレゴリアン大学で哲学の博士号を、一九一九年には神学の博士号を取得。この間、一九一七年十月十六日に「無原罪の聖母の騎士会」を創立している。

ローマで司祭叙階を受けた後、クラクフにある大神学校の教会史の教授として三年間勤め、一九二七年にはワルシャワ近郊でニエポカラノフ修道院（無原罪の聖母の騎士修道院）を創立し、小冊子『無原罪の聖母の騎士』を発行するなど、メディアによる宣教に力を入れた。

一九三〇年、神学生としてローマに留学していた里脇浅次郎（後の長崎教区大司教および枢機卿）の勧めにより、日本での宣教を決意し、数名のポーランド人修道士とともに来日して、長崎での宣教を開始。同年五月、大浦天主堂下の木造西洋館に聖母の騎士修道院を開き、日本語版の『無原罪聖母の騎士』を出版するなどして、宣教活動に尽力した。

一九三六年に帰国すると、ニエポカラノフ修道院の院長として出版やラジオなどを通じての活発な布教活動を行っていたが、一九三九年九月一日、ドイツ軍のポーランド侵攻によって第二次世界大戦が勃発し、同月十九日、西ポーランドがドイツに占領されると、〝反ナチ分子〟としてコルベは修道院に残った修道者らと逮捕され、アムティッツ収容所へと収容された。

その後、十一月にポーランド領にあるオスチェロー収容所へ移送された後、十二月十八日にいったん釈放されたものの、ユダヤ人にも人道的態度で接したことなどを理由に、一九四一年二月十七日に再逮捕され、パヴィアック収容所を経て、同年五月二十八日、アウシュヴィッツ収容所（第一収容所）に送られた。収容者番号は16670である。

一九四一年七月末、収容所内で彼の所属する班から脱走者が出た（この脱走者は数時間後、遺体となって収容者の前に投げ出された）ことで、〝連帯責任〟として無作為に一〇人が選ばれて餓死刑に処せられることになった。その際、餓死刑の対象者として選ばれた自由ポーランド軍の軍曹、フランツェク・ガイオニチェクが「私には妻子がいる」と泣き叫びだしたのを聞いたコルベは、彼の身代わりに餓死刑を受けることを申し出て地下牢の餓死室に送られた。

その後、牢内でコルベは二週間ほど生き永らえ、死にゆく同房の者たちに祈りをささげていたが、八月十四日、収容所当局はフェノール注射により彼を殺害。翌十五日、その遺体は荼毘に付された。ちなみに、カトリックでは八月十五日は〝聖母被昇天の日〟の祝日になっており、生前のコルベは聖母の祝日に死にたいと語っていたという。

コルベの最期は、収容者でありながら地下牢の看守を務めていたボルゴヴィエツによって収容者に秘かに伝えられ、やがて、収容所内のすべての者が知るところとなった。そして、一九四五年一月にアウシュヴィッツが解放されると、彼の行いは広く世界に知られ、称賛されるようになった。

こうした経緯を経て、一九七一年十月、教皇パウロ六世はコルベを〝福者〟として列福する。

パウロ六世（本名ジョヴァンニ・バッティスタ・モンティーニ）は、一八九七年九月二十六日、北イタリアのサレッツォ生まれ。一九二〇年に司祭叙階され、グレゴリアン大学などで学んだ後、ピウス十一世（在位一九二二〜三九）の時代に教皇庁の国務長官パチェッリ枢機卿の下で働いた。一九三九年、パチェッリ枢機卿が教皇ピウス十二世（在位一九三九〜五八）として即位すると、後任の国務長官ルイジ・マリオーネ枢機卿の下、モンティーニはイタリア・ファシスト党やナチス・ドイツとの交渉を担当する傍ら、一九四四年にマリオーネ枢機卿が亡くなると、国務長官代行として反独レジスタンス活動家の保護に尽力した。

一九六三年、教皇ヨハネ二十三世が亡くなると教皇に選ばれ、ヨハネ二十三世が開始した公会議を全うさせ、教会改革に取り組んだ。また、一九六四年には教皇として初めて聖地エルサレムを訪問して、東方正教会の最大の権威であるコンスタンティノープル総主教（全地総主教）アシナゴラスと会談。アシナゴラスとともに、一〇五四年の相互破門（総主教ミハイル一世と教皇レオ九世が互いに相手を破門し、正教会とカトリックの分裂が決定的となった事件）の解消を宣言している。一九七八年没。

殉教者が列福に値するかどうかの調査は、その人物の死後五年以上が経ってから開始され、じっさいの列福には最低でも数十年、長ければ数百年がかかることも珍しくない。じっさい、江戸時代初期のキリスト教徒迫害で死亡した日本人殉教者一八八人が列福されたのは、二〇〇八年のことであった。

したがって、コルベの列福はかなり早いのだが、その背景には、反独レジスタンに同情的であったという教皇個人の経歴もさることながら、ポーランド人としてのコルベを列福することによって、カトリックが人口の九割以上を占めるポーランドのナショナリズムと、無神論を旨とする共産主義体制への批判を鼓舞しようという意図があったと見てよい。

そして、コルベにそうした意味が付与されているがゆえに、列福後の一九七三年、東西冷戦の最前線で東側諸国と対峙していた西ドイツも、コルベの切手を発行したものと考えられる。

この方向性をさらに推し進めたのが、ポーランド出身で一九七八年にローマ教皇となったヨハネ・パウロ二世である。

ヨハネ・パウロ二世（本名カロル・ヴォイティワ）は一九二〇年、クラクフ近郊のヴァドヴィツェ生まれ。第二次大戦以前はクラクフのユダヤ人社会に親しんでいたという。第二次大戦中の一九四三年、聖職者として生きることを決意したが、ドイツの占領下にあったポーランドでは神学校の運営が禁止されていたため、非合法の地下神学校で学び、解放後の一九四六年、司祭に叙階された。一九四八年にローマで神学博士号を取得すると、ポーランドへ戻り、クラクフの教区司祭に就任。その後は一貫してクラクフ教区で活動を続け、一九六四年、パウロ六世によりクラクフ教区の大司教に任命された。一九六七年には枢機卿に親任され、一九七八年、ポーランド人初のローマ教皇に選出された。

教皇就任後まもない一九七九年六月、ヨハネ・パウロ二世は祖国ポーランドを訪問する。

一九七九年は、ポーランドおよびクラクフの守護聖人、聖スタニスワフが一〇七九年にポーランド王ボレスワフ二世によって殺害され、殉教してから九〇〇周年という節目の年にあたっていた。

スタニスワフは、グニェズノ聖堂でボレスワフ二世の戴冠式を司った後、ベネディクト会派修道院をポーランドに設置するよう王に働きかけたが、土地をめぐる争いから王と対立し、王を破門した。これに対して、ボレスワフ二世はスタニスワフをミサの途中で捕えて殺害したが、その非道な行為のゆえに臣民の反発を買い、ハンガリーに亡命せざるを得なくなった。

スタニスワフは一二五三年に列聖され、彼の聖遺物を祀るクラクフのヴァヴェル聖堂では歴代のポーランド王が戴冠式を行った。二十世紀に入ると、彼が亡くなったとされる五月八日には、クラクフ司教の先導により、彼にささげる礼拝行進が行われるようになった。第二次大戦後、クラクフ司教時代のヨハネ・パウロ二世はこの行事を大衆に普及させることに尽力したが、その背景には、スタニスワフを〝道徳秩序の守護聖人〟として、圧制者と戦った彼を称えることで、暗に、統一労働者党政権とその背後にいるソ連を批判する意図があったものと考えられる。

図14　教皇のアウシュヴィッツ訪問を記念した1979年のポーランド切手。

一九七九年六月のヨハネ・パウロ二世のお国入りは、そうしたスタニスワフの没後九〇〇年記念という名目で企画されたものであったため、当然のことながら、ポーランド国内のナショナリズムと反ソ感情を高揚させるという結果をもたらした。

また、この時の祖国訪問では、教皇はビルケナウのアウシュヴィッツ第二収容所跡を訪れ（図14）、約五〇万人とともにミサを行い、強制収容所を「私たちの時代のゴルゴダ」と呼び、コルベを称えるとともに、ビルケナウのガス室で殺害された修道女エーディト・シュタインについて列福のための調査を行う方針を明らかにした。ちなみに、じっさいに彼女が列福されるのは一九八七年のことである。

エーディト・シュタインは、一八九一年、ドイツ帝国支配下のブレスラウ（ポーランド名ブロツワフ）でユダヤ人商人の家庭に生まれた。

一九〇四年、十三歳の時にユダヤ教を棄教して無神論者になり、一九一三年以降、エドムント・フッサールに師事。一九一六年に哲学博士号を取得し、フライブルク大学で教職を得た。

その後、一九二二年にカトリックの洗礼を受けたが、一九三三年、〝ユダヤ人〟であることを理由にナチス政権下で教職を追われ、翌一九三四年、ケルンでカルメル会の修道女となった。さらに、ナチスの迫害を逃れてオランダに亡命したが、捕えられてアウシュヴィッツ収容所に移送され、一九四二年八月九日、ガス室で殺害された。

エーディトのように、血統としてはユダヤ人だが、信仰上はカトリックの信徒であるという〝ユダヤ系カトリック〟の例は決して珍しいものではない。

ただし、そうしたユダヤ系キリスト教徒を〝ユダヤ人〟として認定すべきか否かは、ユダヤ人国家の建前を掲げるイスラエルにおいて激しい論争を巻き起こしていた。その典型が、ダニエル神父ことダニエル・オズワルド・ルフェイセン問題である。

ポーランド生まれのユダヤ系市民だったダニエルは、ナチスに追われて森の中の修道院にかくまわれ、そこで生活するうちにキリスト教に改宗した。

第二次大戦中、彼はユダヤ人であることを隠してゲシュタポで通訳として働きながら、ユダヤ人にナチスの情報を流すなどして脱走計画を支援し、戦後はカトリックの神父になった。しかし、ポズナン暴動後、ポーランド国内での反ユダヤ主義に嫌忌して、一九五八年、自分は〝約束の地〟と結びついていると信じて、ポーランドを脱出してイスラエルに渡る。

ポーランドのユダヤ人コミュニティでは、彼は戦時中の行為のゆえに〝英雄〟とみなされており、彼自身も自分がユダヤ人であることに全く疑問を持っていなかったから、帰国後、直ちにイスラエルの帰還法（外国からイスラエルに移住してきたユダヤ人にイスラエル国籍を付与するための法律）の適用を申請した。伝統的なユダヤ教の解釈では〝ユダヤ人〟の定義は「ユダヤ人の母から産まれた者、もしくはユダヤ教徒」とされており、ダニエルもこの前半部に該当するはずだった。

ところが、イスラエル国家は〝キリスト教徒のユダヤ人〟を認めず、ダニエルは帰還法の適用外とされてしまう。このため、彼は裁判で争ったが、敗訴した。

その後、イスラエルでは帰還法の改正が行われ、一九七〇年、同法第四条として「（ユダヤ人とは）ユダヤ人の母から産まれた者、もしくはユダヤ教に改宗し他の宗教を一切信じない者」との一項が追加されて現在にいたっている。

こうした経緯があったため、エーディトを〝ユダヤ系カトリック〟として列福することにはユダヤ人団体から抗議が寄せられたほか、カトリック内部にも、（カトリックの信仰のゆえにではなく）単なる一ユダヤ人としてその他のユダヤ人と同じくガス室で殺害されたことを〝殉教〟と見なしうるかどうかという点で論争があった。

しかし、最終的に、彼女が〝アウシュヴィッツの聖女〟として広く知られるようになっていたこともあり、ヨハネ・パウロ二世は、まずは彼女を列福することにしたのである。

さて、ヨハネ・パウロ二世のポーランド訪問は、彼の企図した通り、ポーランド国内のナショナリズムと反ソ感情を高ぶらせた。

こうした中で、一九八〇年七月、政府が発表した食糧品等の大幅値上げに反対し、グダニスク等のバルト海沿岸地方で労働者のストが発生。これが全国に波及する勢いとなったため、政府とグダニスクの連合スト委員会の交渉が行われ、政府は、九月十七日、共産圏として初めて、共産党（ポーランドでは統一労働者党）の統制を受けない独立自主管理労働組合〝連帯〟の発足を認めざるを得なかった。

当初、統一労働者党の目論見としては、党が政治、〝連帯〟が社会活動にそれぞれ専念するという分業を想定していたが、〝連帯〟の組織は全国的に拡大し、レフ・ワレサ率いる指導部は政府との対立の中で次第に急進化する。

これに対して、ソ連はポーランドに軍事介入する姿勢を見せるようになったため、一九八一年十二月、ポーランド政府は戒厳令を発令。〝連帯〟幹部の大半が拘禁され、翌一九八二年十月には、〝連帯〟は非合法化された。

　これに対して、逮捕を免れた〝連帯〟幹部は、一九八二年四月、地下組織として暫定委員会を結成し、一九八九年の民主化実現まで、抵抗を訴え続けることになる。

　ポーランド情勢の変化を受けて、一九八二年十月十日、教皇ヨハネ・パウロ二世は、急遽、アウシュヴィッツで殉教したコルベをカトリックの信徒として最高の栄誉である聖人に列する。コルベの列聖に際しては、直接的に批判されているのは、彼を餓死刑で殺害したナチス・ドイツだが、暗に、〝連帯〟を非合法化したポーランド政府もナチス同様の存在であるとの批判が込められていたのは明らかである。

図 15　ポーランドが発行したコルベの肖像切手。

　これに対して、ポーランド政府は、教皇によるコルべ列聖式直前の一九八四年九月二十二日、アウシュヴィッツで縦縞の服を着させられたコルベの肖像切手（図15）を発行した。その意図としては、ナチス・ドイツを打倒することで成立したポーランド国家にとって、ナチスへの抵抗の象徴であるコルベは民族的英雄であることをアピールするもので、あくまでも、統一労働者党はナチスとは違うということを強調することにあるのはいうまでもない。

　一方、非合法化された〝連帯〟は、地下活動の一環としてさまざまな切手状のラベルを作成し、ソ連を批難したり、ポーランドの共産政権をナチスになぞらえたりするなどのプロパガンダを展開していたが、その中の一枚には、「神と国家に忠実であれ

（WIERNY BOGU I OJCZYZNIE）」との文言とともにコルベの肖像を取り上げたもの（図16）もある。当然のことながら、こちらは、コルベに仮託して、神と国家に忠実ではない共産党政権を批判するためのものだ。

いずれにせよ、〝アウシュヴィッツの聖者〟としてのコルベのイコンは、その圧倒的な訴求力と存在感のゆえに、共産党政権、〝連帯〟の双方にとって、自らの正統性を表現するためのシンボルになっていたことがわかる。

図16　“連帯”が作成したプロパガンダ・ラベルに取り上げられたコルベ。

なお、〝連帯〟の非合法化に抗議するかのように、一九八三年一月、西ドイツはエーディト・シュタインの肖像切手（図17）を発行している。切手には、彼女が一九四二年にアウシュヴィッツで亡くなったことを示す文言も入れられており、ポーランドでの一連の動きの原点なった教皇のポーランド訪問（特にアウシュヴィッツ訪問）を想起させる内容となっている。

図17　西ドイツが発行したエーディト・シュタインの肖像切手。

ピレツキの名誉回復

一九八〇年代後半、共産ポーランドの宗主国にあたるソ連では、ゴルバチョフ政権によるペレストロイカが進められ、ポーランド国内でも民主化に向けての改革への動きが始まった。

一九八九年四月には〝連帯〟は合法化され、共産党政権下での市民的自由が認められるとともに、大統領制の復活や、上院議会の創設などを規定した憲法改正案も可決された。これを受けて六月十八日に行われた部分的自由選挙では、統一労働者党に有利な選挙規定だったにもかかわらず、同党は惨敗し、〝連帯〟が勝利。同年十二月には憲法が改正されて共産主義政権は名実ともに解体され、ポーランド人民共和国はポーランド第三共和国（現在のポーランド国家）となった。

図18　ヴィトルト・ピレツキの肖像を取り上げた2009年の切手。

第三共和国の発足に伴い、国内では歴史の見直しが進み、共産主義政権下で粛清された人々の名誉回復も進められたが、ここでは、アウシュヴィッツとの関連で、ヴィトルト・ピレツキ（図18）について紹介したい。

ピレツキは、一九〇一年、ロシアのオロネツで、森林監督官の子として生まれた。父親のユリアンはポーランド人小地主階級の出身だったが、ヴィトルトの祖父ヨゼフがロシア帝国に対する一八六三年蜂起に連座した容疑でシベリアに流刑となったため、一族は父祖伝来のスクルチェの土地を没収され、ユリアンはロシアに移住してロシア帝国の官吏の職を得ていた。

一九一〇年、一家は、ユリアンを残して、ロシア帝国の支配が弱まっていたヴィリニュス(現リトアニア)へと移住。ヴィトルトは一九一四年、ロシア帝国の体制の下では非合法だったヴィリニュスのボーイスカウト組織に加わり、基礎的な軍事訓練を受けている。

第一次大戦が勃発すると、ロシア帝国の版図であったリトアニアの地域はドイツ軍に占領されたが、一九一八年の敗戦によりドイツ軍は撤退。かわって、ロシア革命後に結成されたロシア赤軍が侵攻する。

これに対して、ピレツキらはヴィリニュス自衛軍に参加して赤軍と戦ったが、最終的に撤退を余儀なくされ、南下してポーランド正規軍(ポーランドは一九一八年十一月に独立を回復)に合流。一九二一年一月末まで、ソ連赤軍との戦いを続けた。

その後、ピレツキの一家はスクルチェに移住して父祖伝来の不動産などを受け継ぎ、ロシア軍に破壊された地域コミュニティの再建に奮闘していたが、ナチス・ドイツによるポーランド侵攻の危機が高まる中で、開戦直前の一九三九年八月二十四日、ポーランド軍の騎兵隊に参加。開戦後はドイツ軍と勇敢に戦い、ポーランドの降伏後もドイツ占領下の国内にとどまって反ナチの地下組織TAP(ポーランド秘密軍)、さらに、レジスタンスの諸組織を統合して結成されたZWZ(武装闘争同盟)に参加して抵抗運動を続けた。

その一環として、ポーランド軍兵士が〝政治犯〟として収容されていた収容所内の情報を外部にZWZ司令部に報告するとともに、収容所内に抵抗組織を組織するため、一九四〇年九月、偽名を使い、あえて〝政治犯〟として逮捕されることでアウシュヴィッツ収容所に潜入。一九四三年四月に収容所から脱走するまでの生活についての詳細な『ヴィトルト報告書』をまとめたほか、各種の工作活動に専念した。

ピレツキは、脱走後もポーランドでのレジスタンス活動に従事し、一九四四年八月のワルシャワ蜂起に際しては、ポーランド国内軍の第一大隊第二中隊長として戦闘を指揮している。ワルシャワ蜂起が鎮圧されると、彼は再び、ナチスによって逮捕されてムルナウのポーランド将校俘虜収容所に送られたが、翌一九四五年五月のドイツ敗戦により解放された。

しかし、戦後、ワルシャワに戻ったピレツキが目にしたのは、ドイツに代わってソ連が事実上の支配者として君臨し、共産化されつつある祖国ポーランドの姿だった。

そこで、彼はただちに反スターリニズム、反社会主義の闘士として、全体主義化の潮流に抵抗した。しかし、一九四七年、ポーランド国家は彼を〝国家反逆罪〟で逮捕し、翌一九四八年に処刑した。

それから長い年月を経て民主化後の一九九〇年十月、ポーランド政府はピレツキに対する一九四八年の死刑判決を無効とする決定を下し、彼の名誉を回復した。記念切手の発行もその一環として行われたものである。

一九四〇年に彼がナチスに逮捕されたアパートの側壁には、現在、「ヴィトルト・ピレツキは一九四〇年九月十九日、ヒトラー・ナチスに逮捕された後アウシュヴィッツに連行され、一九四八年五月二十五日、ワルシャワ・モトコフ監獄でスターリン主義者の手により殺された」とのレリーフが掲げられている。

ちなみに、切手に取り上げられたピレツキの肖像は、一九四七年の逮捕時に撮影されたものだが、逮捕後のピレツキは、面会に来た妻に「ここでの拷問に比べれば、アウシュヴィッツなど子供の遊びだ」と漏らしたという。

アウシュヴィッツに代表されるナチス・ドイツの蛮行は〝人道に対する罪〟として絶対に許されるものではない。しかし〝人道に対する罪〟を犯してきたのは、ナチス・ドイツだけではなかったことも決して忘れてはならないのである。

あとがき

本書の原稿をほぼ書き終わった頃、名古屋の栄中日文化センターで〝アウシュヴィッツ〟について講演する機会があり、新幹線に乗った。

名古屋駅に到着して降車する際に、ふと出入口脇の壁面を見たら創業一五〇年の歴史をアピールするBASF社の広告が目に付いた。

BASF社の起源である（旧）バーディシェ・アニリン・ウント・ゾーダ・ファブリーク（以下、旧BASF社）は、一八六五年、フリードリヒ・エンゲルホルンがドイツ・マンハイムで創業した。広告の〝創業一五〇年〟というのはここから起算した年回りだが、本書でも触れたように、同社は、いまから九十年前の一九二五年、第二次大戦以前のドイツの六大化学工業のひとつとしてIGファルベンを構成するトラストに参加し、独立の企業としては消滅した。IGファルベンは、第二次大戦後の一九五二年、ナチス政権の積極的な支援者で、モノヴィッツ収容所とも密接にかかわっていたことから、〝戦犯企業〟として解体されたことを受け、その結果として、現在のBASF社が誕生した。

そこで、彼ら自身が自分たちの歴史をどのように語っているか興味がわいて、帰宅後、BASFジャパン社のサイトをチェックしてみたが、サイト内の「日本におけるBASFの沿革」のページ（http://www.japan.basf.com/apex/Japan/ja/）には、以下のように記述されていた。

一八六五　BASF設立

一八八八　BASFによる日本市場への最初の接触
一八九八　BASFの代表的な染料であるインディゴ・ピュアが山田商店および柴田商店によって輸入開始
一九四九　BASFジャパン（株）の母体となるカラケミー貿易（株）設立（五〇年代から日本での生産活動開始）
一九七四　社名をビーエーエスエフジャパン（株）へ変更（BASFジャパン（株）へは二〇〇〇年に変更）以下略

現在のBASF社がナチス・ドイツの過去とは全く無関係であると主張するのなら、創業の年もIGファルベン解体後の一九五二年とすべきだろう。それにもかかわらず、あえて彼らが自ら一八六五年創業の老舗メーカーであることを誇示するというのであれば、なんらかのかたちでIGファルベンについても触れないのは、やはり、不自然である。少なくとも、全くの予備知識なしにこの年表を見たら、旧BASF社と現BASF社は同一の企業という印象を持つのではないかと思う。

もちろん、企業の広告やウェブサイトはその企業の利益になるように作られるものだから、彼らが封印したい過去としてIGファルベン時代（のナチス・ドイツとの関係）に口をつぐんでいるのは、ある意味、当然のことであって、筆者もそうした事情は十分に理解しているつもりだし、この件でBASFジャパン社にクレームを申し立てようというわけではない。

ただ、BASFジャパン社の社内広告とサイトに見られるアンビヴァレンスからは、巷間しばしば言われているような「ドイツはナチスの過去を直視し、深く反省しているのに対して、日本は……云々」という建前に対して、現実はそう単純な話ではないということが透けて見えてくることだけは確かであろう。

ナチス・ドイツが国家の政策としてホロコーストを遂行し、アウシュヴィッツをはじめとする収容所では、夥しい数のユダヤ人がガス室で処刑され、あるいは、過酷な重労働を課せられたことは紛れもない事実であるし、それらは、たしかに〝人道に対する罪〟として未来永劫、批難され続けるべきものだと思う。

その意味で、筆者は、たとえば「ガス室はなかった」という類の主張には絶対に与しないし、ナチス・ドイツの蛮行を擁護するつもりも毛頭ない。

しかし、〝アウシュヴィッツ〟がユダヤ人大量虐殺の場という観点からのみ語られることで、アウシュヴィッツの持っていたさまざまな相貌が歴史の闇に埋没してしまっても良いということにはなるまい。

本書でも縷々説明したことだが、そもそも、アウシュヴィッツはポーランド人の捕虜・政治犯を対象とした収容所として出発しており、それゆえ、キリスト教徒を対象に所内では(ささやかながら)クリスマスや新年を祝うことも認められていた。

また、収容者は、検閲などにより内容的には大きな制約を受けていたものの、郵便を通じて外部世界との連絡を保ち、ともかくも自分が生存し続けているという情報を発信することができた。ちなみに、第二次大戦後、多くの日本人をシベリアに抑留したソ連は、終戦から一年以上たった一九四六年十月まで、抑留者に対して家族との通信を認めなかった。

さらに、アウシュヴィッツの収容者には家族等からの送金や小包の差し入れも認められており、収容所当局は、組織としてはそれを横領することなく、誠実に収容者に渡していた。逆に言えば、収容者を劣悪な環境の下に置き、文字通り死ぬまで働かせる、あるいは、働けないと判断したら容赦なくガス室に送って虐殺するという非道の限りを尽くしていながら、収容者宛の郵便物や送金、小包などはしかるべき相手に律儀に渡していたというグロテスクなアンバランスこそが、ホロコーストを〝日常業務〟として淡々とこなしていたナチスの体制の異常さを浮き彫りにしていると見ることもできる。

もちろん、アウシュヴィッツの収容者は常に死と隣り合わせの環境に置かれており、彼らに対する送金や差し入れを認めたからといって、そのことをもってナチスが収容者の人権に充分に配慮していたとはいいがたいのは当然のことである。しかし、アウシュヴィッツ収容所内部の実態を正確に理解しようとするなら、そして、ボーア戦争時に英国が設置したconcentration camp以来の世界の〝強制収容所〟の歴史の中で〝アウシュヴィッツ〟を位置づけようとするなら、上述のような事実は事実として知っておく必要があるはずだ。

筆者がこうした問題に関心を持つようになったのは、いまから三年前の二〇一二年に上梓した拙著『喜望峰――ケープタウンから見る南アフリカ』（彩流社）の制作過程で、ボーア戦争時のconcentration campについての資料を収集・分析したことがきっかけだった。

ボーア戦争時に世界で最初の本格的な〝強制収容所〟が設置されたことは、関連する郵便物が存在することもあって以前から知ってはいたが、恥ずかしながら、ヒトラーをはじめとするナチス・ドイツの指導者たちが「アウシュヴィッツに代表されるKonzentrationslagerの原型はボーア戦争時に英国が設置したconcentration campにある」と主張していたことは『喜望峰』の執筆を手がけるまでは全く知らなかった。そこで、これを機に、筆者は、英国が設けたconcentration campとナチスのKonzentrationslagerの異同について、さらには、世界各国の〝強制収容所〟の歴史とも関連づけて、郵便学の視点から比較研究を行ってみたいと考えるようになった。

もっとも、一九三三―四五年の間にナチス・ドイツの勢力圏内に設置された強制収容所ならびに絶滅収容所の数は主要なものだけでも一八ヵ所あるので、まずは〝アウシュヴィッツ〟に関する郵便物を重点的に収集・分析することにして、少しずつ作業を進めていた。

そうした中で、今春、昨年（二〇一四年）刊行した拙著『朝鮮戦争――ポスタルメディアから読み解く現代コリア史の原点』の出版元、えにし書房の塚田敬幸社長から、『朝鮮戦争』の評判が良いので、毎年一冊のペースで〝戦争〟を題材に何冊か本を作らないかとのオファーを戴いた。

その際、今年（二〇一五年）は第二次大戦終結から七〇周年の節目の年でもあるので、郵便学ならではの視点からナチス・ドイツにアプローチしてみたらというのが塚田社長の提案だった。収容者への小包の差し入れや送金などは、ナチス・ドイツの収容所郵便に関心のあるフィラテリストの間では半ば常識になっていて、特に目新しい内容ではないと思っていたのだがその概要をお話したところ、塚田社長から、一般にはあまり知られていない事実なのだと聞かされた。

そこで、収容所からの郵便物について解析した第Ⅲ部を全体の中核に据え、郵便資料の特性を生かして、ドイツ占領時代のみならず、第二次大戦以前のアウシュヴィッツ／オシフィエンチムの歴史を概観した第Ⅰ部や、強制収容所概論ともいうべき第Ⅱ部、戦後の共産主義ポーランドが国家のメディアとしての切手において〝アウシュヴィッツ〟をどのように語ったのかを考察した第Ⅳ部を加え、書籍としての体裁を整えることにした。

ナチス・ドイツに関する郵便学的なアプローチの先行書籍としては、筆者の恩師の一人ともいうべき故伊達仁郎氏の『切手が語るナチスの謀略』（大正出版）がある。同書は一九九五年に刊行された〝古典〟だが、当時の筆者の関心は〝昭和の戦争〟が中心だったから、二〇年後、自分もナチスに関する書籍を上梓することになるとは、想像だにしていなかった。本書によって、先達の学恩に多少なりとも報いるべく最大限の努力はしたつもりだが、泉下の恩師からはどのようなコメントが返ってくるだろうか。

なお、本書の制作に際しては、上記の塚田社長のほか、ドイツ語の葉書・レターシート類の解読については中原由莉耶氏の御助力をいただいた。また、編集実務とカバーデザインに関しては、板垣由佳氏にお世話になった。

末筆ながら、謝意を表して擱筆す。

二〇一五年十月　著者記す

〈注意書対照表〉

収容所側から収容者に支給した郵便用の封筒・葉書・レターシートの表面の注意書についてタイプ別の異動をまとめた。変更箇所は太字で示している。

用紙の種類 ＼ 項目番号	1
ダッハウ（収容所封筒）	収容者は一月に二通の手紙もしくは二枚の葉書を親族に送り、または親族から受け取ることができる。収容者宛の通信はインクでよく読めるように書かねばならず、便箋一頁につき十五行まで書いてよい。便箋は通常の大きさのもののみ認められる。二重封筒の使用は認めない。（返信用の切手を同封する場合には）一二ペニヒ切手五枚のみ同封できる。それ以外のものは禁止されており、没収の対象となる。葉書は十行まで記載してよい。絵葉書を使うことは認められない。
封筒	同上
葉書・タイプ1	**収容者は親族から一月に二回郵便物を受け取り、月に一回郵便を送ることができる。**収容者宛の通信はインクでよく読めるように書かねばならず、便箋一頁につき十五行まで書いてよい。便箋は通常の大きさのもののみ認められる。二重封筒の使用は認めない。（返信用の切手を同封する場合には）**一二ペニヒ切手のみ（筆者注：枚数についての規定がない）**同封できる。それ以外のものは禁止されており、没収の対象となる。葉書は十行まで記載してよい。絵葉書を使うことは認められない。
葉書・タイプ2	収容者は親族から一月に二回郵便物を受け取り、月に一回郵便を送ることができる。収容者宛の通信はインクでよく読めるように書かねばならず、便箋一頁につき十五行まで書いてよい。便箋は通常の大きさのもののみ認められる。二重封筒の使用は認めない。（返信用の切手を同封する場合には）**一二ペニヒまたは六ペニヒ切手のみ**同封できる。それ以外のものは禁止されており、没収の対象となる。葉書は十行まで記載してよい。絵葉書を使うことは認められない。 ※収容者を示す単語が "Gefangenen" から "Häftlingen" に変更。
葉書・タイプ3	同上
レターシート7条	封筒と同じ
7条・修正	同上
レターシート6条	内容的には同上。 **ただし、収容者を示す単語が "Gefangenen" から "Häftlingen" に変更**

2	（収容者への）送金は認められる。	同上	同上	（収容者への）送金は郵便為替のみ認められる。	同上	封筒と同じ	同上	（収容者への）送金は郵便為替のみ認められる。現金もしくは手紙を送る場合には、正確な住所とともに、名前、誕生日、収容者番号を記載すること。誤りがある場合には、郵便物は差出人に返戻もしくは廃棄される。
3	新聞（の購読）は認められるが、収容所当局を通して注文しなければならない。	現金もしくは手紙を送る場合には、正確な住所とともに、名前、誕生日、収容者番号を記載すること。誤りがある場合には、郵便物は差出人に返戻もしくは廃棄される。	同上	同上	同上	封筒と同じ	同上	新聞（の購読）は認められるが、収容所当局を通して注文しなければならない。
4	収容者は収容所内で何でも買うことができるので、収容者宛に小包を送ることは認められない。	新聞（の購読）は認められるが、収容所当局を通して注文しなければならない。	同上	同左	同上	封筒と同じ	同上	収容者は食糧の小包を受け取ることができる。液体・気体、薬物は認められない
5	収容者の釈放に関する嘆願は受け付けない。	収容者は収容所内で何でも買うことができるので、収容者宛に小包を送ることは認められない。	同上	同左	同上	封筒と同じ	収容者宛に小包を送ることは認められる。	収容者の釈放に関する嘆願は受け付けない。
6	収容者への面会や収容者との会話は原則として認められない。	収容者の釈放に関する嘆願は受け付けない。	同上	同左	同上	封筒と同じ	同上	収容者への面会や収容者との会話は原則として認められない。
7	（なし）	収容者への面会や収容者との会話は原則として認められない。	同上	同左	同上	封筒と同じ	同上	（なし）

《主要参考文献》

（紙幅の関係から、特に重要な引用・参照を行ったもの以外は、単行本書籍に限定した）

・ゲッツ・アリー（山本尤・三島憲一訳）『最終解決——民族移動とヨーロッパのユダヤ人殺害』（法政大学出版局　1998 年）

・マーチン・ギルバート（滝川義人訳）『ホロコースト歴史地図——1918–1948』（東洋書林　1995 年）

・グイド・クノップ（高木玲・藤島淳一訳）『ホロコースト全証言——ナチ虐殺戦の全体像』（原書房　2004 年）

・ヤン・トマシュ・グロス（染谷徹訳）『アウシュヴィッツ後の反ユダヤ主義——ポーランドにおける虐殺事件を糾明する』（白水社　2008 年）

・小林公二『アウシュヴィッツを志願した男——ポーランド軍大尉、ヴィトルト・ピレツキは三度死ぬ』（講談社　2015 年）

・芝健介『ホロコースト——ナチスによるユダヤ人大量殺戮の全貌』（中公新書　2008 年）

・ダン・ストーン（武井彩佳訳）『ホロコースト・スタディーズ——最新研究への手引き』（白水社　2012 年）

・伊達仁郎『切手が語るナチスの謀略』（大正出版　1995 年）

・フィクリス・ティフ（編著、坂東宏訳）『ポーランドのユダヤ人』（みすず書房　2006 年）

・中谷剛『新訂増補版　アウシュヴィッツ博物館案内』（凱風社　2012 年）

・永岑三千輝『独ソ戦とホロコースト』（日本経済評論社　2001 年）

・——『ホロコーストの力学——独ソ連・世界大戦・総力戦の弁証法』（青木書店　2003 年）

・野村真理『ガリツィアのユダヤ人——ポーランド人とウクライナ人のはざまで』（人文書院　2008 年）

・——『ホロコースト後のユダヤ人——約束の土地は何処か』（金沢大学人間社会研究叢書　2012 年）

・ティル・バスティアン（石田勇治・星乃治彦・芝野由和編訳）『アウシュヴィッツと＜アウシュヴィッツの嘘＞』（白水社　1995 年）

・フランク・バヨール、ディータァ・ポール（中村浩平・中村仁訳）『ホロコーストを知らなかったという嘘——ドイツ市民はどこまで知っていたのか』（現代書館　2011 年）

・ノーマン・G・フィンケルスタイン（立木勝訳）『ホロコースト産業——同胞の苦しみを「売り物」にするユダヤ人エリートたち』（三交社　2004 年）

・ルドルフ・ヘス（片岡啓治訳）『アウシュヴィッツ収容所』（講談社学術文庫　1999 年）

・マイケル・ベーレンバウム（石川順子・高橋宏訳）『ホロコースト全史』（創元社　1996 年）

・ウォルター・ラカー（編、井上茂子・芝健介・永岑三千輝・木畑和子・長田浩彰訳）『ホロコースト大事典』（柏書房　2003 年）

・渡辺和行『ホロコーストのフランス——歴史と記憶』（人文書院　1998 年）

・Beauregard, C. *Censorship reports on the Jewish community during the Second World War*, Canadian Institute of Strategic Studies, 1994

・Kahn, *H.F. The Third Reich Concentration Camp and Ghetto Mail System Under Nazi Regime*, Judaica Historical Philatelic Society, Monograph No. 1 - 1966

・Kaplowitz, S. *Oswiecim; Auschwitz Memorial Book* (original: Wolnerman, Ch., Burstin, A, and Geshuri, M. S. (eds) *Sefer Oshpitsin*, Jerusalem, Oshpitsin Society, 1977) http://www.jewishgen.org/yizkor/oswiecim1/Oswiecim.html#TOC

・Mateja, J. *Znaki pamięci : korespondencja obozowa więźniów KL Auschwitz i walory filatelistyczne upamiętniające ich martyrologię = Briefmarken - Zeichen des Gedenkens : Häftlingsbriefe aus dem KL Auschwitz und dem Leiden der Häftlinge gewidmete Philatelistica,* Państwowe Muzeum Oświęcim-Brzezinka, 1995

・Polecki, W. (tr.by Kucharski, J.) *Witold's Report: Report by Captain Witold Pilecki* https://archive.org/details/WITOLDREPORT

・Schwab, H. T*he Echoes that Remain-A Postal History of the Holocaust*, Cardinal Spellman Philatelic Museum, 1992.

・Superson, E. T. *Poland occupied in World War II and Holocaust, 1939-1945* : philatelic history, E. Superson, 1987

【著者紹介】

内藤陽介（ないとう ようすけ）

1967年、東京都生まれ。東京大学文学部卒業。郵便学者。日本文藝家協会会員。フジインターナショナルミント株式会社顧問。

切手などの郵便資料から、国家や地域のあり方を読み解く「郵便学」を提唱し、活発な研究・著作活動を続けている。

［主な著書］

『解説・戦後記念切手』（日本郵趣出版、全7巻+別冊1）、＜切手紀行＞シリーズ（彩流社、全6巻）、『北朝鮮事典』（竹内書店新社）、『外国切手に描かれた日本』（光文社新書）、『切手と戦争』（新潮新書）、『反米の世界史』（講談社現代新書）、『皇室切手』（平凡社）、『これが戦争だ！』（ちくま新書）、『満洲切手』（角川選書）、『香港歴史漫郵記』（大修館書店）、『韓国現代史』（福村出版）、『大統領になりそこなった男たち』（中公新書ラクレ）、『切手が伝える仏像』（彩流社）、『事情のある国の切手ほど面白い』（メディアファクトリー新書）、『切手百撰　昭和戦後』（平凡社）、『年賀状の戦後史』（角川 one テーマ21）、『マリ近現代史』（彩流社）、『朝鮮戦争――ポスタルメディアから読み解く現代コリア史の原点』（えにし書房）、『日の本切手　美女かるた』（日本郵趣出版）、『英国郵便史　ペニー・ブラック物語』（日本郵趣出版）、韓国語書籍『우표로 그려낸 한국현대사』（ハヌル出版）、『우표 , 역사를 부치다』（延恩文庫）他多数。

アウシュヴィッツの手紙

2015年 11月11日 初版第1刷発行

■著者　内藤陽介
■発行者　塚田敬幸

■発行所　えにし書房株式会社
〒102-0073 東京都千代田区九段南 2-2-7 北の丸ビル 3F
TEL 03-6261-4369　FAX 03-6261-4379
ウェブサイト　http://www.enishishobo.co.jp
E-mail　info@enishishobo.co.jp

■印刷／製本　壮光舎印刷株式会社
■ DTP ／装丁　板垣由佳

ISBN978-4-908073-18-2 C0022

周縁と機縁のえにし書房

朝鮮戦争　ポスタルメディアから読み解く現代コリア史の原点

内藤陽介 著／A5 判並製／2,000 円+税　978-4-908073-02-1 C0022

「韓国／北朝鮮」の出発点を正しく知る！　ハングルに訳された韓国現代史の著作もある著者が、朝鮮戦争の勃発──休戦までの経緯をポスタルメディア（郵便資料）という独自の切り口から詳細に解説。退屈な通史より面白く、わかりやすい、朝鮮戦争の基本図書ともなりうる充実の内容。

語り継ぐ戦争　中国・シベリア・南方・本土「東三河８人の証言」

広中一成 著／四六判上製／1,800 円+税　978-4-908073-01-4 C0021

かつての“軍都”豊橋を中心とした東三河地方の消えゆく「戦争体験の記憶」を記録する。気鋭の歴史学者が、豊橋市で風刺漫画家として活躍した野口志行氏（1920 年生まれ）他いまだ語られていない貴重な戦争体験を持つ市民８人にインタビューし、解説を加えた、次世代に継承したい記録。

ぐらもくらぶシリーズ１

愛国とレコード　幻の大名古屋軍歌とアサヒ蓄音器商会

辻田真佐憲 著／A5 判並製／1,600 円+税　978-4-908073-05-2 C0036

大正時代から昭和戦前期にかけて名古屋に存在したローカル・レコード会社アサヒ蓄音器商会が発売した、戦前軍歌のレーベル写真と歌詞を紹介。詳細な解説を加えた異色の軍歌・レコード研究本。

陸軍と性病　花柳病対策と慰安所

藤田昌雄 著／A5 判並製／1,800 円+税　978-4-908073-11-3 C0021

日清・日露戦争以後から太平洋戦争終戦間際まで、軍部が講じた様々な性病（花柳病）予防策としての各種規定を掲載、解説。慰安所設置までの流れを明らかにし、慰安所、戦地の実態を活写した貴重な写真、世相を反映した各種性病予防具の広告、軍需品として進化したコンドームの歴史も掲載。問題提起の書。

誘惑する歴史　誤用・濫用・利用の実例　978-4-908073-07-6 C0022

マーガレット・マクミラン 著／**真壁広道** 訳／四六判並製／2,000 円+税

サミュエル・ジョンソン賞受賞の女性歴史学者の白熱講義！ 歴史と民族・アイデンティティ、歴史的戦争・紛争、9.11、領土問題、従軍慰安婦問題……。歴史がいかに誤用、濫用に陥りやすいか豊富な実例からわかりやすく解説。歴史は真摯に取り扱いに注意しながら利用するもの。安直な歴史利用を戒めた好著。

丸亀ドイツ兵捕虜収容所物語

髙橋輝和 編著／四六判上製／2,500 円+税　978-4-908073-06-9 C0021

第一次世界大戦開戦 100 年！ 映画「バルトの楽園」の題材となり、脚光を浴びた板東収容所に先行し、模範的な捕虜収容の礎を築いた 丸亀収容所 に光をあて、その全容を明らかにする。公的記録や新聞記事、日記などの豊富な資料を駆使し、当事者達の肉声から収容所の歴史や生活を再現。貴重な写真・図版 66 点収載

西欧化されない日本　スイス国際法学者が見た明治期日本

オトフリート・ニッポルト 著／**中井晶夫** 編訳／四六判上製／2,500 円+税　978-4-908073-09-0 C0021

親日家で国際法の大家が描く明治期日本。日本躍進の核心は西欧化されない本質にあった！ こよなく愛する日本を旅した「日本逍遥記」、日本の発展を温かい眼差しで鋭く分析した「開国後 50 年の日本の発展」、国際情勢を的確に分析、驚くべき卓見で日本の本質を見抜き今後を予見した「西欧化されない日本を見る」の３篇。